ADHD의 이해와 치료·교육

김 미 숙 지음

창지사

머리말

인간은 주어진 모든 환경에 잘 적응하며, 다가오는 다양한 문제들을 잘 해결하면서 순조롭게 자신의 인생을 운영하며 살아가길 원한다. 그러나 종종, 자신의 바람과는 다르게 내부적이든, 외부적이든 어떤 요인의 작용에 의해 모든 것이 헝클어지는 상황을 경험하게 된다. 우리는 이런 상황에 부딪치면 매우 당황한다. 인간으로 살아가는 중에 이렇게 만나게 되는 여러 가지 어려운 문제들을 해결하기 위해, 인간은 다양한 능력을 획득하고 필요할 때 유감없이 그 능력을 발휘한다.

그렇다면, 모든 인간이 필요한 능력을 잘 획득할 수 있고, 자신에게 찾아온 어려운 문제들을 해결하기 위해 항상 능력을 발휘할 수 있을까? 이 질문에 대한 답은 "아니다."이다. 어떤 인간은 심신의 심각한 결함으로, 혹은 어떤 인간은 아주 미세한 능력의 차이로 자신에게 다가온 문제를 해결하지 못하여 많은 어려움을 고스란히 겪곤 한다. 특히 이런 문제가 전 생애를 거쳐 수반된다면 매우 안타까운 일일 것이다.

주의력결핍과잉행동장애(이하 ADHD)도 기질적 문제로 인하여 주어신 환경에 대한 적응이 어렵고, 행동적 문제, 학업적 문제, 대인관계의 문제 등과 같이 많은 문제들을 나타낸다. 최근 들어 학교에서 발생하는 많은 문제들이 ADHD의 증상과 연관되어 나타나면서 ADHD에 대한 관심이 많아지고 있다. 급변하는 사회와 혼돈의 시대에 살고 있는 우리는 ADHD 증상을 가지고 있지 않더라도 다양한 문제를 겪을 수 있지만, ADHD의 증상은 이런 문제에 좀 더 민감하고 부정적 결과를 가져오는 원인이 된다.

ADHD는 기질적 문제, 즉 뇌기능의 문제로 인하여 발생되어 다양한 문제 행동이 나타난다. 일단 ADHD로 진단되면 의료적 측면에서는 약물치료가 권장되고, 이와 더불어 다양한 방법을 매개로 이루어지는 치료와 교육 지원이 연계되어 실시된다. 이는 ADHD 증상을 개선하여 긍정적인 결과를 가져오게 할 것이다.

따라서, 이 책은 전반적으로 ADHD의 대한 이해를 돕기 위해 우선, 기초적인 정보를 제공한다. 이어서 심화적인 지식을 통해 ADHD의 증상에 대한 대처 및 지원 방법을 파악할 수 있도록 구성되어 있다. 전체적으로 이 책은 총 4부로 구성되었고, 각 부에서 설명되어야 할 내용을 장으로 나누어 기술한다.

PART Ⅰ에서는 ADHD에 관한 개관적 정보를 제공한다. 구체적 내용으로 ADHD가 등장하게 된 역사, ADHD의 정의와 출현율, ADHD의 발생 원인, ADHD의 진단 방법과 공존하여 나타나는 장애들을 소개하고 있다. 특수교육의 대상자에 포함되는 다른 장애와는 다르게 많이 부족하지만 ADHD 관련 연구는 활발히 일어나고 있는 과정에 있다. 이런 과정을 통해 정확한 원인이 밝혀질 것이고, 그에 따른 분명한 정의가 세워질 것으로 기대된다. 이 영역에서 그 동안의 변화된 흐름과 현재의 상황들에 대한 정보를 획득할 수 있을 것이다.

PART Ⅱ에서는 ADHD 때문에 나타날 수 있는 특징을 다양한 측면으로 구분하여 제시하고 있다. 우선, ADHD의 주증상인 부주의, 과잉행동, 충동성에 대한 행동적 특징들을 제시한다. 이어서 학습적 특징과 사회적 특징을 구분하여 ADHD로 인하여 나타날 수 있는 행동들을 제시하고 있다. 그리고 마지막으로는 생애 주기별로 구분하여 각 시기에 자주 보여질 수 있는 주요 특징들을 제시한다.

PART Ⅲ에서는 ADHD 증상의 개선에 도움이 되는 치료 방법을 제시하고 있다. 그 내용으로는 약물치료의 효과와 약물의 종류를 상세히 기술하고 있고, 약물치료와 병행하여 실시하면 좋을 행동치료, 음악 · 미술치료, 놀이치료에 대한 설명도 첨부한다. ADHD의 증상을 개선하는 데 약물의 효과가 증명되고 있지만 의사는 물론 많은 관련 전문가들은 또 다른 치료 방법의 병행을 권유하고 있다.

PART Ⅳ에서는 ADHD의 진단이 주로 학령기에 내려지는 경우가 많아 교육기관에서 지원되어야 할 내용을 설명하고 있다. 이 영역에서는 주로 미국과 일본의 교육현장에 적용되고 있는 법이나 행·재정적 지원을 소개하면서 한국의 현실과 방향성을 생각할 수 있도록 기술하고 있다. 또한 ADHD 아동이 포함된 학급에서의 환경적 재구조화 방법은 물론 학습을 지원할 때 이루어져야 할 교수적 수정과 다양한 교수 전략, 교사의 역할에 대한 정보도 함께 제공해 두었다.

이와 같이 구분된 영역으로 집필된 이 책을 활용한다면, ADHD에 대한 기본적인 정보를 획득하여 ADHD에 대한 올바른 이해와 대처 방법을 파악하게 될 것이다. ADHD는 그 증상이 다양하고 복잡한 이질적 집단으로 ADHD의 증상을 완전히 치료하고 모든 환경에 잘 적응하게 하는 것은 매우 어려운 일일 수도 있다. 그럼에도 불구하고, ADHD에 대한 바른 이해를 기초로 한 정확한 파악과 함께 기본적인 지원 방법이 체계적으로 계획되어 적용한다면 긍정적인 효과를 기대해 볼 수 있다.

이 책은 ADHD에 대한 기초적 지식을 전달하려는 목적으로 집필되었기에, 일반 교육현장의 교사는 물론 특수교육을 공부하려는 학생, ADHD 아동의 부모, 그리고 ADHD에 관심이 있는 모든 분들께 도움이 되길 바란다. 마지막으로 이런 저런 이유로 사회 공동체에서 어려움을 겪고 있는 모든 분들에게 아낌없는 응원의 박수를 보내며, 이 책을 출판하기까지 물심양면으로 도와주신 창지사의 편집장님을 비롯하여 모든 직원들께 감사의 마음을 전한다.

2016년 2월

저자 김 미 숙

차 례

PART II ADHD의 특징 _ 86

PART III ADHD의 치료 _ 134

PART IV ADHD의 교육 _ 198

PART I

ADHD란?

인생에서 실패한 사람 중
다수는 성공을 목전(눈앞)에 두고도
모른 채 포기한 사람들이다.

- 토마스 A 에디슨 -

인간이 지금과 같이 변화가 빠르고 예측할 수 없을 정도로 많은 양의 정보가 넘쳐 나는 사회에 적응하며 살아가려면 매우 다양한 능력이 요구된다. 인간에게 필요한 다양한 기본 능력은 일반적으로 발달 과정을 거치면서 개개인에게 자연스럽게 성숙되고 다양한 경로의 학습 과정을 거치면서 완성된다. 그러나 어떤 사람이 외재적 요인이나 내재적 요인으로 인하여 발달적 문제와 학습하는 데 어려움을 보인다면 특정 발달 영역이 많이 늦어지거나 학습 성취에서 실패라는 결과를 경험할 것이다. 이런 문제가 아동기에 시작되었다 하더라도 문제가 발견된 즉시 적절한 중재가 실시되지 않았다면 그 문제는 청소년기까지는 물론 성인기까지 지속될 것이다. 그 결과 부분적으로, 혹은 전체적으로 일상생활의 적응에 방해가 되는 요인으로 작용하게 된다.

일반적으로 발달과 학습에 방해가 되는 문제로는 익히 알고 있듯이 지적 능력의 결함, 정서·행동적 문제, 혹은 청각과 시각과 같은 감각기관의 문제로 정보를 잘 수용하지 못하거나, 특정 뇌기능의 손상으로 학습을 진행하는 데 곤란을 겪는 경우 등을 들 수 있다. 전 세계의 각 나라에서는 이런 문제들의 해결을 위해 정책적 제도를 마련하여 안내된 지침에 따라 문제의 원인을 정확하게 진단하여 분류하고 있다. 이렇게 진단된 사람들에게는 개개인의 독특한 요구에 적절한 지원 방법을 모색하고 적용하여 문제를 해결하고자 노력하고 있다. 이런 과정 중에 그동안 진단되고 분류되어 왔던 원인과 특징과는 다르게 유의미한 차이를 보이는 새로운 문제가 발견되면서 적절한 해결책을 모색해야 하는 경우도 종종 나타나고 있다.

인간에게 발생한 문제를 해결하기 위한 지원의 유형에는 의료, 교육, 복지 등이 있다. 그중에서 교육은 인간의 발달을 촉진시키고 일상생활과 자립생활을 위해 매우 중요한 역할을 담당한다. 대부분의 사람들은 보편적인 교육 지원에 의해 발달을 촉진하고 세상을 살아가는 데 필요한 정보와 지식을 학습 과정에서 습득한다. 그러나 어떤 사람들은 특정 문제로 인하여 보편적인 교육 환경에서 발달을 촉진하고 학습을 진행할 수 없어 특별한 교육 방법을 요구한다. 따라서 이런 사람들을 위하여 마련된 제도 아래 교육적 측면에서 개개인의 독특한 요구에 적절한 지원을 계획하여 실시하는데, 대표적인 지원 방법은 특수교육이라고 할 수 있다.

특수교육 환경은 과거 분리교육 환경에서 통합교육 환경으로 이동하였다. 통합교육 환경으로 일반학급에 속해 있는 아동 중에는 지적장애, 정서장애, 학습장애 등과 같이 법적으로 교육권을 보장받고 있는 특수교육 대상자들이 포함되어 있는 경우가 많아지고 있다. 또한 특수교육 대상자는 아니지만 어떤 문제로 인하여 학습을 진행하기 어려워 보이는 아동들도 일반학급에서 종종 발견되고 있다. 법적으로 보장되는 특수교육 대상자들은 특수교육으로 적절한 지원을 받을 수 있지만, 학습에 문제를 보이지만 특수교육 대상자로 분류되지 않아 법적으로 보장받지 못하는 아동들은 적절한 교육적 지원을 받지 못하고 있는 실정이다. 개인의 독특한 문제를 개선하지 못한 채 그대로 방치해 두면 학교생활에 적응하지 못하고 누적적 학습결손으로 이어질 위험이 클 것이다.

미국의 경우, 이와 같은 교육 현장의 문제를 인지한 관련 전문가들은 이런 아동 중 공통적인 특징으로 묶을 수 있는 아동들을 경도발달장애와 기타건강장애라는 명칭으로 특수교육 대상자에 포함될 수 있도록 분류한다. 이렇게 특수교육 대상자로 분류된 아동들은 다양한 지원의 혜택을 받을 수 있고, 개개인의 독특한 요구를 충족시킬 수 있는 교육계획들이 마련된다. 주의력결핍과잉행동장애(ADHD: Attention Deficit Hyperactivity Disorder, 이하 ADHD)는 미국에서 기타건강장애 범주에 포함되어 있고, 그들에 대한 관심이 매우 높아지면서 ADHD를 다른 유사장애와 구분하려는 진단 방법과 지원 방법에 대한 다양한 연구들에 의해 그 결과들이 지속적으로 소개되고 있다.

다양한 연구를 통해 ADHD는 특수교육의 대상자들과 같이 그 원인이 분명하고 독특한 특징과 독특한 요구가 나타나는 것으로 보고되고 있다. ADHD의 원인으로는 신경생리학적 결함을 제시하고 있고, 가족력과 같은 유전성에 대한 이유도 밝혀지고 있다. 특히 ADHD는 다른 장애영역과 중복적으로 나타나는 경우가 많기도 하고, ADHD의 특징들은 다른 장애에서 보이는 특징과 유사하여 진단에 어려움을 겪기도 한다. 그러나 분명한 것은 ADHD의 특징을 보이는 아동들은 그들이 가진 문제들로 인하여 학습은 물론 대인관계의 형성과 정서적 조절 등 여러 가지의 어려움이 나타난다는 것이다. 또한 ADHD로 인하여 나타나는 문제가 가족 구성원에게도 영향을 미치며, 그들의 부모는 자녀로 인하여 좌절은 물론 그 밖의 다양한 문제로 고통을 겪고 있다.

이와 같이 ADHD 아동들에게서 보이는 다양한 문제들로 인한 복잡성에도 불구하고 이들을 진단하기 위한 효과적인 절차는 물론 적절한 중재 방법들이 제시되고 있다. ADHD의 원인을 정확하게 파악하여 적절한 지원 방법을 제공하는 것은 ADHD를 가진 당사자의 문제를 직접적으로 해결해 주고, 그들을 둘러싼 환경에서 일어날 수 있는 다양한 문제를 줄여줄 것이다. 따라서 PART I에서는 ADHD에 대한 개괄적 정보를 제공하기 위하여 ADHD의 역사, ADHD의 정의, ADHD의 출현율, ADHD의 원인, ADHD의 진단, ADHD와 함께 나타나는 장애들에 대하여 살펴볼 것이다.

Chapter 1

ADHD의 역사

뇌손상에 대한 연구를 꾸준히 해 왔던 뇌 관련 과학자들은 1900년대부터 읽기 능력과 같은 뇌의 기능적 문제를 보이는 환자들에 대하여 다양한 측면에서 정보를 집중적으로 수집해 왔다. 이런 연구 과정에서 ADHD에 대한 관심도 전폭적으로 증가하게 된다.

ADHD에 대한 언급은 뇌 과학자들이 뇌의 기능적 문제에 관심을 보였던 1900년보다 훨씬 전인 1775년에 독일 의사인 Weikard가 그의 책에서 「주의력결핍증」이란 명칭으로 병을 소개하고 증상에 대한 설명과 함께 진단 기준을 제시하면서 시작되었다. 그 후 1798년, 스코틀랜드의 의사인 Crichton은 그의 저서 『정신적 산만(*Mental Restlessness*)』에 주의력 결핍증에 관하여 설명한다. 이 시기에는 뇌의 기능적 측면에서 ADHD를 연구하였다기보다는 질환의 하나로 분류하여 그 증상을 밝히려 하였다.

그 이후 1844년경 독일 프랑크프루트의 의사였던 Heinrich Hoffmann이 쓴 『더벅머리 페터(*Der Struwwelpeter*)』에서 ADHD의 주요 증상인 다동적 행동이 잘 표현되면서 ADHD에 대한 관심이 높아지기 시작한다. 이 동화책은 10개의 이야기로 구성되었는데, 그중 8번째 이야기는 안절부절못하며 불안해하는 필립에 대한 내용으로 구성되어 있다. 이 이야기에서 필립은 식사 중에 잠깐도 가만히 있지 않으며, 아주 잠깐 사이에 힘들어하고 기분이 나빠지곤 하는 모습으로 표현되어 있다(上野 一彦 外, 2002). 이런 모습은 ADHD를 가진 아동에게서 흔히 보이는 증상으로 많은 사람들의 관심을 이끌어 낸다. 1902년 Georage Still은 도덕성 결함의 문제로 인하여 규칙을 학습하지 못하고 부주의나 과잉행동과 같은 행동적 특징을 가진 질환으로 ADHD의 증상들을 밝혔으며, 그 원인으로는 뇌손상을 의심하였다(강경숙 외, 2013).

오늘날까지도 유럽에서 베스트셀러인
동화책으로 3~6세 아동을 위해
만든 근대적 그림책이다.

재미있는 이야기

Heinrich Hoffmann의 「더벅머리 페터(*Der Struwwelpeter*)」

이 그림책의 저자는 정신과 의사였던 Heinrich Hoffmann이다. Hoffmann은 1844년 크리스마스를 앞두고 자신의 아들을 위한 선물로 그림책을 골라주기 위해 서점에 들렀지만, 그의 아들이 보기에 적절한 그림책이 없어 실망하게 되었다. 실망한 Hoffmann은 자신의 아들을 위해 직접 그림책을 만들어 주기로 결심했다. 그는 빈 공책에 아들을 위한 그림과 글로 채워 넣으면서 그림책 만들기를 시작하였다.

최문선(2007)의 연구에 의하면 Hoffmann이 자신의 아들을 위해 그림책을 만드는 작업을 지켜보았던 친구 뢰닝(Loening)의 권유로 1845년에 그의 그림책이 처음 출판되어 1846년 3판에서 『더벅머리 페터』로 책 제목이 결정되었고, 1847년 5판에서 그동안 제일 마지막에 실려 있던 더벅머리 페터의 이야기가 제일 앞으로 편집되었다고 기술하고 있다.

『더벅머리 페터』는 10편의 짧은 이야기와 그림으로 구성되어 있다. 이 그림책은 바르지 못한 행동을 하는 아이를 등장시켜 나쁜 행동을 한 아이에게 벌이 내려지는 결말을 보여 주고 있다. 구체적 내용으로는 용모를 단정히 하는 것에서 식사 예절, 타인에 대한 사려 깊은 행동, 위험한 장난에 대한 경고 등 일상생활에 직접적으로 도움이 되는 이야기와 그림으로 구성된다.

그 당시 『더벅머리 페터』 그림책은 표면적으로는 독일이 권위적이고 폭력적인 교육을 거부하면서 비판받은 것처럼 보이지만 구체적으로는 그림책에 등장한 인물들을 통해 아이들에게 교훈을 주기보다는 단지 재미만을 주기 위함은 아닌지, 그리고 아이들이 쉽게 모방할 수 있는 위험성도 있다는 관점에서 비판받기도 하였다(최문선, 2007). 이러한 역사에도 불구하고 『더벅머리 페터』는 여전히 많은 나라에서 번역되어 아동들에게 바른 행동을 하도록 유도하는 그림책으로 사용되고 있다.

출처: 임혜숙 역 (2007). 『더벅머리 페터』. 마루벌 출판사

원제: *Der Struwwelpeter*

글/그림: Heinrich Hoffmann

1. ADHD 명칭의 변화

실질적으로 ADHD에 대한 집중적인 관심은 1917년에서 1918년 사이 미국에서 뇌염이 유행했을 당시, 의사들이 뇌염을 앓았던 아동의 행동을 관찰하면서 시작되었다. 그 당시 의사들은 뇌염을 앓았던 아동의 행동에는 산만함이 많이 나타나고 충동성의 조절을 어려워하고, 과잉행동이 많이 나타난다는 것을 발견하였다.

이런 증상을 발견한 당시에는 뇌손상으로 진단되다가 1947년 Strauss와 Lehitinen이 산만함, 과잉행동, 충동성과 같은 증상은 뇌손상이나 뇌염과 상관없이 나타날 수 있으며 그 이유는 특정 영역의 뇌손상 때문이라고 밝힌다. 그리고 그들은 이런 아동의 증상을 뇌손상증후군(Brain Damage Syndrome)이라고 명명하였다. 그 후 1949년, Gesell과 Amatruda는 이를 미세뇌손상(Minimal Brain Damage)이라고 그 명칭을 바꾸었다. 1950년에서 1960년 사이에는 이런 증상을 뇌손상과 구별되는 용어인 미세뇌기능장애(Minimal Brain Dysfunction, 이하 MBD)로 그 명칭을 변경하여 사용하였다.

MBD는 학습장애를 가진 아동에게도 일반적으로 나타나는 증상으로 1963년 Samuel Kirk가 학습장애라는 용어를 정식으로 공표하기 전에는 학습장애를 가진 아동에게도 흔히 사용되곤 하였다. 그러나 학습장애라는 용어가 사용되기 시작하면서 ADHD의 증상을 가진 아동은 그 원인이 분명하지 않아 관찰 가능한 행동을 표현하는 과잉행동증후군, 주의력결핍증 등으로 명명되었다. 이런 변화 과정을 거치면서 1970년 미국정신의학회는 충동성의 조절과 주의집중력에 결함을 보이는 아동을 주의력결핍장애(DSM-III, Attention Deficit Disorder, ADD)라는 명칭으로 명명하여 발표하였다. 그 이후에 ADD와 더불어 과잉행동이 수반되어 나타나는 경우가 많다는 사실을 발견하면서 1987년에 주의력결핍 과잉행동장애(Attention Deficit Hyperactivity Disorder, ADHD)라는 명칭으로 변경하게 되었다. ADHD라는 명칭에 이르기까지의 역사적 흐름은 다음의 〈표

I-1〉에 제시한다.

표 I-1 ADHD 명칭의 역사적 흐름

연도	연구자	연구 내용
1775	Weikard	주의력결핍증의 명칭 사용과 증상 소개
1798	Crichton	저서 『Mental Restlessness』에 주의력결핍증 설명
1917~1918	의사들	뇌염 경험 환자의 행동에서 산만성, 주의력결핍, 과잉행동을 관찰하여 뇌손상으로 진단
1947	Strauss와 Lehitinen	특정 뇌의 손상에 의한 산만함, 과잉행동, 충동성을 보이는 증상을 뇌손상증후군(Brain Damage Syndrome)이라 명명
1949	Gesell과 Amatruda	미세뇌손상(Minimal Brain Damage) 명칭 사용
1950~1960	의사들	미세뇌기능장애(Minimal Brain Dysfunction, MBD) 명칭 사용
1970	DSM-III	주의력결핍장애(Attention Deficit Disorder, ADD) 명칭 발표
1987	DSM-III 개성반	주의력결핍과잉행동장애(Attention Deficit Hyperactivity Disorder, ADHD)로 멍칭 번경

현재 미국에서는 주에 따라 ADHD와 ADD를 혼용하여 사용하기도 한다. 의사나 심리학자의 경우에는 DSM-IV(미국정신장애 진단과 통계 편람) 개정판에 명시된 ADHD라는 전분용어를 사용하고, ADD는 미국의 교육부와 많은 학교 현장에서 주로 사용하는데, 이 두 용어는 동일한 장애를 의미한다(김미숙, 2014). 2000년에 발행된 DSM-IV-TR에서는 주의력결핍, 과잉행동-충동성, 그리고 주의력결핍, 과잉행동-충동성이 모두 보이는 혼합형이라는 3가지 유형이 포함된 ADHD를 제시하였다. 우리나라도 미국과 마찬가지로 ADHD라는 용어를 사용하고 있다.

2. ADHD 연구의 흐름

ADHD에 대한 연구의 역사는 그리 길지는 않지만 뇌과학의 발달과 더불어 급속하게 발전되고 있다. ADHD의 연구 방향은 원인을 밝혀내고 적절한 지원 방법을 모색하여 ADHD를 가진 아동을 일상생활에는 물론 사회생활에 잘 적응시키는 것이다.

ADHD의 원인은 기질적인 것으로 신경생리학적 분야의 전문가들이 밝혀내어 적절한 치료 방법을 제시하고 있고, 임상심리가들은 ADHD 아동들의 상담결과를 통한 최신 정보로, 그리고 교육자와 같은 관련 전문가들은 ADHD 증상을 개선할 수 있는 방법에 관한 연구로 다양한 지원 방법을 모색하고 있다. 여기서는 ADHD의 원인에 대한 연구의 흐름만을 집중적으로 살펴보고, 원인에 대한 구체적인 설명은 PART I, 4장의 'ADHD의 원인'에서, 치료나 교육적 지원 방법은 PART III 'ADHD의 치료'와 PART IV 'ADHD의 교육'에서 구체적으로 살펴보기로 한다.

ADHD의 원인에 대한 연구는 꾸준히 이루어지고 있지만 아직까지 정확한 원인은 밝혀지지 않고 있다. 지금까지 ADHD의 원인을 연구한 대표적인 내용으로는 유전성과 신경생물학적 요인을 들 수 있다.

우선, 유전성에 대한 연구는 쌍생아와 입양아를 연구 대상으로 하여 그 결과를 제시하는 경우가 많다. 그 결과에 의하면 ADHD는 유전적 경향이 매우 높은 것으로 밝혀졌고, ADHD 아동들의 가족이나 친척에게서 ADHD의 발생률이 높게 나타났다(Goodman & Stevenson, 1989; Barkley, 1990; Robin et al., 1995).

그다음으로 신경생물학적 원인은 뇌의 문제와 생화학적 문제로 밝혀지고 있다. 뇌기능의 문제로는 억제와 조절을 담당하는 대뇌의 앞쪽에 위치하고 있는 전두엽의 문제를 의심하거나, 해부학적으로 살펴보았을 때는 전두엽의 크기나 형태에서 차이를 보인다고 밝히고 있다(Barkley et al., 1992; Quinn, 1997;

Castellanos et al., 1996). 생화학적 문제로는 도파민과 노르에피네프린의 작용 이상과 관련된 것으로 밝히고 있고, 대뇌의 포도당 대사의 이상도 ADHD의 원인으로 밝혀졌다(Comings et al., 1991; Quinn, 1997, 이세나, 2010).

그 밖에 ADHD의 원인으로는 부모의 심리적 문제와 가족 환경의 영향을 들 수 있다. ADHD 아동들의 가족 환경에 대한 조사에 의하면 부모들의 학대적 양육, 부모 중 누군가가 알코올증후군이거나, 정신질환을 앓고 있는 경우가 많았다. 그러나 이런 요소들은 ADHD의 직접적인 원인이라기보다는 간접적 원인으로 ADHD를 발생시킬 확률은 낮다고 주장하는 연구 결과들도 있다(안동현 외 2004).

ADHD의 원인은 아직도 다양한 연구를 통해 밝혀지고 있다. 뇌과학이 발달될수록 원인이 밝혀지는 속도와 정확성은 훨씬 더 높아질 것으로 기대한다. 어떤 문제에 관한 원인을 밝히는 것은 문제를 잘 이해하고 그에 적절한 지원을 모색하는 데 매우 중요한 역할을 담당한다. ADHD는 그동안 원인이 분명하게 밝혀지지 않으면서 학습장애와 정서장애에 포함되어 있었지만, 지금은 그 원인이 속속 밝혀지면서 독특한 욕구를 가진 집단으로 분류되어 지원을 요구하고 있다. 따라서 뇌과학의 발전은 ADHD의 원인 규명에 매우 중요하다 할 것이다.

3. ADHD 지원 동향

ADHD의 원인과 치료에 대한 연구가 활발해지면서 ADHD 아동들을 위한 다양한 지원 방법을 모색하게 된다. 그리고 ADHD라는 용어의 사용으로 치료는 병원에서, 교육은 학교에서 지원하며 각각의 역할과 더불어 이들 두 체계의 연계성은 매우 중요해진다.

뇌손상으로 인한 ADHD 아동들의 교육 문제는 학습장애를 보이는 아동들의 교육 문제와 더불어 1940년경부터 중요한 관심의 대상이었다. 특히 Strauss

나 Werner는 감각 통합이라든지 추상적 개념을 가르치는 중재 도구, 혹은 주의 집중을 위한 교실 환경의 재구조화 등과 같은 교육적 방법을 통한 치료 개발의 연구에 집중하였다(강경숙 외, 2013).

ADHD 아동들의 지원 방법을 모색하는 연구와 더불어 미국의 경우, 장애인 교육법(IDEA-1990, 1991, 2004)과 재활법 504조(1973)는 ADHD를 위하여 학교의 교실 내 수정은 물론 특수교육의 대상자로서 서비스를 지원받을 수 있도록 보호하고 있다. 미국에서 ADHD 아동들을 위한 법적 보호의 규정 내용은 〈표 I-2〉에 간략히 제시하고, 구체적인 내용은 PART IV 'ADHD의 교육'에서도 기술한다.

표 I-2 미국의 ADHD 아동을 위한 법적 보호의 규정 내용

연도	법	규정 내용
1973	재활법 504	어떤 아동이 ADHD로 진단되지 않아 특수교육의 지원에 적격하지 않더라도 학습과 주요 일상생활에 어려움이 보이는 아동은, 그들의 독특한 요구에 적절하게 개별화된 지원을 일반학급에서 제공하도록 규정함
1991	IDEA-1991	일반교육과 특수교육에서 ADHD 아동들의 요구에 관련된 교육 및 지원 정책을 규정함
2004	IDEA-2004	ADHD를 기타 다른 건강장애 안에 포함하여 특수교육의 지원을 받도록 규정함

ADHD 아동들에 대한 법적 보호와 더불어 교육 현장에서는 그들의 문제를 개선할 수 있는 다양한 교육방법이 모색되고 있다. 예를 들자면 교실 환경의 재구조화나 집단의 크기에 대한 조정에서부터 문제 행동에 따른 중재 방법, 기능적 행동적 사정 및 긍정적 행동 지원, 그리고 부모교육이나 가족 지원에 이르기까지 다양한 방법이 포함된다.

ADHD를 포함하여 특별한 요구를 가진 장애아동의 교육적 지원 환경이 분리된 특수교육에서 통합교육으로 이동하면서 많은 장애아동이 일반학교에서 일반교육과정 주도 아래 교육적 지원을 받고 있다. 특히 ADHD나 학습장애 혹은 가벼운 발달적 문제를 보이는 아동들은 특수교육의 지원보다는 일반교육의 지원에 포함되어 있는 경우가 많다. 이와 같은 교육적 지원 현장은 개개인의 특별한 요구에 적절한 교육적 지원을 실시하지 않을 위험성이 많아졌다는 것을 예측할 수 있게 한다.

일본은 일반교육이 지원되는 교육 현장에 포함된 ADHD, 학습장애, 경도발달장애를 가진 아동에 대한 적절한 교육적 지원을 위해 특수교육에서 특별지원교육으로 용어를 바꾸면서 교육적 지원 범위를 확장하였다. 이는 특별지원교육 안에 특수교육과 일반교육의 일부를 포함시켜 일반교육에 포함된 ADHD, 학습장애, 경도발달장애를 보이는 아동들에게 적절한 교육적 지원을 실시할 수 있도록 법적 보호 장치를 마련한 것이라 할 수 있다(上野 一彦 外, 2002). 일본의 이러한 움직임은 완전통합이라는 세계적 교육의 흐름에 자국의 교육 현장을 잘 고려하여 적절히 반영한 변화라고 할 수 있다.

Chapter 2

ADHD의 정의

ADHD는 정서·행동장애, 지적 장애, 학습장애 등과 같은 장애에 수반되어 나타나는 경우가 많다. 어떤 특정한 문제에 대한 정의를 분명히 내리는 것은 다른 문제와의 다름을 드러내어 그 특징을 명확히 하고 적절한 해결 방법을 모색하기 위해 중요한 과정이라 할 수 있다. 따라서 ADHD에 수반되는 장애와 구별되는 분명한 ADHD의 정의는 ADHD의 고유한 특성을 명확히 이해할 수 있는 출발점이 될 것이다.

ADHD는 주로 뇌의 문제로 인하여 아동기에 주의력결핍, 산만성, 과잉행동, 충동성과 같은 행동이 나타난다. 이런 증상은 아동들이 학교와 다양한 사회 환경에서 행동을 통제하기 어렵게 하고, 성인기까지 지속될 수 있다.

1. 미국의 정의

미국에서 내려진 ADHD에 대한 정의는 DSM에 의해 많은 영향을 받으면서 변화를 거쳐 왔다고 할 수 있는데, 이정림과 강경숙(2012)은 이런 변화과정을 다음과 같이 설명하고 있다.

역사적으로 DSM에서 ADHD의 중요성은 서로 다르게 강조해 왔다. DSM은 의학적으로, 그리고 연구 환경에 따라 일반적으로 사용되는 장애를 간결하면서도 구체적인 분류 체계를 마련하고 있다. 따라서 ADHD에 대한 정의는 DSM 버전에 따라 변화하게 된 것이다. DSM의 범주와 항목들의 변화는 출현율뿐만 아니라 몇몇 진단 과제에서 변화를 일으키는 결과를 초래한다. 이런 변화는 임상에서의 분명한 진단과 실제적 상황에서는 적절한 적용이 이루어지게 한다.

이정림과 강경숙(2012)에 의해 정리된 DSM 버전에 따른 ADHD의 정의적 변화 특성은 〈표 I-3〉에 제시된 내용이다. 또한, 그녀들은 ADHD의 증상에 대한 DSM-III의 분류를 비판하는 관점을 다양한 연구 결과를 인용하여 제시한다. 그 내용은 다음과 같다. 우선, Healey와 그의 동료들(1993)의 연구 결과로 DSM-Ⅲ가 변화한 이유는 부주의나 과잉행동이 ADHD의 핵심적 증상이지만 충동성과 과잉행동도 ADHD의 증상으로 중요하다고 주장한다. 그리고 McBurnett와 그의 동료들(1993)은 과잉행동을 보이지 않는 ADHD의 증상에 대한 DSM-III의 분류는 문제가 있다고 비판한 연구 결과를 제시한다. ADHD의 증상을 많은 연구를 통한 비판들로 발전을 거듭한 DSM-IV는 〈표 I-4〉와 같이 ADHD의 증상을 제시한다.

표 I-3 DSM 버전에 따른 ADHD의 정의적 변화 특성

DSM 버전	변화 특성
DSM-II -1968	• ADHD의 진단에서 과잉운동 활동을 강조 • 진단명은 과잉운동반응 아동(Hyperkinetic Reaction of Childhood)
DSM-III -1980	• 주의문제를 과잉운동 활동에서 분리 • 부주의, 과잉행동, 충동성을 반영 • 16개의 증상 제시 • 과잉행동을 보이는 ADD – 부주의 5증상 중 3증상 이상 보임 – 충동성 6증상 중 3증상 이상 보임 – 과잉행동 5증상 중 2증상 이상 보임 • 과잉행동이 보이지 않는 ADD – 부주의 5증상 중 3증상 이상 보임 – 충동성 6증상 중 2증상 이상 보임 – 과잉행동 5증상 중 1증상 이상 보이거나 혹은 과잉행동의 증상이 보이지 않음
DSM-III-R	• ADHD의 14증상 제시 • 14증상 중 8증상 이상이 보이면 ADHD로 분류 • 과잉행동이 보이지 않으면 ADHD에서 제외 • ADHD의 하위 유형에 대한 충분한 검토가 이루어지지 않음
DSM-IV -1994	• ADHD의 요인에 대한 연구 발달 • 진단 기술이 DSM-IV-TR-2000과 동일
DSM-IV-TR-2000	• ADHD의 부주의와 과잉행동-충동성의 두 가지 측면 강조 • ADHD의 18증상 제시 – 부주의 9증상, 과잉행동 6증상, 충동성 3증상 • 부주의 유형 – 부주의 9증상 중 6증상 이상 보임 • 과잉행동-충동 유형 – 과잉행동 6증상과 충동성 3증상을 합한 증상 중, 6증상 이상 보임 • 복합형 – 부주의 6증상 이상, 과잉행동-충동 6증상 이상 보임

출처: 이정림, 강경숙(2012). *Review on the characteristics, Changed Definition of ADHD and the impact of ADHD on students' life*. 한국아동심리치료학회지, 7권 1호, pp. 115-137.

표 I-4 DSM-IV에 제시된 ADHD의 증상

대표 증상	구체적 증상
부주의	• 세부적인 것에 주의를 집중하지 못하고 실수를 한다. • 주의집중의 지속이 어렵다. • 남의 이야기를 경청하지 않는다. • 주어진 과제를 해결하여 완성하지 못한다. • 과제와 활동을 계획하는 것이 어렵다. • 많은 노력이 요구되는 과제를 싫어한다. • 준비물을 자주 잃어버린다. • 외부로부터 들어오는 자극에 쉽게 산만해진다. • 일상생활에서 해야 하는 일과를 자주 잊어버린다.
과잉행동	• 손발을 잠시도 가만두지 못하고, 움직이지 않고 앉아 있는 것이 어렵다. • 교실이나 일정 공간에서 자신의 자리를 이탈하는 경우가 많다. • 매우 심하게 뛰거나 책상과 같은 사물에 올라가 있는 경우가 많다. • 자유 놀이나 여가 활동에 참여하여 잘 놀지 못한다. • 수다스럽다. • 마치 무엇엔가 쫓기는 것처럼 행동한다.
충동성	• 질문이 채 끝나기도 전에 자신이 생각하는 답을 말해버린다. • 순서를 지켜야 하는 게임이나 활동에서 자신의 순서를 기다리지 못한다. • 다른 사람의 활동을 방해하거나 지나치게 간섭한다.

출처: 심미숙 역(2014). 『학습장애와 관련 정도장애』. 학지사. p. 239.

ADHD의 정의는 현재까지 단 하나로 정확하게 내려지지 않고 있다. 안동현과 그의 동료들(2015)은 그 이유를 두 가지로 구분하여 설명하고 있다. 첫째, ADHD의 정의가 연구자나 관련 전문가의 관심 영역 혹은 진단의 준거에 따른 응답자의 주관에 의해 내려지는 경우가 많다는 것이다. 둘째, DSM에 따른 ADHD의 정의에서 몇 가지의 문제가 있다는 것이다. 이 두 가지 이유에 대한 구체적 내용은 다음과 같다.

우선, 주관성에 대한 문제는 ADHD의 진단에 사용되는 행동 관련 질문 문항에 대한 응답자의 답들이 과연 ADHD라는 진단을 내리는 데 신뢰성을 보장할 수 있느냐는 것이다. 예를 들어 ADHD 행동에 관한 질문 문항은 응답자들이 5점 척도(예시: 5. 늘 그렇다, 4. 자주 그렇다, 3. 종종 그렇다, 2. 매우 드물게 그렇지 않다, 1. 그렇지 않다)에 따라 매우 주관적 판단으로 대답한다는 것이다(Schlachter, 2008). 또한 이런 질문들은 임상적 관찰이나 면접보다 덜 정확하며, 그 내용도 구체적이지 않고, 특히 ADHD의 주요 원인이 뇌기능의 문제를 파악하기 어렵다는 것이다(Carey, 2002).

그다음으로는 DSM에 따른 ADHD의 정의에 제시된 내용 중에서 주의산만의 증상, 발병 시기, ADHD와의 경계라는 문제를 제기할 수 있다는 것이다. 이에 관한 문제를 좀 더 구체적으로 살펴보면 다음과 같은 세 가지 관점으로 정리할 수 있다(안동현 외, 2015). 첫 번째 관점은 세계보건기구의 국제질병분류 10차까지 주의산만 우세형을 인정하지 않았다는 것이다. 두 번째 관점은 ADHD의 발병은 성인기까지 지속할 수 있는 만성질환으로 명시하고 청소년과 성인기의 진단 기준을 제안하였으나 논란의 여지가 많다는 것이다. 세 번째 관점은 일반적으로 나타나는 산만성 및 과잉행동과 ADHD의 증상과의 차이가 분명하지 않았다는 것이다.

이와 같이 현재까지는 ADHD에 대한 정의를 단 하나로 제시한다는 것은 어려운 일이지만, ADHD의 원인이 정확하게 밝혀져 그에 따른 증상들이 명확해진다면 정의는 좀 더 분명해질 것이다. 따라서 분명한 ADHD의 정의를 내릴 때까지의 다양한 연구를 통한 시도들은 매우 중요한 영향을 미칠 것이다.

2. 일본의 정의

일본의 특수교육은 미국과 동일하게 통합교육환경으로 이동하기 전인 분리교육환경에서 출발하였다. 2002년까지 일본의 특수교육 현장은 중증의 장애를 가진 아동과 교사가 일대일로 교육을 실시하고 있었고, 장애아동 1인당 교육 지원금도 상당히 높게 책정되어 있었다. 그러나 학습장애나 ADHD와 같이 경도발달장애군에 속해 있는 아동들의 출현율은 미국에 비해 현저히 낮았고 교육적 지원도 잘 이루어지지 않고 있었다. 이는 학습장애나 ADHD와 같은 경도발달장애군이 일반학교에 포함된 상황이었던 까닭이라 생각된다. 다시 설명하자면 일본의 이런 현상은 그들에 대한 제도적 지원이 마련되지 않았음을 의미하는 것이다.

일본은 1979년에 양호학교 교육(한국의 특수교육에 해당됨)이 의무교육으로 바뀌고 1980년부터 관련법이 제정되어 중증의 장애아동들도 학교에서 교육을 받게 되었지만 교사의 문제와 제도적 문제로 그 성과는 그리 성공적이지 못했다(上野 一彦 外, 2002). 우선 교사의 문제는 법이 제정되었을 당시 특수교육을 전문적으로 배우지 않은 교사들이 담당하는 경우가 많았다. 이런 문제를 해결하기 위해 문부과학성(한국의 교육부에 해당됨)은 특수교육에 대한 전문적 교육을 이수한 교사가 장애아동을 담당할 수 있도록 교육 정책을 마련하여 이 문제를 해결하였다. 그다음으로는 제도적 문제로 학적에 대한 것이었다. 그 당시 학생들은 학적을 일반학교(일반학급)와 특수학교(특수학급) 중 한곳에만 둘 수 있었다. 이 제도는 어떤 학생이 언어교육의 지원을 받으려면 일반학급에서 시간을 보내는 시간이 많더라도 특수학급에 학적이 없으면 그 학생을 담당할 교사가 배치되지 않았던 것이다(上野 一彦 外, 2002). 이런 제도는 특수교육의 지원을 받게 하는 아동의 비율을 감소시키는 결과를 가져오게 하였다.

이런 문제로 인하여 특수교육적 지원을 받아야 할 아동들이 그 혜택을 받지 못하고 있다는 것을 알고, 일본은 1993년 일반학급에 학적을 두고도 특수교육적 지원을 받을 수 있는 제도를 마련하게 된다(上野 一彦 外, 2002). 그 당시는 주로 학습장애가 그 대상이 되었지만 지금은 모든 장애아동이 교육적 지원의 대상이 되고 있다. 따라서 1980년 법이 바뀌면서 특수교육 대상자의 출현율은 해를 거듭할수록 감소하던 것이 1993년 법이 개정되면서 증가하는 추세로 바뀌게 된다.

이러한 과정을 거치면서 일본은 2001년 문부과학성에서 '특수교육'이라는 용어를 '특별지원교육'으로 그 명칭을 변경한다. 문부과학성에 의해 발표된 특별지원교육의 정의는 다음과 같다.

> 특별지원교육은 맹·농·양호학교 및 특수학교에서 실시되는 교육과 더불어 학습장애 아동과 ADHD 아동 등, 일반학교에 재적하는 데 특별한 교육적 지원이 필요한 아동들을 위하여 적절한 대처를 적극적으로 하는 것이다.

특별지원교육이라는 용어는 일반학급에 포함된 독특한 요구를 가진 아동들에게 다양한 지원을 실시하기 위해, 그리고 세계적으로 일어난 완전 통합환경이라는 특수교육의 변화에 동참하기 위해 탄생한 것이라 할 수 있다. 일본의 경우 특별지원교육과 더불어 '전생애학습화'라는 개념을 도입한다. 이 개념은 일본이 일찍부터 고령화에 따른 사회 연령 구조의 변화가 일어난 까닭에 마련된 시기적절한 정책적 시도라 할 수 있다.

이와 같이 일본은 사회적 구조의 변화와 더불어 ADHD와 같은 경도발달장애아동의 교육에 관심을 가지게 되면서 2003년 문부과학성에서 ADHD의 정의를 다음과 같이 내린다.

> ADHD는 동일 연령의 또래 아동에 비해 주의집중, 혹은 충동성과 다동성에 문제가 많이 보이는 행동장애로, 이런 문제는 사회생활이나 학업에 어려움을 가져오게 한다. ADHD는 주로 7세 전에 나타나서 지속되고, 중추신경계의 문제로 인하여 특정 기능에 영향을 미친다.

일본에서의 학습장애는 교육적 입장이 많이 반영된 용어로, ADHD는 의학적 입장이 많이 반영된 용어로 사용되고 있다. 이는 학습장애는 대부분 약물치료 없이 교육적 방법을 통한 접근이 주로 이루어진다면, ADHD는 많은 경우 약물치료와 더불어 행동의 문제를 파악하고 수정하는 방법과 사회성의 문제, 정서적 문제 등을 해결하는 데 집중하고 있기 때문이다. 그리고 일본은 ADHD가 다른 장애를 수반하는 경우가 많음을 강조하며, 그와 관련된 문제의 해결방법을 모색하려는 노력을 하고 있다.

3. 한국의 정의

한국에서 ADHD는 미국과 마찬가지로 주의산만, 과잉행동, 충동성이라는 세 가지의 증상이 초기 아동기에 발견되어야 한다. ADHD의 이런 증상은 다음과 같은 문제를 일으키는 요인으로 작용할 수 있기에 세심한 배려가 필요하다. 첫째, 일상생활의 적응에 있어 어려움을 보이기 쉽다. 둘째, 인지발달과 학습에 어려움을 보인다. 셋째, 언어발달의 지연과 같은 발달적 문제가 보인다. 넷째, 기억력이나 실행기능의 문제로 제시된 과제를 완성하기 어렵다. 다섯째, 정서적 불안을 호소한다. 여섯째, ADHD 증상과 관련된 다양한 문제행동이 자주 나타난다. 일곱째, 사회적 인지의 문제와 행동에 대한 오해로 대인관계의 형성이 어렵다.

ADHD를 가진 아동은 성격이 밝고 매우 활발한 것처럼 보기 쉬우나 자세히 살펴보면 그들의 움식임은 그저 지나치게 동작이 크고 많으며, 어떤 경우에는 그런 행동들이 과격한 행동으로 이어지는 것을 볼 수 있다. 취학 전 연령의 아동은 가정이라는 울타리 안에서 일어나는 이런 행동이 그리 문제가 되지 않아 간과하기 쉬우나, 집단생활이 시작되는 학교에서 아동들의 ADHD 행동 특징들은 다양한 상황에서 문제를 일으키는 원인으로 작용하여 주변 사람들이 곤혹을 치르게 된다. 이런 문제가 발생되었을 때 ADHD 증상을 보이는 아동은 부모와 함께 병원을 방문한다. 일반적으로 ADHD 아동은 학습장애나 다른 발달장애를 중복으로 가지기 때문에 진단에서 누락되는 경우가 많아 세심한 주의가 요구된다.

국립특수교육원에서 발행한 특수교육학 용어사전(2009)에서는 ADHD를 다음과 같이 설명하고 있다.

ADHD는 동등한 발달 수준에 있는 아동에 비하여 주의력과 과잉행동의 정도가 심하게 일탈되며, 그러한 정도가 장애의 진단 기준을 충족시킬 때 내려지는 진단명이다. 정신장애의 진단 및 통계 편람-제4판(DSM-IV)에 따르면 ADHD 증상은 대체로 7세 이전에 발견되며, ADHD 아동이라고 진단이 내려지면 아래에 제시된 증상이 최소한 두 가지 이상의 상황(가정·학교·유치원·작업장)에서 존재하여야 한다.

- 주의력결핍 우세형
- 과잉행동·충동성 우세형
- 복합형(주의력결핍과 과잉행동·충동성 모두 나타남)
- 주의력결핍과 과잉행동 증상이 뚜렷하게 나타나기는 하지만 진단 기준을 충족시키지는 않을 때에는 기타 유형으로 분류할 수 있다.

서울대학교병원에서는 ADHD에 대한 정의를 다음과 같이 내리고 있다.

ADHD는 아동기에 많이 나타나는 장애로, 지속적으로 주의력이 부족하여 산만하고 과다활동, 충동성을 보이는 상태를 말한다. 이러한 증상들을 치료하지 않고 방치할 경우 아동기 내내 여러 방면에서 어려움이 지속되고, 일부의 경우 청소년기와 성인기가 되어서도 증상이 남게 된다.

한국은 일본이나 미국과는 달리 아직 ADHD는 특수교육 대상자로서 법적 보호 아래 다양한 지원을 받을 수 없다. 그러나 학교 내에서 여러 가지 문제가 발생하면서 ADHD에 대한 관심이 높아져 이들에 대한 대책 마련에 고민을 하고 있다. ADHD에 대한 의료적 측면이나 정신·건강적 측면에서 관심이 확대되면서 교육적 측면에서도 다양한 지원이 이루어져야 한다는 것을 인식하고 다양한 방법의 모색에 힘쓰고 있다.

Chapter 3

ADHD의 출현율

최근 들어 전 세계 소아·청소년의 약 5~8%가 ADHD를 보일 정도로 그 출현율이 높아지고 있다. 2013년 WHO(World Health Organization, 세계보건기구)의 조사에 의하면 ADHD를 가진 사람은 약 3,900만 명 정도로 보고하고 있다(Global Burden of Disease Study 2013, Collaborators, 2015). 그리고 많은 연구에서 ADHD를 가진 아동 중 30~50%가 성인이 되었을 때에도 ADHD가 지속된다고 밝히고 있다(Kooij et al., 2010; Ginsberg et al., 2014). ADHD의 출현율 증가는 이들의 지원에 좀 더 주의를 집중하게 만들었다. 특히 많은 나라에서 특수교육의 대상자 범주 안에 ADHD를 포함시키면서 실시된 출현율 조사는 자연스럽게 그들에 대한 지원 방법을 모색하게 한다. 우리나라는 ADHD가 특수교육 지원의 대상자는 아니지만 학교에서 발생하는 다양한 문제와 ADHD와의 관련성을 인지하며 정확한 출현율 조사에 힘쓰고 있다.

1. 미국과 한국의 출현율

미국의 경우 취학 연령에 있는 아동 중 ADHD 아동은 일반적으로 약 3~5%를 차지하였던 과거와는 달리 현재는 7%를 넘는 출현율을 보이고 있다. Wolraich와 그의 동료들(1996)은 DSM-Ⅳ의 준거에 따른 ADHD의 유형별 출현율이 부주의가 4.7%, 과잉행동이 3.4%, 부주의와 과잉행동이 혼합되어 나타나는 유형이 4.4%라고 밝히고 있다. 안동현과 그의 동료들(2015)은 저서에서 미국의 연구를 인용하여 ADHD의 출현율이 5.29%이고, 초등학교 아동 중 5.96%가 약물치료를 받고 있다고 기술하고 있다.

우리나라도 ADHD의 출현율이 꾸준히 증가하면서 학습에 어려움을 보이거나 일상생활과 사회생활의 적응에 부정적인 영향을 미치고 있다. 서울대학병원의 조사에 의하면 소아정신과 관련 질환 중 ADHD가 가장 많이 나타나고 있는데, 진단 비율은 6~8%이고, 가벼운 증상을 보이는 아동까지 포함하면 13%의 출현율이 보이고 있다고 밝힌다. 또한 김붕년과 동료들의 연구 결과(2006)에 의하면, 한국에서 실시한 역학조사 결과에서 초등학생의 약 13%, 중·고등학생의 약 7%가 ADHD를 가지고 있다고 밝히고 있다. 이런 결과에 의하면 미국보다 한국의 출현율이 학령기 연령에서 훨씬 높은 경향을 보이고 있다. 결과적으로 미국이나 한국 모두에서 ADHD의 출현율은 증가하고 있는 추세라는 것을 알 수 있다.

미국보다 한국의 출현율이 학령기 연령에서 많은 이유는 세 가지 측면으로 생각해 볼 수 있다. 첫째, 학령기 아동은 집단생활보다는 가족 안에서의 생활과 부모의 보호 아래 양육되기 때문에 ADHD의 증상을 간과하기 쉽다. 둘째, 어린 영유아에게서 나타나는 부주의나 과잉행동의 증상들을 산만하다고 판단하기보다는 활발한 아동으로 생각한다. 셋째, 산만성이나 과잉행동 같은 증상들은 나이가 들면서 점점 사라진다고 가볍게 생각한다. 그렇지만 생각과는 달리 초등학교에 입학하여 집단생활을 시작하면서 이런 문제들이 학교생활에 방해 요소로 작용한다. 이에 부모들이 걱정이 많아지면서 정확한 원인을 찾기 위해 병원을 방문하여 여러 가지 검사를 거친 후 ADHD로 진단받는다. 그래서 취학 후 출현율이 급증하는 것이다. 이런 이유로 한국에서 취학 전 ADHD를 가진 아동을 발견하는 것은 사회·문화적 환경상 어렵다고 말할 수 있다.

출현율은 정의와 진단 준거에 의해 좌우된다. 즉 정의와 진단 준거가 명확해야 조사되는 출현율을 신뢰할 수 있다는 의미이다. 안동현과 동료들(2015)은 정의에서 제시하는 주의산만은 ICD-10(International Classification of Diseases, 국제질병분류)에서 인정하고 있지 않으며 발병 연령 기준의 혼선과 일반아동에게서도 보이는 산만함과 ADHD라고는 진단내릴 수 없는 경계에 놓인 경우 논란의 여지가 있다고 지적한다. 이러한 문제는 정확한 출현율을 제공하는 데 방해요인이 될 수도 있을 것이다.

이와 같이 많은 요소가 ADHD의 출현율을 정확히 파악할 수 없도록 하지만, 분명한 것은 출현율이 증가하고 있다는 것이다. 급격히 변화하는 사회 정세와 치열한 경쟁적 사회 구조는 ADHD의 생물학적 원인으로 인하여 출현율에 영향을 미치는 것보다 훨씬 더 큰 영향을 미칠지도 모른다. 실질적으로 한국의 경우도 학교폭력이나 비행청소년의 문제가 학교 환경에서 많이 발생되면서 정신건강에 주의를 기울이게 되었고, 이를 위한 검사를 실행하기 시작하면서 ADHD를 가진 아동들의 발견이 많아지고 있다. 학교 내에서 발생하는 문제가 ADHD 때문이라면 최우선적으로 ADHD 증상을 개선하기 위하여 노력해야 할 것이다.

이런 이유 이외에도 여러 가지 이유로 ADHD의 출현율은 논쟁거리가 되고 있다. ADHD 출현율의 논쟁거리는 〈표 I-5〉에 간략하게 제시해 둔다. 논쟁거리는 ADHD의 출현율을 결정하는 요인이 되기 때문에 정확한 출현율을 위해 신중히 검토되어야 한다.

표 Ⅰ-5 ADHD 출현율을 결정하는 논쟁 거리

논쟁 주제	논쟁 내용
생물학적 근거	• 진단을 내릴 만한 정확한 생물학적 증거에 대한 제시가 불충분하다. • 진단에서 행동에 대한 관찰은 관찰자의 주관적 판단에 의존한다. • 생물학적 역기능의 평가를 위한 측정의 정확성이 미흡하다.
행동 정의	• 나이에 따른 정상적 행동 준거에 대한 명확성이 부족하다. • 정상행동과 ADHD의 문제행동 사이의 경계가 분명하지 않다.
환경 변인	• 환경에 따라 다르게 ADHD의 행동이 나타난다. • 일관적이지 않고 구조화되지 못한 환경에서 ADHD의 행동이 증가한다. • 아동의 선호 과제와 교사나 부모의 반응에 따라 ADHD의 행동이 변화한다.
부모와 교사에 의한 보고	• 부모와 교사에 의해 보고된 ADHD의 행동에 대한 내용이 일치하지 않는다. • 부모에 의해 관찰되는 ADHD 자녀의 행동은 다양한 상황에서 일어나는 반면, 교사는 좀 더 주의집중이 필요한 환경에서 ADHD 아동의 행동을 관찰하기 때문에 ADHD의 행동 관찰에 대한 보고 내용에 차이가 있다. • 부모의 보고는 좀 더 일반적일 수 있고, 전문가에 의한 보고는 좀 더 체계적이고 구체적이다.
진단 준거	• DSM-Ⅲ, DSM-Ⅲ-R, DSM-Ⅳ에서 제시하는 진단 준거의 하위 유형이 서로 다르다.

출처: 강경숙, 박혜성, 김남희 역(2013). 『ADHD의 진단 및 중재』. 학지사. pp. 52-56.

이와 같은 문제에도 불구하고 ADHD의 출현율은 세계적으로 과거에 비해 높아지고 있다. 이는 과거 학습장애나 정서·행동장애에 포함되어 있던 ADHD가 확실하게 구분되면서 독특한 특징 및 요구가 제시되고, 이런 문제를 해결하기 위한 적절한 방법 모색의 필요성이 절실해졌기 때문이다. 이런 이유가 출현율을 증가시키는 결과가 된 것이다.

2. 생애주기와 성별 출현율

ADHD의 생애주기별 출현율의 특징을 살펴보면 다음과 같다. ADHD는 주로 초기 학령기 연령이 되었을 때 출현율이 급증하여 후기 학령기 연령에서 감소하는 경향을 보인다. 이는 집단생활이 주가 되는 학교에서 ADHD의 증상들이 다양한 문제를 일으키는 원인으로 작용하기 때문이다. 따라서 이 시기에 부모들은 자녀의 행동에서 나타나는 문제를 인식하고 병원을 찾으면서 진단을 의뢰하기 시작한다.

ADHD의 남녀 출현율을 비교해 보면 남자가 여자보다 3~4배 이상 많이 나타난다. ADHD의 증상이 남자의 경우에는 과잉행동과 충동성이 일반적이라면, 여자의 경우에는 부주의와 과잉행동을 더 많이 나타낸다(McBurnett, 1995; Cantwell, 1996; 上野 一彦 外, 2002). Szatmari(1992)는 남자가 여자에 비해 약 6배 정도 더 많이 ADHD의 증상을 보인다고 하였고, 출현율에 주요하게 영향을 미치는 것은 성별이나 가족력보다는 발달적 지연이 나타나거나 나이 혹은 질병의 문제라고 강조한다.

3. 교육환경 배치에 따른 출현율

ADHD 아동들이 배치되어 있는 교육환경은 일반학급, 학습도움실, 특수학급, 기타이다. 이들 학급에서 일어나는 지원 방법은 〈표 I-6〉에 제시해 둔다. ADHD 아동의 대부분은 일반학급에 포함되는 경우가 많다. 미국의 경우 ADHD는 기타 건강장애에 포함되어 약 83%만이 제한된 시간 동안 일반학급에서, 나머지 시간은 학습도움실이나 특수학급에서 교육적 지원을 받고 있다.

표 I-6 ADHD 아동이 배치되는 교육 환경 및 지원 방법

교육 환경	지원 방법
일반학급	• 일반교사의 주도 아래 일반교육과정이 운영되는 학급 • ADHD 아동이나 일반교사의 요청에 따라 특수교육 관련자(특수교사, 언어치료사, 행동치료사 등등)가 학습 및 행동의 문제에 대한 지원 실시 • 요구된 것만 지원하는 간헐적 지원과 짧은 시간 규칙적으로 지원하는 제한적 지원 제공
학습 도움실	• 미국에서 주로 마련된 학급의 형태로 소집단이나 일대일 교육이 특수교육관련자에 의해 지원되는 학급 • 일반학급의 일과 중 특정시간 동안 학습도움실에서 학습과 행동에 대한 집중적인 지원 제공 • 제한적 지원에서 지속적이며 규칙적인 지원까지 광범위한 지원 제공
특수학급	• 특수교사의 주도 아래 좀 더 집중적인 교육이 운영되는 학급 • 소집단 구성으로 개개 학생에게 개별 교육 계획에 의한 교육 지원 제공 • ADHD 아동은 대부분, 경우에 따라서는 모든 일과 시간 동안 광범위한 지원 제공

미국 교육부(U. S. Department of Education, 2008)의 조사에 의하면 주로 일반학급에 포함되어 있고 일반학급 외에서 21% 이하의 시간 동안 교육을 받는 ADHD 아동의 비율은 54%이고, 주로 학습도움실에서 교육을 받고 일반학급 외에서 21~60%의 시간 동안 교육을 받는 ADHD 아동의 비율은 29%이고, 주로 분리학급에서 교육을 받고 일반학급 외에서 60% 이상의 시간 동안 교육을 받는 ADHD 아동의 비율은 14%였다고 보고한다. 이런 조사의 보고에 의하면 미국에 있는 ADHD 아동은 주로 일반학급과 학습도움실이라는 교육적 환경에 포함되어 있는 것을 알 수 있다. 한국의 경우, ADHD 아동의 대부분은 주로 일반학급에 포함되어 있다.

이와 같은 교육환경 배치에 따른 출현율에서 예측할 수 있는 것은 미국의 경우 ADHD 아동의 독특한 요구에 따른 교육적 지원이 적절히 이루어지고 있는 반면, 한국의 경우는 전혀 그렇지 못한 실정에 놓여 있다는 것이다. 실질적

으로 한국에서 ADHD는 특수교육 대상자가 아니기 때문에 적절한 교육적 지원을 받지 못한다. 그러나 요사이 매우 심각한 논쟁거리인 학교폭력으로 인하여 ADHD 증상도 그 원인 중 하나라는 이유로 ADHD에 대한 관심이 높아지고 있다. 사실 ADHD는 그 증상이 개선되면 우리가 걱정하는 많은 문제는 쉽게 해결된다. 따라서 일반교육이나 특수교육으로 적절한 교육적 지원을 받지 못하는 ADHD 아동이나 경도발달장애 아동들을 위한 대책이 가능한 한 빨리 마련되어야 할 것이다.

Chapter 4

ADHD의 원인

아동기에 나타나는 다양한 장애들의 원인이 밝혀지는 속도에 비해 ADHD의 원인은 아직까지 명확하게 밝혀지지 않았다. 지금까지 ADHD의 원인에 대한 연구결과에 의하면 유전성과 뇌의 기능과의 관련성을 의심하고 있다. 뇌과학에 대한 발달 속도가 점점 더 빨라지면서 수많은 연구자들이 ADHD의 원인을 규명하기 위해 연구에 몰두하고 있다. 여기서는 유전적 원인, 신경생리학적 원인, 음식 및 환경적 원인에 대하여 구체적으로 살펴보기로 한다.

1. 유전적 원인

대부분의 장애 원인 가운데 중요한 요인 중 하나는 유전적 원인이다. ADHD도 유전적 원인에 의해 나타난다는 주장은 다양한 연구를 통해 밝혀지고 있다. ADHD의 유전성을 밝히려는 연구 방법은 주로 가족과 쌍생아, 혹은 입양된 아동들을 연구 대상으로 하는 경우가 많다. 그 결과 많은 연구자들은 76~91%의 비율로 ADHD의 유전적 가능성을 예측한다(Thapar, O'Donovan, & Owen, 2005). ADHD의 유전성에 대한 연구는 많은 연구자들에 의해 밝혀지고 있는데 유전적 원인에 관한 연구 내용은 〈표 I-7〉과 같다.

표 I-7 ADHD의 유전적 원인에 관한 연구

연구자(연도)	연구 내용
Biederman et al. (1986)	통제집단과 ADHD 집단의 친척에서 나타나는 발생률 비교: 통제집단-5.7% 발생률, ADHD 집단-31.5% 발생률
Goodman & Stevenson(1989)	쌍생아 연구에서 50% 이상이 유전적 요인에 의해 과잉행동과 주의산만이 나타난다고 밝힘
Frick et al. (1991)	7세에서 12세 사이의 ADHD 아동의 부모와 친척들이 어린 시절에 ADHD를 보였던 경험이 있음
Cadoret & Stewart (1991)	입양아 중 ADHD를 나타내는 아동을 조사하였는데 친부모가 범죄를 저질렀거나 문제행동을 나타냈던 경험이 있었던 입양아에서 ADHD가 많이 나타난다고 밝힘
Comming et al. (1991)	도파민 D-2 수용체가 ADHD 집단의 46%에 영향을 미치는 요인으로 작용한다고 밝힘
Gilles et al.(1992)	쌍생아 연구로 유전적 경향이 높음을 밝힘
Robin et al. (1995)	85가족, 총 355명에 대한 ADHD의 진단가능성 조사: 42%가 ADHD로 진단되고, 19%가 ADHD의 가능성을 보임
Barkley(1998)	쌍생아 연구에서 ADHD의 유전성을 밝힘

출처: 김동일 역(2006). 『ADHD 가족 치료』. 학지사. p. 39/ 강경숙, 박혜성, 김남희 역(2013). 『ADHD 진단 및 중재』. 학지사. p. 47 / 안동현 외 (2015). 『ADHD의 통합적 이해』. 학지사. p. 17.

흔히 ADHD가 의심되는 자녀와 함께 상담을 받으러 온 부모들은 "나도 어릴 때 내 자식과 동일한 문제를 가지고 있었지만 그리 심각하지는 않았어요.", "내 자식과 같은 문제를 가지고 있는 형제가 있는데, 내 자식도 그 형제처럼 그런 문제를 가지고 있지는 않은지 걱정되요."라고 호소하는 경우가 많다(上野 一彦 外, 2002). 이런 경우 가족력에 의한 유전성을 걱정하게 된다.

ADHD의 유전성은 세 가지 측면의 문제로 고려해 볼 수 있다. 첫째, 기질적 문제와의 관련성을 고려한다. 둘째, 도파민의 효과적인 기능 수행에 필요한 단백질인 도파민 수용체(dopamine receptor)와 도파민 수송체(dopamine transporter)의 유전을 의심해 볼 수 있다. 도파민 수용체는 보상 신호를 받아 전달하고, 신호를 전달받은 뒤 많아진 도파민을 재순환시키는 기능을 담당한다. 셋째, 다유전자성(multifactorial inheritance) 질환의 가능성이 있을 수 있다. 다유전자성 질환이란 1개 혹은 2개 이상의 비정상적인 유전자와 환경적 요인과의 상호작용에 의해 이상을 보이는 것을 의미한다(홍강의 외, 2012; 조수철, 2001).

ADHD의 유전성을 밝히는 것은 인간의 다른 유전적 형질을 밝혀내는 것보다는 훨씬 더 어렵고 복잡하다. 요사이 사람들은 암이나 질병의 발병 원인을 가족력에서 살펴보고 예측하여 예방하고자 노력한다. 예방법으로 예를 들면 식이요법이나 운동과 같은 건강관리, 혹은 영화배우인 안젤리나 졸리처럼 가족력에 의한 예방적 차원에서 암의 발생가능성이 있는 부위를 제거하는 수술을 받기도 한다. 그러나 ADHD의 유전성에 대한 명확한 근거를 밝혀내려면 좀 더 많은 연구가 필요하다. 이는 뇌과학의 발전 속도와 더불어 가속화될 것이다.

이런 이유로 ADHD의 유전성에 대한 원인을 단 하나로 결론 내린다는 것은 어쩌면 위험할 수도 있다. 그래서 Barkley(2006)는 ADHD의 유전성에 대한 증거를 한마디로 제시하기보다는 예측되어 확신하는 과학적 증거들의 관련성을 논리적으로 해석하는 데 좀 더 비중을 두는 것이 중요하다고 주장한다.

ADHD의 유전성을 확인하기 위해 일반적으로 가계보를 확보하여 그 원인을 밝히는 것도 중요하지만 ADHD 아동들의 다양한 행동 문제와 기타 관련 문제를 먼저 확인해야 할 것이다. 그다음으로 ADHD 아동들의 치료나 교육을 시도하려 할 때 ADHD를 보였던 가족에게 성공적이었던 방법들을 파악하여 문제 해결 방법을 모색하는 것도 좀 더 긍정적인 결과를 이끌어 낼 수 있을 것이다.

2. 신경생리학적 원인

인간의 뇌는 사고, 이성, 감정, 학습, 기억 등과 같은 의식과 고도의 정신적 기능을 담당하는 데 중추적 역할을 하는 매우 중요한 부분이다. 즉 인간의 모든 활동과 사고, 경험은 뇌에서 통제하고 조절하는 것이다. 뇌의 발달은 기본적으로 경험에 대하여 반응하며 변화하는데, 자극적 환경은 뇌의 성장에 긍정적인 영향을 준다. 뇌의 변화는 신경원이나 신경세포 간의 매우 복잡한 연결망인 연접에 의한 것으로 인출신경원, 입력신경원, 신경전달물질이 중요한 역할을 담당한다. 일반적으로 뇌의 성장과 연접에 의한 가지치기는 언어발달에서 관찰 가능하다. 따라서 뇌 성장과 뇌의 활성화의 정도는 ADHD의 증상을 발생시키는 원인으로 작용될 수 있다.

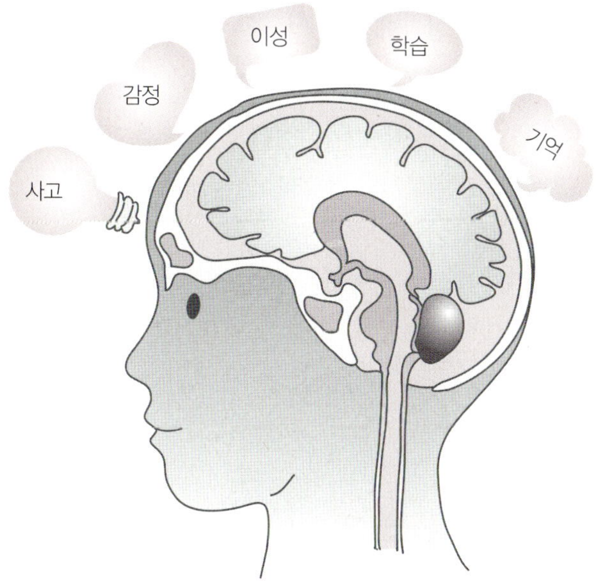

인간의 뇌는 사고, 감정, 이성, 학습, 기억 등과 같은
많은 역할을 담당하는 중추적 기관이다.

뇌는 좌우의 두 개의 반구와 각각의 반구에는 전두엽, 두정엽, 후두엽, 측두엽의 4개엽으로 구성되어 있다. 뇌의 좌우 반구는 구조적으로는 비슷한 반면에 기능적으로는 서로 차이를 보인다. 이런 차이는 생애 초기부터 시작된다.

좌우 반구의 기능을 좀 더 구체적으로 살펴보면 다음과 같다. 좌반구는 말하기와 언어 이해, 단어의 의미 및 문법, 고유명사 등과 같이 언어에 관련된 기능이 집중되어 있고, 주어진 문제를 합리적으로 분석하고 계획하여 해결하려는 기능을 가진다. 또한 숫자적 능력과 오른쪽 신체에 대한 통제 조절 기능이 있다. 반면에 우반구는 소리와 시각, 그리고 공간적 인식 기능과 직관적 판단에 의한 사고의 결합으로 창의적 사고를 하도록 하고, 얼굴 인식과 왼쪽 신체에 대한 통제 조절 기능을 가지고 있다. 각각의 반구에 집중되어 있는 능력은 두 반구 모두에서 보이는 능력이지만, 이런 능력은 특정 반구에서 좀 더 우세하게 나타난다.

Orton(1937)은 그의 연구 결과에 의하여 좌우 반구 중 어느 한쪽 반구의 우세성이 확립되지 않으면 인간의 인지 능력과 행동에 문제가 나타날 수 있다고 주장한다. 그러나 좌우 반구는 각각 독립적으로 기능을 담당하는 것이 아니라 서로 관련되어 있음을 강조한다. 각 반구에 있는 4개엽의 기능은 〈표 I-8〉과 같고, 위치는 〈그림 I-1〉과 같다.

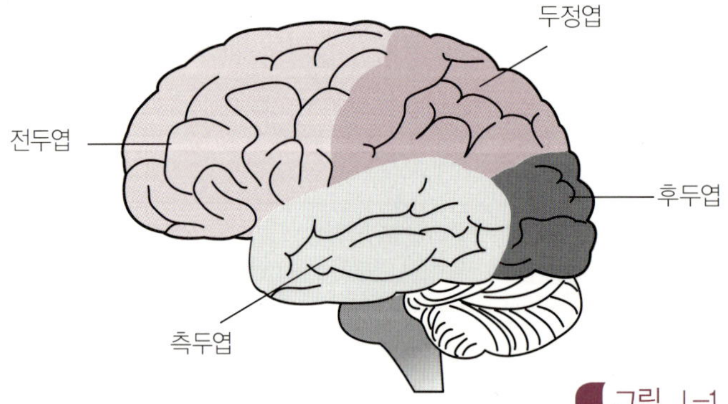

그림 I-1 4개엽의 위치

표 I-8 4개엽의 기능

4개엽	기능
전두엽	• 전체 뇌에서 약 40%의 영역 차지 • 운동계획을 수립하여 실행하고 통제하는 데 관여 • 두정엽, 측두엽, 후두엽을 통해 전달받은 정보를 분석하고 통합 • 발음이나 말하기 조절 능력과 같이 언어를 표현하는 능력을 담당하는 브로카 영역 포함
두정엽	• 전체 뇌에서 약 21%의 영역 차지 • 피부라는 촉각, 압각, 진동, 온도, 통증과 같은 체감각 정보 수용 • 체감각 정보를 변별하고 기억하고, 전두엽으로 정보 전달
측두엽	• 전체 뇌에서 약 21%의 영역을 차지 • 귀라는 감각기관을 통하여 들어오는 소리 자극 수용 • 청각 정보를 분석하고 기억하여 저장하고, 전두엽으로 정보 전달 • 언어를 분석하고 이해하는 베르니케 영역 포함
후두엽	• 전체 뇌에서 약 17%의 영역 차지 • 눈이라는 감각기관을 통하여 들어오는 빛 자극 수용 • 시각 정보를 분석하고 기억하여 저장하고, 전두엽으로 정보 전달

뇌과학은 뇌를 관찰할 수 있는 다양한 도구의 개발과 더불어 발전되어 왔다. 대표적인 도구로는 컴퓨터 단층촬영(CT), 양전자 방사 단층촬영(PET), 기능적 자기공명영상(fMRI) 등을 들 수 있다. 특히 기능적 자기공명영상은 읽기와 같은 인간의 특정 기능을 실행하는 동안의 뇌 활동을 관찰하여 문제를 보이는 영역을 발견한다. 이와 같이 뇌과학의 발달은 특정 기능에 문제를 보이는 원인을 파악하도록 하여 그 증상을 밝히는 데 중요한 역할을 담당하고, 좀 더 명확한 진단을 내리는 데 도움을 준다.

안동현과 그의 동료들(2015)이 함께 집필한 저서에서 신경영상학이 구체적인 행동에 따라 뇌의 활성화 정도를 파악할 수 있는 정보를 제공하고 있다고 기술한다. 그 예로 기능적 자기공명영상으로 ADHD 아동들의 측두엽, 선조체, 시상, 소뇌의 특정 영역에서 이상이 있음을 발견했다. ADHD 증상에 관련된 대뇌의 기능들은 다양한 연구를 통해 밝혀지고 있다. 이런 연구들을 몇 가지 내용으로 분류하여 정리하면 다음과 같다. 첫 번째는 정상인과 ADHD를 보이는 사람들 사이의 뇌 부피(면적)에 차이가 있다는 것이다. 두 번째는 ADHD를 보이는 사람들에게서 신경전달회로의 문제가 발견된다. 세 번째는 ADHD를 가진 사람들은 정보를 전달하는 데 필요한 신경전달물질의 활성화에 문제가 있다. 이렇게 제시된 문제에 대하여 좀 더 구체적으로 살펴보기로 한다.

우선, 뇌의 각 영역에서 차지하고 있는 부피의 차이이다. 정상적인 뇌 영역의 부피에 비해 ADHD를 보이는 사람들은 전전두피질영역과 소뇌, 그리고 기저핵의 부피가 작다. 전전두피질은 주의력을 유지하고 행동을 계획하고 조직하는 데 중요한 역할을 담당하는 영역이다. 따라서 이 영역의 문제는 행동을 조절하고 통제하는 데 문제를 발생시키고, 작업기억과 언어적 표현 능력에도 문제가 나타날 수 있는 원인이 된다(Barkley & Edwards, 2006). 또한 전체적인 뇌의 크기도 정상적인 사람의 뇌보다 3~5%가 작다(Shaywitz et al., 1999).

다음으로는 신경회로의 문제와 신경전달물질의 활성화 정도의 문제를 함께 묶어 살펴보기로 한다. 선조체와 상호 연결된 전전두피질이 포함된 신경전달과 미상핵 또는 내측 전전두피질의 신경전달에 필요한 신경전달물질인 도파민과 노르에피네프린이 활성화되지 않는 것이다(Kelly, Margulies & Castellanos, 2007; Lerner & Johns, 2012). 도파민은 중뇌의 흑질에 있는 신경세포에서 생성되고, 도파민의 수용은 기저핵, 망상체, 변연계, 시상하부 등에 집중되어 있다. 기저핵이나 흑질은 운동통제와 조절, 망상체는 감각기관에서 수용된 감각정보를 선택적으로 대뇌로 중계하여 개인의 흥분상태를 조절한다. 백인을 대상으로 한 연구에서 도파민 수송체 대립형질로 인한 정서·행동 문제가 서로 다름을 밝히고 있다고 강조하면서, 그 유형에 따라 주의집중의 문제와 함께 나타나는 정서·행동 문제와의 관련성이 서로 다름을 밝히고 있다(홍강의, 송정은 외, 2012).

그리고 ADHD를 보이는 사람들의 행동에 있어서 억제와 조절의 실패 원인은 이 기능을 담당하는 앞쪽의 대뇌피질의 문제, 즉 전전두피질의 문제 때문이라고 앞에서도 설명하였다. 이런 영역에서의 주의집중과 근육통제의 문제는 글루코스(glucose)와 같은 포도당 대사의 문제로 야기되는 경우가 많다. 글루코스는 탄수화물 대사에 있어서 중요한 화합물로서 그 경로는 매우 복잡하고 에너지로 분해하는 경로는 특히 더 중요하다. 이런 경로에 문제가 있으면 ADHD의 증상이 보이는데, 주로 성인 여자에게서 많이 보인다(김동일, 2006).

마지막으로, 중추신경계에서 생성되어 교감신경계를 흥분시키기 위해 방출되는 물질인 카테콜아민(catecholamine)의 불균형이나 납중독에 걸린 아동의 30% 이상이 ADHD로 진단되고 있다(Needleman et al., 1979; Raskin et al., 1984). Hauser와 그의 동료들(1993)의 연구는 갑상선호르몬의 분비와 관련된 유전자에 이상이 나타나면 중추신경계의 자극이 없어지면서 갑상선호르몬이 효과가 없어진다고 밝히고 있다(上野 一彦 外, 2002).

이상에서 살펴본 바와 같이 인간의 뇌는 적당한 크기도 중요하지만 신경들의 연결이나 작용도 매우 중요한 것을 알 수 있다. 그중에서 세포들의 연결체제는 인간의 뇌 기능에 매우 중요한 역할을 담당한다.

인간의 뇌는 약 천억 개의 신경세포들이 복잡한 신경망을 형성하여 자극을 전달하고 수용한다. 이런 과정에서 전기적 신호와 화학적 신호는 자극을 전달하고 수용하는 중요한 역할을 담당한다. 그 중에서 신경세포 간의 자극 전달과 수용은 신경전달물질에 의해 이루어진다. 이

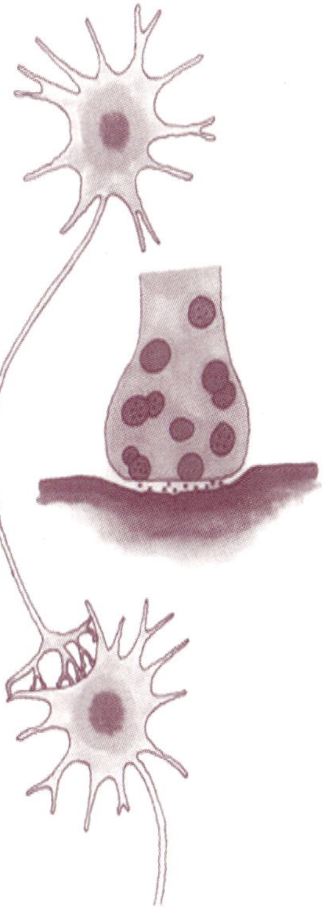

그림 I-2 뉴런 간의 연접

때 신경전달물질의 생성과 수용, 그리고 활성화에 문제가 발생하면 행동에도 직접적으로 영향을 미치는 것이다. 신경세포 사이에 일어나는 자극 전달과 수용을 연접이라 하고, 그 현상을 나타낸 것은 〈그림 I-2〉와 같다.

3. 음식과 환경적 원인

음식과 ADHD와의 관계는 현재까지 분명하게 확인되지는 않았지만, 많은 추측으로 지속적인 연구를 하고 있는 중이다. 그동안의 연구 결과에서는 식품첨가물이나 정백당, 음식 알레르기 등이 ADHD의 원인이 될 수 있다고 밝히고 있다(Conners & Wells, 1986).

다양한 대중매체에서는 가공식품에 많이 사용되는 식품첨가물의 위험성을 보고하고 있다. 그 예로 사탕이나 껌, 과자, 음료수에 예쁜 색깔을 내기 위해 사용되는 타르 색소가 ADHD 증상을 나타낼 수 있는 것으로 알려져 있다. 정백당은 단맛을 내는 하얀 설탕인데, 다량의 정백당을 섭취할 경우 중독이 되기 쉽고, 중독이 된 후에는 정백당을 먹지 않으면 불안해하고 초조해하는 증상이 나타난다고 보고되고 있다. 또한 특정 음식에 알레르기 반응을 보이는 경우 그 음식이 ADHD를 일으키는 원인이 되기도 한다. 이와 같은 결과에 의하여 ADHD의 증상을 유발시키는 식품 첨가물이나 음식에 주의를 기울이고, ADHD 아동들의 부모들은 위험한 음식을 파악하여 아동과 상호작용하는 기관에 정보를 알려 공유해야 한다.

환경적 원인으로는 독성물질에 노출되어 있거나 산모의 건강 상태가 ADHD 유발의 원인이 되기도 한다. ADHD의 유발 독성 물질로서 잘 알려져 있는 것은 납중독이다. 납중독으로 인하여 주의산만은 물론 과잉행동과 지적 기능이 낮은 경우가 많으나, 납중독의 아동에게서 반드시 ADHD가 나타나지는 않는다(Needleman et al., 1979; Needleman, 1982). 산모의 건강상태나 임신중독, 난산, 저체중 신생아에게서 ADHD의 발생률이 높으며 확실하지는 않지만 산모의 흡연과 음주가 태아에게 영향을 미쳐 인지능력이나 주의집중 능력 등을 방해할 수 있다고 보고되고 있다(Breslau et al., 1996; Hartsough & Lambert, 1985; Huizink & Mulder, 2006; Waserman et al., 1999).

또 다른 환경적 원인으로는 양육이나 가정환경 그리고 사회·심리적 요인을 들 수 있다. 부모의 부적절한 자녀 양육 방법이나 가족 구성원과의 관계와 그들 간의 상호작용 방법은 아동의 심리적 안정과 정서 발달에 영향을 미치는 요소이다. 이런 요소는 ADHD를 일으키는 직접적인 원인으로 작용하지는 않지만 간접적으로 작용하여 ADHD의 원인이 되기도 하고 ADHD의 증상을 악화시키기도 한다(김동일, 2006).

사탕, 껌, 과자, 음료수 등 예쁜 색을 내기 위해 사용되는
타르색소가 ADHD 증상을 나타낼 수도 있다.

Chapter 5

ADHD의 진단

ADHD의 진단은 다양한 지원과 적절한 치료를 위해 매우 중요한 과정이다. 그래서 ADHD의 진단은 행동 관찰을 시작으로 가족과의 면담을 통해 생육력과 병력을 수집하고 다양한 심리검사를 거쳐 최종 진단이 내려진다. 요사이 출현율이 증가하는 ADHD에 대한 점점 관심이 높아지면서 과학적 도구인 MRI나 컴퓨터를 활용한 검사도 시도되고 있다.

안동현과 그의 동료들(2015)은 그의 저서를 통해 Barkley(1990)가 평가할 때 제시한 고려 사항을 소개한다. Barkley(1990)는 소아정신과 평가에 있어서 생물학적, 심리학적, 사회학적 요소들의 상호작용적 관계를 고려하여 평가해야 한다고 제안하며, ADHD의 진단은 다차원적 접근에 의한 평가 실시를 강조한다. 그가 제안한 생물학적, 심리학적, 사회학적 요소에 대한 평가 내용은 다음과 같다. 우선 생물학적 평가 요소는 아동의 신체적 발육의 상태, 유전적 요인, 질병 경력, 임신 중 산모의 음주나 흡연의 상태에 대한 정보를 수집한다. 그다음으로 심리학적 평가 요소는 아동의 신경심리학적 능력의 수준이나 중추신경계의 결함 정도를 검사한다. 마지막으로 사회학적 평가 요소는 아동을 둘러싸고 있는 다양한 환경적 상태를 검토하는 것으로서 가족 관계, 경제적 상황 등을 포함하여 조사한다. 이런 세 가지 요소들을 종합 평가하여 진단이 내려진다면 원인을 파악하는 것은 물론 그에 따른 치료나 대책을 모색하는 데 중요한 영향력을 미칠 것이다.

1. ADHD의 진단 기준

ADHD는 DSM-Ⅳ에서 제시된 기준에 의해 진단된다. ADHD의 증상으로 나타나는 주요 행동은 부주의, 과잉행동, 충동성이다. 이들 행동에 포함된 구체적인 행동의 하위 영역 중 일정 수 이상 나타났는지 여부에 따라 ADHD의 진단이 내려진다. 또한 이 기준에 의하여 ADHD의 유형이 결정된다. DSM-Ⅳ에 제시된 증상은 부주의, 과잉행동과 충동성의 증상으로 구분하여 제시되어 있고, 그 내용은 〈표 Ⅰ-4〉에 제시해 둔다(American Psychiatric Association, 2000).

〈표 Ⅰ-4〉에 제시된 기준에 따라 부주의 증상에서 6개 이상이 나타나면 부주의 유형 ADHD이라 하고, 과잉행동과 충동성의 증상을 함께 묶어 6개 이상이 나타나면 과잉행동과 충동성 유형 ADHD로 진단이 내려진다. 부주의와 과잉행동 및 충동성의 증상이 모두 나타나면 혼합형 ADHD로 진단된다.

부주의, 과잉행동, 충동성의 증상들은 비슷한 또래 아동에 비해 빈번하고 심각 정도와 증상 중 최소 몇 가지가 7세 이전에 나타나야 하는 증상의 시작 시기, 그리고 최소 6개월 동안 지속되어야 한다는 지속 기간, 이렇게 세 가지 조건이 충족되어야 ADHD로 진단내릴 수 있다(American Psychiatric Association, 2000). 따라서 ADHD의 진단 기준인 부주의, 과잉행동, 충동성의 증상에 포함된 행동의 특징과 더불어 그 개념을 잘 파악하고 있어야 한다. 이어지는 내용에서 부주의, 과잉행동, 충동성이라는 증상 기준에 대하여 간략하게 살펴보고, 이 증상들에 자세한 내용은 PART II 'ADHD의 특징'에 기술되어 있다.

부주의는 주의집중 결함에서 시작된다. 주의란 인간의 감각기관을 통하여 들어오는 여러 가지 자극 중에서 특정 자극을 선택한 것이다. 그리고 주의집중이 되었다는 것은 선택된 특정 자극에 주의를 할애하는 시간이 지속되는 것이다. 주의는 외적 자극에 유인되어 일어나지만 주의집중은 개개인의 의지가 작용되어야만 발생된다. 즉 주의는 외적 자극에 의해 유인되는 선택적 주의집중에서 자신의 의지가 발동되어 주의를 유지하는 능동적 주의집중으로 이동한다(그림 I-3).

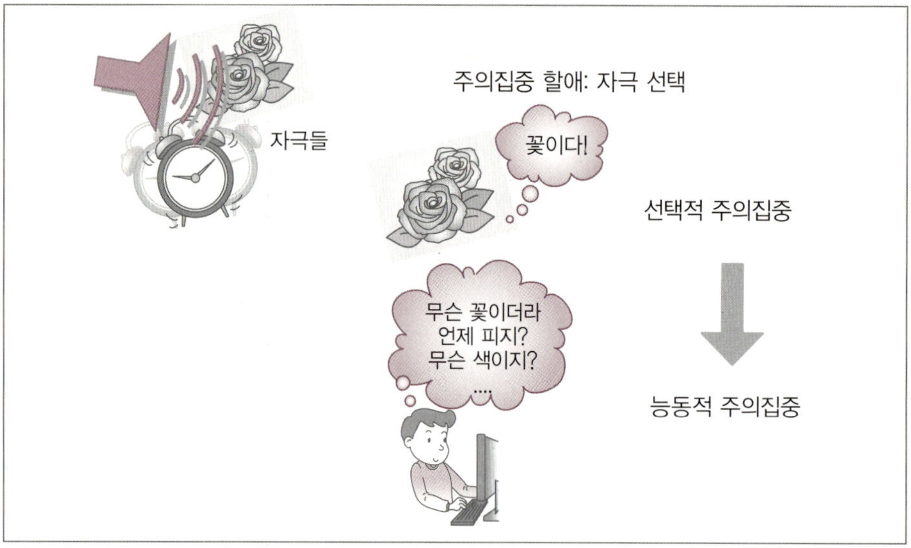

그림 I-3 주의집중의 흐름

그러나 부주의는 특정 자극에 주의가 지속적으로 집중되지도 않고 주의가 옮겨 다니면서 일어난다. 주의집중은 개개인의 능력이나 심리적 상태, 외적 요인에 따라 매우 달라진다. 이때 자신의 의지가 작용되지 않거나 외적 조건이나 심리적 요인으로 선택된 자극에 주의가 지속되지 않으면 부주의가 발생한다. 부주의의 대표적인 증상으로는 주의산만을 들 수 있다. 주의가 산만한 아동들은 쉽게 주위 환경이나 배경의 소리에 주의를 뺏겨 결과적으로 환경에 적응하거나 학습할 때 꼭 필요한 자극에 주의를 기울이지 못한다.

과잉행동은 말 그대로 행동적 표현이 지나치게 크고 많은 것을 의미한다. 행동적 표현에는 동작은 물론 언어적 표현도 포함된다. 이런 행동은 주어진 과제와 상관없이 일어나거나 주어진 과제에 대한 불안이나 두려움 때문에 나타나기도 한다. 아동의 과잉행동은 또래 아동들 사이에서 눈에 띄게 보이며, 출현 빈도도 많아 학교와 같은 집단생활에 방해가 되는 요인으로 작용한다.

충동성은 마음에 이끌리어 행동하는 것으로, 이성적 통제와 조절 없이 성급하게 반응하는 모든 행동을 의미한다. 이런 행동은 종국적으로 파국적인 행동으로 변화하면서 주변 사람들을 불안하게 하거나 당혹스럽게 만들어 부정적인 결과를 가져오기도 쉽다. 충동적 행동을 보이는 아동들은 상대방에게 예의가 없고, 어떤 때에는 문제아동처럼 보이기도 한다. 충동성은 종종 실행기능의 문제로 설명되기도 한다. 실행기능은 목표 행동으로 옮기기 전에 목표 행동을 위한 계획을 세우고 자신의 행동을 통제하고 조절하여 목표 행동을 달성하는 것이다. 이런 기능에 결함을 있으면 충동적 행동을 보일 수 있다.

ADHD의 진단은 DSM-Ⅳ에 제시된 기준 이외에도 다양한 측면이 고려되어야 한다. 예를 들면 면담을 들 수 있다. 면담은 ADHD를 가진 당사자, 보호자, 교사 등과 같이 ADHD를 가진 사람과 밀접한 관계에 있는 사람들을 대상으로 실시된다. 보호자와의 면담을 통하여 유아기까지의 생육력 및 병력을 자세히 조사할 수 있고, 유치원, 학교 등 아동과 관련된 기관에서 보이는 행동과 또래 관계 등은 교사와 같은 기관 관계자를 통해 알 수 있다. 특히 ADHD를 가진 당사자와 면담을 하는 경우에는 질문은 간결하게 하고 15분에서 20분 정도의 면담 후 휴식을 취하도록 하는 것이 중요하며, 매우 어린 아동의 경우에는 행동을 관찰하는 것이 더 좋다(안동현 외, 2015). 또 다른 예로는 관찰 방법이다. 관찰은 다양한 환경에서 다동, 주의산만, 과잉행동, 충동성 등과 같은 ADHD

와 관련된 행동이 나타나는 빈도와 그런 행동의 심각 정도를 파악하는 것이다. 이런 다양한 측면에서 부주의, 충동성에 대한 관찰 방법을 좀 더 구체적으로 예로 들어 설명하자면 부주의는 주의집중과 관련하여 주의집중의 지속 시간과 주의집중에서 이탈 정도 등을 집중적으로 살펴보고, 충동성의 경우는 충동성이 일어난 상황과 원인을 파악하는 것이다.

ADHD의 진단이 처음으로 내려지는 시기는 매우 다양하다. ADHD의 진단은 아동기, 청소년기, 성인기의 모든 생애 주기에서 처음으로 진단될 수 있다. ADHD의 진단은 ADHD를 가진 사람들의 약 25%만이 취학 전이나 초기에 진단될 뿐, 그 나머지는 대부분 학령기에 처음으로 진단된다(김동일, 2006). 이렇게 ADHD의 위험을 가진 사람들이 생애 초기에 진단되지 않았을 경우 발생하는 문제와 진단 시 고려해야 할 사항들을 〈표 I-9〉에 제시해 둔다.

ADHD의 증상들은 나타나는 시기와 아동이 성장함에 따라 변화한다. 학령기에 특히 문제가 되는 증상은 주의력결핍이다. 주의력에 문제가 있는 아동들은 수업 시간에 멍하니 있거나 교사의 말에 주의를 기울여 경청하지 않는다(上野 一彦 外, 2002). ADHD의 여러 증상 중에 주의력결핍, 다동성, 충동성은 아동이 성장하면서 개선되어 10세 전후로 심각성이 줄어들 수도 있지만, 불안장애, 기분장애, 품행장애와 같은 정서·행동적 면은 오히려 나이가 들수록 심각 정도가 심해질 수도 있다(宮本 信也, 2003). 이런 경향은 ADHD를 진단할 때 함께 나타나는 장애가 많기 때문으로 ADHD를 진단할 때는 더욱 신중해야 한다. ADHD를 가진 사람들에게 수반되는 장애로는 발달성 협응운동장애, 발달성 언어장애, 불안장애, 기분장애, 학습장애 등이고, 약물중독을 보이기도 한다. ADHD와 함께 나타나는 공존장애에 대해서는 PART I의 마지막에서 자세히 설명한다.

ADHD를 진단하는 기준과 방법 및 출현 시기별 특징들이 마련되어 있지만, 이런 기준들을 사용하여 진단할 때에는 몇 가지의 주의가 요구된다. 첫째, DSM-Ⅳ의 기준들은 취학 전 아동들에게 적절한 행동 기준이다. 따라서 이 기

표 I-9 ADHD의 진단 시기별 특징

시기	아동 및 청소년기	성인기
문제	• 학교에서 심각한 행동으로 문제 행동을 보이는 몇몇 학생은 정학 혹은 퇴학의 위기에 처한다. • 자신의 능력보다 낮은 성적을 얻거나 동기화되지 않은 학생들은 초등학교 고학년 때 기초학습, 특히 읽기능력과 수학능력이 떨어진다. • 교사나 상담가들은 학생들이 학교에서 일으키는 문제의 원인으로 보이는 ADHD의 증상들을 무시하거나 부인하는 경우가 많다. • 교사는 학생들이 학업에서 실패하는 원인에 대한 의문을 제기하는 연수를 받을 기회는 물론 시간적 여유도 부족하다.	• 유년기의 ADHD에 대한 관심이 성인기에도 지속되는 경우는 절반 이상밖에 되지 않는다. • DSM-IV는 ADHD 청소년과 ADHD 성인에 대한 구체적이고 차별적인 준거를 제시하지 않고 있다. • 아동을 위한 진단 기준은 성인에게 적절하지 않다. • 아동기의 주의력과 밀접한 관계가 있는 단기기억 능력의 결함은 성인기에도 지속될 가능성이 크고, 이로 인하여 사회적 적응이 어렵게 된다. • 충동성은 ADHD 성인의 대인관계 형성에 곤란을 야기시키는 원인으로 작용한다. • Cantwell(1985)은 ADHD 성인의 30%는 초기에 ADHD 증상이 없어졌고, 40%는 사회 및 정서적 문제를 보이며, 30%는 알코올중독과 약물중독, 반사회적 행동에 노출된다고 ADHD 성인의 3가지 예후를 제시한다.
진단	• 기초학습능력이 많이 떨어지는 경우 그 원인을 알기 위한 평가 절차 계획을 마련하고 실행한다. • 평가과정에서 ADHD로 확인된다면 진단내리기 위한 자료 수집 계획과 실행을 한다. • 진단결과에 의한 의료적 치료 대책을 마련한다. • 특수교육교사, 학교심리전문가, 임상심리학자, 의사 등과 같은 다양한 전문가를 참여시킨다. • 심리진단가는 학교 현상을 잘 이해하는 전문가가 적절하다. • 가족체계를 파악하고 부모교육을 통한 추가적 지원 방법을 모색한다.	• Wender가 Utah ADHD 성인의 진단 기준을 제시하고 다른 연구자들에 의해 보완되었다. – 유년기, 성인기 증상 모두 포함한다. – 유년기 증상은 부주의, 과잉행동, 안절부절 못하는 행동 등이다. – 성인기 증상은 유년기 증상과 함께 충동성, 과제 완성 곤란, 조직화 곤란, 스트레스의 내성 부족(Wender, 1985), 운동 및 주의력 문제(Wender, 1995), 수행능력이 떨어짐, 느림, 조급함, 양극화적 기분, 불안감, 걱정, 지루함에 대한 인내 부족, 자극적 환경 선호 등이 포함된다(Hallowel & Ratey, 1994).

출처: 김동일 역(2006). 『ADHD 가족 치료』. 학지사.

준은 청소년이나 성인을 진단 평가할 때 기준으로 적절하지 않을 수 있기에 청소년이나 성인을 진단할 수 있는 기준이 마련되어야 한다(Egger et al., 2006; Lahey et al., 1994). 둘째, ADHD의 징후로 나타나는 행동은 환경에 영향을 많이 받고 관찰자의 주관적 판단이 개입될 수 있기 때문에, 이런 변수를 어떻게 통제할지에 대한 지침이 마련되어야 한다(Danforth & DuPaul, 1996). 셋째, ADHD는 독특한 개별적 증상을 보이는 경우가 많으므로 단 하나의 평가방법으로 진단을 내리는 것은 매우 위험하다. 이런 문제를 해결하기 위해 다면적 평가 방법을 활용하여 ADHD의 증상을 발견하고 심각 정도를 판단하여 잘못 진단 내릴 수 있는 위험을 줄여야 할 것이다(Barkley & Edwards, 2006; Reid & Johnson, 2012).

2. ADHD의 평가 방법

ADHD의 평가 방법은 다양한 평가 척도와 검사 도구를 사용한다. 평가 척도는 ADHD를 가진 아동의 사정을 위해 사용되는데, 교사나 부모가 관찰한 행동을 기록하는 방법으로 실시한다(Barkley, 2005). 평정척도와 더불어 교육 및 심리를 평가할 수 있는 도구, 의학적 검사들이 사용된다. 또한 양육자와 아동을 면담하거나 관련 교사들과의 면담도 실시한다. ADHD의 평가는 한 가지의 방법만을 선택하여 사용하는 것이 아니라 아동의 다양한 측면을 검토할 수 있는 여러 가지 방법을 선택하고 그 결과를 종합하여 진단내리는 것이 좋다.

1) 평정척도

ADHD의 사정을 위한 평정척도는 주의력결핍장애 평정척도(Attention Deficit Disorder Evaluation Scale), 영유아 행동 평정척도(Behavior Assessment

System for Children), 2~3세 연령의 아동 행동 평정척도(Child Behavior Checklist for Ages 2~3), 4~16세 연령의 아동 행동 평정척도(Child Behavior Checklist for Ages 4~16), 코너스 평정척도(Conners Rating Scales), 청소년 자기보고 평정척도 등 연령과 상황에 따라 다르게 진행된다(Lerner & Johns, 2012). 평정척도는 면담을 통해 수집할 수 없는 정보를 수치로 정량화한 것으로 정보 수집을 보완해 주는 역할을 담당한다. 평정척도를 활용할 때에는 행동에 대한 구체적 특징이나 주의해야 할 행동을 간과할 수 있기 때문에 다른 검사도구나 평가방법으로 평가척도의 제한점을 보완해야 한다. ADHD 평가를 위하여 사용되는 대표적인 세 가지의 척도에 대한 간략한 소개를 〈표 I-10〉에 제시한다.

표 I-10 ADHD의 평정 척도

평정척도	구성 내용 및 방법
코너스 평정척도	• ADHD의 진단에 가장 많이 활용되는 척도 • 단축형(28문항)과 정규형(59문항)의 두 가지 유형으로 구분되고, 각각 유형에는 부모용과 교사용, 아동 자기 보고용으로 세분화됨 • 4점 척도로 행동의 빈도 평정 • 소요 시간은 10분에서 20분 정도 ※교사용 축약형 평정척도 예시는 〈표 I-11〉에 제시
행동 평정척도	• ADHD의 평가에서 흔히 사용되는 척도 • 연령별루 영유아, 2~3세용, 4~16세용으로 구분 • 우리나라에서는 오경자 등(1997)에 의해 표준화됨 – 아동과 청소년 대상으로 실시 – 138문항 중 20문항은 사회적 자신감, 118문항은 행동문제 척도로 구성
주의력결핍 과잉행동장애 평정척도-IV	• DSM-IV의 진단 기준에 의해 구성된 18개 문항으로 구성 • 부모용, 교사용으로 구분 • 4점 척도로 평가하고, 각 문항을 0~3점으로 평정하고, 각 문항의 점수를 합산하여 총점을 구함 • 우리나라에서는 소유경 등(2002)에 의하여 표준화됨

표 I-11 코너스 교사용 평정척도(Conners Teacher Rating Scale: CTRS)-단축형

번호	관찰된 행동	전혀	조금	꽤	매우
1	몸을 가만히 두지 않으며 안절부절못한다.				
2	조용히 해야 할 때 시끄럽게 한다.				
3	요구를 듣는 즉시 들어주어야 한다.				
4	건방지고 무례하며 뻔뻔스럽게 행동한다.				
5	성격이 급하고 예측할 수 없는 행동을 한다.				
6	비판에 지나치게 민감하다.				
7	산만하여 주의 지속하는 데 문제가 있다.				
8	다른 사람들을 방해한다.				
9	백일몽에 빠진다.				
10	삐치거나 토라진다.				
11	기분 변화가 잦으며 격렬하다.				
12	싸우기를 좋아한다.				
13	권위에 대해 순종적이다.				
14	안절부절못하고 항상 움직이려 한다.				
15	흥분되어 있고 충동적이다.				
16	지나치게 선생님의 주목을 받으려 한다.				
17	집단에서 수용되지 못한다.				
18	다른 사람들을 쉽게 따른다.				
19	공정성에 대한 감각이 없다.				
20	리더십이 부족하다.				
21	시작한 일을 끝까지 마치지 못한다.				
22	유아스럽고 미숙하다.				
23	실수를 인정하지 않으며 다른 사람을 비난한다.				
24	다른 사람들과 잘 지내지 못한다.				
25	학급 친구들에게 비협조적이다.				
26	노력이 계속되지 않고 쉽게 좌절한다.				
27	선생님에게 협조적이지 못하다.				
28	학습하는 데 어려움이 있다.				

출처: Conners, C. K. (1997). *Teacher information from conners's rating scales*. New York: Multi-Health Systems.

2) 교육 및 심리 검사 도구

ADHD의 진단을 내리기 위해서 다면적인 평가 방법으로 앞에서 설명한 평정 척도와 더불어 교육 및 심리를 평가할 수 있는 도구를 사용한다. 교육 및 심리 검사에는 지능을 검사하는 도구나 인지적 정보처리 기술과 성취 수준을 파악하는 검사 도구, 학업 상태를 확인하기 위한 검사 등이 포함된다. ADHD 진단을 위해 도움이 되는 지능검사 도구로는 언어를 매개로 검사가 실시되는 한국판 웩슬러 지능검사 Ⅳ(K-WISC-Ⅳ)와 언어적 문제가 있는 아동들에게 사용되는 한국판 라이터 비언어성 지능검사가 있다.

웩슬러 지능검사는 Wechsler가 1939년에 제작한 개인용 지능검사도구로 성인용(Wechsler Adult Intelligence Scale: WAIS, 만 16세 이상), 아동용(Wechsler Intelligence Scale for Children: WISC, 만 6세에서 16세까지), 유아용(Wechsler Preschool and Primary Scale of Intelligence: WPPSI, 만 3세에서 7세 3개월까지)으로 구분되어 있다. 한국에서도 이 세 가지 검사가 모두 표준화되어 활용되고 있다. 한국판 웩슬러 지능검사의 하위 검사 문항은 〈표 Ⅰ-12〉에 제시한다.

라이터 비언어성 지능검사는 1979년 Leiter가 개발한 후 Roid와 Miller(1997)가 개정하였고, 한국에서도 표준화되어 활용되고 있다. 라이터 비언어성 검사는 이중 언어 환경에서 자란 아동이나 의사소통장애, 지적 능력 결함, 청각장애 등 언어의 문제를 보이는 아동에게 사용된다. 한국판 라이터 검사는 지능점수, 성장점수, 복합점수, 소검사 환산점수, 특수진단점수라는 5가지 수준의 점수가 산출되어 세밀한 평가와 진단이 가능하다. 라이터 비언어성 지능검사의 하위 문항과 점수별 특징에 대한 구체적 내용은 〈표 Ⅰ-13〉에 제시한다.

표 I-12 한국판 웩슬러 지능검사의 하위 검사 문항

하위 검사	실시 내용
토막 짜기	제한 시간 내에 흰색과 빨간색 토막을 제시된 모형이나 그림과 동일하게 만들기
공통성	공통적인 사물이나 개념을 표현하는 두 단어를 듣고 유사점 말하기
숫자	정순서 숫자 따라 하기(읽어 준 숫자와 동일한 순서), 역순서 숫자 따라 하기(읽어준 숫자와 반대 순서)
공통 그림 찾기	2, 3줄로 구성된 그림 중에서 공통 특성으로 묶일 수 있는 그림을 각 줄에서 한 가지씩 선택하기
기호 쓰기	간단한 기하학적 모양이나 숫자에 대응하는 기호 그리기, 기호표를 이용하여 해당하는 모양이나 빈칸 안에 각각의 기호를 주어진 시간 안에 그리기
어휘	그림 문항: 소책자에 있는 그림들의 이름을 말하기 말하기 문항: 크게 읽어주는 단어 정의를 말하기
순차 연결	연속되는 숫자와 글자를 읽어주고, 숫자가 많아지는 순서와 한글의 가나다 순서대로 암기하기
행렬추리	불완전한 행렬로 제시된 다섯 개의 반응 선택지에서 빠진 부분을 찾아내기
이해	일반적인 원칙과 사회적 생활에 대한 이해에 기초한 질문에 대답하기
동형 찾기	반응 부분의 모양 중 표적 모양과 일치하는 것을 제한 시간 내에 표시하기
빠진곳찾기	그림을 보고 제한 시간 내에 빠져 있는 중요한 부분을 가리키거나 말하기
선택	무선으로 배열된 그림과 일렬로 배열된 그림에서 표적 그림을 제한 시간 내에 표시하기
상식	일반적 지식에 관한 광범위한 주제를 다루는 질문에 대답하기
산수	구두로 주어지는 일련의 산수 문제를 제한 시간 내에 암산하여 풀기
단어추리	일련의 단서에서 공통된 개념을 찾아내어 단어로 말하기
※ 인지능력으로 강조되는 처리 속도, 작업 기억, 유동적 추론 등의 측정을 위한 소검사와 지표들로 구성되어 있고, 전체검사 IQ와 언어 이해, 지각적 추론, 작업 기억, 처리 속도의 4개 지표점수를 산출하여 제공	

표 I-13 한국판 라이터 비언어성 지능검사의 하위 검사 문항

대상: 2~7세 / 총 소요 시간: 90분	
검사 항목	**하위 소검사**
시각화 및 추론(VR)검사 소요 시간 : 50분	전경배경(FG): 숨은 그림 찾기 게임
	그림유추(DA): 알쏭달쏭 도형 맞추기 게임
	형태완성(FC): 모양 만들기 게임
	짝짓기(M): 짝짓기 게임
	계기적 순서 추론(SO): "다음은 뭘까?" 게임
	반복적 패턴 찾기(RP): "순서대로 나와요!" 게임
	그림 맥락 추론(PC): "어디에 맞을까?" 게임
	범주화(C): 끼리끼리 맞추기 게임
	접힌 형태 추론(PF): "접으면 뭐가 될까?" 게임
주의력 및 기억력(AM)검사 소요 시간 : 40분	쌍대연합(AP): 짝 찾기 게임
	즉각 재인(IR): "무엇이 빠졌을까?" 게임
	바로 따라 기억하기(FM): 기억하기 게임
	지속적 주의력(AS): 같은 그림 찾기 게임
	거꾸로 따라 기억하기(RM): 거꾸로 기억하기 게임
	대응 도형 찾기(VM): 찾아 바꾸기 게임
	공간기억(SM): 위치 외우기 게임
	지연쌍대연합(DP): 짝 다시 찾기 게임
	지연재인(DR): 빠진 것 다시 찾기 게임
점수 항목	**평가 내용**
지능점수	일반적인 지능점수로 전반적인 인지기능 평가
성장점수	문항 난이도에 의한 반응 예측과 해당 영역에서 개인 성장 평가
복합점수	인지의 세부 능력 중 기억과 주의력, 시공간 능력 평가
소검사 환산점수	각 영역의 검사점수로 인지적 강점, 약점, 특정 능력 평가
특수진단점수	장애아동의 진단과 평가

인지적 정보처리 기술과 성취 수준은 우드콕-존슨 교육심리검사, 교육과정 중심 측정이나 기초학습기능검사 등을 사용하여 파악한다. 우드콕-존슨 교육심리검사는 웩슬러 지능검사와 연계되는데, 이 검사는 웩슬러 지능검사보다 복잡하여 상세한 영역을 검사할 수 있다. 교육과정 중심 측정은 학교에서 배우는 교육과정을 중심으로 학습자의 성취도를 측정한다. 기초학습기능검사는 학습자의 학습능력과 수행 정도를 평가하는 대표적인 검사 도구로서 정보처리, 셈하기, 문자와 낱말을 재인하고 발음하는 능력에 관계된 읽기, 독해력에 관련된 읽기, 철자의 재인에 관련된 쓰기의 5개 소검사로 구성된다. 이 검사는 유치원에서 초등학교 6학년까지의 아동을 대상으로 실시할 수 있다.

3) 의학적 검사

ADHD는 좀 더 명확한 원인을 밝히기 위해 신경학적인 의료 검사들을 병행하여 실시하는 것이 좋다. 의료적 측면에서 뇌기능의 문제를 진단하는 의료적 검진과 함께 뇌기능과 문제 행동과의 관계를 파악하는 신경심리학적 검사들은 ADHD의 뇌기능의 문제를 밝히는 데 도움이 된다. 미세한 징후들에 대한 정확한 판단은 ADHD의 증상 중 주의력, 실행기능, 정서적 문제를 훨씬 더 이해하기 쉽도록 한다. 뇌에 관련된 의학적 진단을 위한 검사 도구는 계속하여 발달하고 있다. 뇌의 정확한 진단을 위해 컴퓨터 단층촬영(CT), 양전자 방사 단층촬영(PET), 기능적 자기공명영상(fMRI), 뇌파 검사(EEG) 등이 활용되고 있다. ADHD 증상은 아니지만 이런 도구들을 활용하여 난독증에 대하여 밝혀진 증거를 〈표 Ⅰ-14〉에 제시한다.

표 I-14 뇌연구 유형에 따른 난독증의 뇌장애 증거

뇌영상기술명	방법	장애증거
자기공명영상(MRI)	뇌 구조의 모양과 위치를 보여주는 뇌의 다중 절단면의 영상	전두엽이 정상인에 비해 더 대칭적이고 크기가 작음
기능적 자기공명영상(fMRI)	활동하는 뇌 연구를 위한 검사 도구	음운처리를 위해 뇌의 앞뒤를 사용하는 정상인과는 달리 뇌의 앞만 강도 높게 사용
뇌 전기활동도(BEAM)	뇌파 활동을 모니터하는 검사 도구	좌반구의 중전두엽과 후두엽에서 정상인과 차이 있는 뇌파 출현
양전자방사단층조영술(PET)	뇌의 신진대사를 측정하게 해 주는 검사 도구	ADHD와 동일한 증상으로 신진대사활동을 하는데, 특히 뇌의 포도당이 현저히 떨어짐
시체해부연구	사망한 난독증 환자의 뇌 부검	평면 측두엽이 대칭적이고 좌우 반구 크기가 유사하거나 좌반구 언어영역 작고, 뇌세포의 양이 적음
유전	가족 연구	유전적 근거 많음
신경심리학	중추신경계의 발달과 통합, 뇌기능과 행동의 관계를 평가하는 방법	지능, 주의력, 기억, 학습, 언어, 감각운동, 전두엽 집행부, 사회-정서의 문제를 보임

출처: 김미숙 역(2014). 『학습장애와 관련 경도장애』. 박학사. pp. 352-356.

전통적으로 의학적 검사는 의사의 문진과 더불어 유전성을 확인하기 위한 가족의 역사는 물론 환자의 병력, 발달력 등을 살펴보는 것으로 시작한다. 앞서 설명했던 뇌 검사 도구와 함께 미세한 신경학적 징후들을 검사하기 위해 시지각운동검사, 대근육운동 검사, 소근육 검사 도구를 활용한 신경심리학적 검사가 실시되기도 한다. 그리고 필요한 경우에는 안과, 이비인후과, 정신과 등과 같이 다양한 영역의 의사들과의 협의진료가 이루어지기도 한다. 특히 ADHD를 보이는 아동들에게는 약물치료가 병행되고, 다른 장애가 함께 나타나는 경우가 많기 때문에 의학적 지원은 매우 중요하다.

Chapter 6

ADHD와 함께 나타나는 장애

ADHD로 진단 내려진 아동 중 상당수가 또 다른 장애를 함께 보이는 경우가 많다. 이런 경우를 보편적으로 동반장애, 수반장애, 혹은 공존장애라는 용어를 사용하여 표현한다. ADHD와 함께 나타나는 장애를 판별하는 것은 ADHD를 진단할 때 함께 실시한다. ADHD에 공존하여 나타나는 장애는 정서·행동장애, 학습장애, 기타 관련 장애로 구분하여 설명할 수 있다.

1. 정서·행동장애

ADHD의 주요한 정서·행동적 특징은 일관적이지 못한 감정이다. ADHD 아동들에게서 나타나는 일관적이지 못한 감정은 너무나 자주 바뀌기 때문에 상대방이 그들의 감정을 예측할 수 없으며, 슬프거나 화가 났을 때 감정 변화가 일어난 이유를 전혀 알 수 없어 곤란한 상황에 놓일 때가 많다. 또한 ADHD 아동들은 어떤 일에 관심을 끄는 행동이 미숙하고, 어떤 때에는 매우 고집스럽기도 하며, 모든 상황에 불만족스러움을 많이 표현하고 많은 실패와 거절로 자아존중감이 낮게 형성되는 경우가 많다.

일반적으로 ADHD 아동 중 적게는 10% 정도, 많게는 40% 정도가 정서적 문제를 나타내고 있으며, 정서·행동적 문제 유형 중에서 불안장애가 가장 많이 나타난다. ADHD의 정서적 문제를 파악할 때 주의해야 할 문제는 정서적 문제가 정서·행동장애로 인한 것인지, ADHD로 인하여 발생한 2차적 문제인지를 구별하는 것이다. 정서·행동 문제가 주장애인지 2차 장애 인지를 구별하는 것은 지원과 치료 방법을 결정하는 데 중요한 요인이 된다.

정서·행동장애에 대한 명확한 원인이 아직까지 밝혀지지는 않았지만 지적 능력과 상관없이 학업 성취가 낮으며, 사회성, 감정 조절, 문제 행동, 주의집중 등의 어려움으로 대인관계 형성이 곤란하고 일상생활의 적응이 어렵다. 정서·행동장애에는 반항장애, 품행장애, 기분장애, 불안장애, 강박장애 등이 포함된다.

1) 반항장애

반항장애는 거부적 행동, 적대적 행동, 반항적 행동의 유형이 최소 6개월 이상 지속되어, 이런 행동이 사회적 적응 혹은 학습을 방해하는 요인으로 작용하는 것이다. 반항장애를 보이는 사람들은 일반적으로 반항적이고 비순응적, 도발적, 적대적인 행동이 분명히 나타나지만 이런 행동들이 타인에게 영향을 미치는 경우는 그리 많지 않지만 예후가 나쁜 경우에는 타인에게 피해를 끼치는 경우도 있다.

반항장애는 ADHD와 함께 나타나는 경우가 많다. ADHD의 주증상인 충동성과 과잉행동은 반항장애를 더 심하게 만드는 요인으로 작용하기도 한다. DSM-IV가 정의하는 반항장애의 진단 기준은 〈표 I-15〉에 있다.

표 I-15 DSM-IV의 진단 기준

* 아래의 행동 양상 중 4가지 이상 나타나고, 이런 행동이 최소 6개월 이상 지속된다. ** 또래들에게서 일반적으로 관찰되는 것보다 아래의 반항적 행동이 더 빈번하게 나타날 경우에만 이 기준을 고려한다.	
1	버럭 화내는 일이 잦다.
2	어른과 말다툼을 자주 한다.
3	어른의 요구에 순응하지 않고, 규칙을 지키지 않는다.
4	고의적으로 타인을 귀찮게 한다.
5	자신의 실수나 잘못된 행동을 남의 탓으로 자주 돌린다.
6	타인에 의해 기분이 잘 상하며, 신경질을 자주 낸다.
7	자주 화를 내고 원망한다.
8	늘 악의에 차있거나 앙심을 품고 있다.
A. 행동장애가 사회적 · 학업적 · 직업적 기능을 수행하는 데 심각한 손상을 초래한다. B. 문제행동이 정신병적 장애 또는 기분 장애로 나타나는 것은 아니다. C. 품행장애의 진단기준에 해당되지 않고, 18세 이상은 반사회적 성격장애의 진단기준에 해당되지 않아야 한다.	

출처: American Psychiatric Association(1994). *Diagnostic and statistical of mental disorders,* 4th edition. Washington, DC: Author.

DSM-Ⅳ(American Psychiatric Association, 1994)는 품행장애가 나타나기 전에 반항 장애를 보이는 아동들이 많다고 설명하고 품행장애와 반항장애를 동시에 진단내릴 수 없도록 규정한다. 만약에 동시에 두 장애가 나타날 때에는 품행장애로 진단을 내려야 한다고 명시되어 있다. 이와 같은 진단 결정 방법은 김청송(2002)이 품행장애가 사회적 규범을 위반하거나 타인의 권리를 침해하지만, 반항장애는 그렇지 않다고 기술한 것처럼 반항장애보다 그 증상이 심하면 품행장애로 진단을 내리는 것에 타당성을 더 많이 부여한다.

반항장애를 가진 아동들은 어린 시절부터 성격이 까다로워 한 번 투정을 부리면 달래기 힘든 경우가 많다. 일반적으로 반항적인 행동은 식사시간, 수면시간, 그리고 배변훈련 때에 가장 많이 나타난다. 이런 상황에서 자신의 의도대로 되지 않을 경우 심하게 화를 내고, 이는 종종 분노 발작으로 이어진다. 반항장애를 가졌던 아동이 청소년이 되면 정리정돈, 청결, 계획적 생활, 약속 지키기 등으로 부모나 교사와 싸움을 하는 상황이 자주 발생한다.

반항장애의 행동적 특징을 성장기에 따라 살펴보면 다음과 같다. 영유아기에는 매우 예민하고 까다로워 한 번 짜증을 내기 시작하면 달래기가 쉽지 않고, 식사, 수면, 배변 훈련이 어려운 경우가 많다. 아동기에는 정리정돈이나 청결함을 유지하는 것이 어렵고, 어른의 말에 말대꾸로 심하게 반항하며, 주어진 과제를 해결하지 못하며, 충동성이나 행동의 문제로 또래와의 싸움이 잦다. 청소년기에는 어른과 같은 권위자에게 적대감과 함께 반항적인 행동으로 비협조적이며, 공격적 언어의 사용과 자신의 잘못을 남에게 전가하는 경향이 나타난다. 반항장애를 보이는 아동들의 약 25%는 성장하면서 상태가 호전된다. 반항장애의 주된 원인은 환경에서 오는 스트레스로, 주로 가족관계나 학교생활에서 비롯된다. 또한 불안정 애착형성이나 우울증이 수반될 수도 있다.

2) 품행장애

품행장애는 반사회적이고 공격적, 도전적 행동을 반복적으로 지속하여 타인의 기본 권리를 방해하는 것은 물론 자신의 사회적 적응과 학습에 중요한 방해가 되는 요인으로 작용한다. 품행장애의 주된 행동적 특징은 파괴와 사기, 절도, 심각한 규칙 위반과 같은 비행과 사람과 동물에 대한 공격성이 함께 나타난다(표 I-16). 이런 행동은 가족과 학교에서는 또래 친구에게, 사회에서는 직장 동료들에게 빈번하게 나타나며, 최소 6개월 동안 지속되는 경우 품행장애라고 한다.

품행장애(conduct disorder)는 흔히 공격적 행동 특성과 타인에게 매우 적대적 감정을 갖는다. 특히 품행장애를 가진 사람들은 사회적 규칙이나 약속 등을 어기는 문제 행동을 보이는 데 조금도 고민하지 않으며 죄책감도 전혀 없다. 품행장애에 대한 정의 및 기준은 다양한 기관에서 제시하고 있다. 우선 국립특수교육원(2009)에서 발행한 용어 사전의 정의는 다음과 같이 제시하고 있다.

> 품행장애는 타인의 기본 권리나 나이에 맞는 사회적 규칙을 반복적, 그리고 지속적으로 위반하는 것이다. 사람과 동물에 대한 공격적 행동, 파괴와 사기 혹은 절도, 심각하게 규칙을 위반하는 등의 모습으로 나타난다. 사회적인 관점에서는 일탈행동이며 법률적으로는 비행에 해당하고, 특히 형법과 관련되어서는 범죄 행위로 평가될 수 있다. 일시적인 일탈이 아니라 적어도 과거 6개월 동안 진단에 필요한 준거가 나타나야 한다.

품행장애를 보이는 아동과 청소년들은 타인과의 공감능력이 부족하여 또래 관계를 형성하기 어렵다. 또한 타인에게서 전달되는 정보나 의도를 자신의 감정대로 인지하여 오해하기 때문에 그에 대한 반응은 훨씬 적대적이고 위협적이며 공격적인 행동으로 표출된다.

ADHD 아동과 청소년은 ADHD의 주증상이 요인으로 작용하여 표출된 행동과 좌절, 그리고 거절의 경험이 품행장애로 이어지기 쉽다. Barkley(1990, 1998, 2006)는 ADHD를 가진 청소년에게서 품행장애를 많이 발견할 수 있다고 주장한다. 또한 김동일(2006)이 번역한 저서에서는 Soltys 등의 연구를 인용하여 ADHD와 품행장애가 함께 나타났을 때 ADHD만을 가진 아동보다 정신병리학적 측면에서 그 정도가 훨씬 심각하고, O'Brien 등의 연구를 인용하여 ADHD와 품행장애가 함께 나타나면 품행장애만을 가진 아동보다 학업성취도가 훨씬 낮았다고 기술하고 있다.

표 I-16 품행장애의 행동 유형

행동 유형	하위 행동
공격적 행동	타인을 괴롭히고 위협하거나 협박하는 행동을 한다.
	육체적인 싸움을 자주 건다.
	심한 신체적 손상을 일으킬 수 있는 무기를 사용한다.
	사람이나 동물에게 잔혹한 행동을 한다.
	타인이 보는 앞에서 도둑질을 한다.
	타인에게 성적 행위를 강요한다.
의도적으로 타인의 재산 파괴	타인에게 심각한 손상을 입히려고 고의로 불을 지른다.
	타인의 재산을 고의로 부수고 파괴한다.
사기 또는 도둑질	타인의 집, 건물, 자동차를 허락받지 않고 무단으로 침입한다.
	물건이나 호감을 얻으려고, 혹은 빚이나 의무를 피하려고 거짓말을 자주 하거나, 약속을 잘 어긴다.
	타인 몰래 귀중품을 훔친다.
심각한 규칙 위반	부모의 허락 없이 밤늦도록 귀가하지 않는다.
	가출한다.
	무단으로 결석한다.

- 위와 같은 행동의 문제가 사회적, 학업적, 또는 직업적 기능에 임상적으로 심각한 장애를 일으킨다.
- 18세 이상일 경우, 반사회성 성격장애의 진단 기준에 맞지 않아야 한다.
- 발병연령에 따라 세분된 유형
  - 아동기 발병형: 만 10세 이전의 품행장애 진단 기준에서 최소 1개 이상 발생한 경우
  - 청소년기 발병형: 만 10세 이전의 품행장애 진단 기준에 부합하지 않는 경우
  - 불특정 시기 발병형: 발병 연령을 알 수 없는 경우
- 심각 성도에 따라 세분된 유형
  - 경도(輕度): 품행장애의 진단 기준에서 벗어난 문제가 적고, 품행문제가 타인에게 비교적 가벼운 해를 끼치는 정도(예: 거짓말, 무단결석, 허락받지 않고 외출하기)
  - 중도(中度): 품행문제의 발생 빈도와 타인에게 끼치는 영향의 정도가 경도와 중도(重度)의 중간 정도(예: 피해자 몰래 절도, 공공 시설물 파괴)
  - 중도(重度): 품행장애의 진단 기준에 제시된 항목을 초과하여 품행문제를 많이 보이거나, 타인에게 심각한 해를 끼치는 경우(예: 성폭행, 신체적 잔혹함, 무기 사용, 피해자가 보는 앞에서 절도, 파괴와 침입)

출처: American Psychiatric Association(2000). *Diagnostic and Statistical Manual of Mental Disorders*, 4th edition, text revision(DSM-IV-TR). Washington, DC: Author.

3) 기분장애

기분장애는 감정과 정서의 변화가 심하게 손상되어 나타나는 정신 병리적 상태로서, 구체적으로 비탄, 의욕상실, 우울함, 조증적 감정 등이 포함된다. 기분장애의 대표적인 증상으로는 우울증과 양극성 장애를 들 수 있다. 기분장애는 ADHD 증상과 함께 나타날 수 있다.

(1) 우울증

우울증은 지속적으로 우울한 감정, 이유를 알 수 없는 불안함이 엄습하고 초조하며, 무기력감이나 절망감이 계속되는 증상이 나타난다. 이런 증상을 겪는 우울증 환자들은 매사에 자신감이 없고 자기 비하가 심하다. 이런 감정이 심해지고 그 기간이 길어지면 자해나 자살을 시도하기도 한다.

우울증의 특성은 정서적 변화, 동기 변화, 신체적 증상으로 구분할 수 있다. 정서적 변화에 따른 구체적 행동으로는 쉽게 울고, 농담에 반응하지 않으며, 흥미를 보였던 활동에 대해 관심이 없어지기도 하며, 자기 비하, 죄책감, 절망감을 드러낸다. 동기 저하로 나타나는 행동은 사회적 위축, 모든 생활에 대한 의지가 상실되며 심한 피로감과 불면, 수면과다, 식욕과 체중의 변화 등과 같은 신체적 변화의 증상이 나타나기도 한다(특수교육용어사전, 2009). 우울증의 원인은 신경전달물질인 세로토닌의 부족, 유전성을 의심하기도 하며, 잘못된 귀인, 낮은 자존감, 절망감 혹은 사회적 관계 형성의 문제로 나타나기도 한다.

(2) 양극성장애

양극성장애는 극과 극의 기분 변화가 빈번하게 나타나는 상태로, 예를 들어 기분이 들떠 있다가도 갑자기 기분이 가라앉는 감정의 변화가 일어나는 것이다. 양극성장애로 인한 기분 변화는 일상생활의 적응에 방해가 되는 원인으로 작용한다.

양극성장애에서 나타나는 대표적인 증상은 조증과 울증이 번갈아 나타나는 것으로 그 증상은 다음과 같다(보건복지부 외, 2014).

조증 증상이다. 첫째, 신체적인 행동과 정신적인 활동이 활발해지며 에너지가 증가한다. 둘째, 늘 고조된 기분과 지나치게 낙관적이며 자신감에 차 있다. 셋째, 쉽게 짜증을 내며, 공격적인 행동을 나타낸다. 넷째, 피곤해 하지 않으며 수면욕구도 줄어들어 잘 자지 않는다. 다섯째, 과대망상과 같은 사고를 하며 자존감이 고양된다. 여섯째, 말의 속도가 빨라지며, 사고가 잘 돌아가는 느낌이 든다. 일곱째, 충동적인 행동이 자주 나타나며 판단력이 떨어지고, 주변 일에 쉽게 주의를 준다. 여덟째, 음주운전, 과속, 정상적이지 않은 과도한 성관계 등 무책임한 행동을 한다. 아홉째, 증상이 심해지면 환각이나 망상이 나타난다.

울증 증상이다. 첫째, 슬픔이 지속되거나 이유 없이 눈물을 흘린다. 둘째, 식욕과 수면에 큰 변화가 생긴다. 셋째, 짜증, 분노, 걱정, 불안 증상이 나타난다. 넷째, 염세적이고 매사에 흥미가 없다. 다섯째, 기운이 없다고 느껴진다. 여섯째, 죄책감이나 자책감에 쉽게 빠진다. 여섯째, 집중력이 약해지고 우유부단해진다. 일곱째, 이전에 즐기던 일이 재미없어지고, 사회생활이 확연히 줄어든다. 여덟째, 이유 없이 여기저기가 아프다. 아홉째, 죽음이나 자살에 대하여 자주 생각한다.

양극성장애는 사춘기 이전에는 잘 나타나지 않고, 그 증상도 전형적이지 않다. 그 증상은 조증과 울증이 번갈아 보이는 성인과는 달리 아동은 과민하게 만성적으로 혼합되어 나타난다는 비전형적이 특징이 있다. 따라서 사춘기 이전의 아동에게 양극성장애라는 진단을 내릴 때에는 신중해야 한다(특수교육용어사전, 2009). 양극성장애는 증상의 특징이나 심각성 등에 따라 흔히 제I형과 제II형으로 분류된다. 제I형은 조증과 심한 우울상태가 나타나는 유형인데, 조증과 울증이 주기적으로 반복되기보다는 일반적으로 울증삽화의 횟수가 조증삽화의 횟수보다 많이 나타난다. 제II형은 가벼운 조증과 심한 우울증이 나타나는 유형으로, 우울증으로 진단되기 쉽기 때문에 진단 시 조심해야 한다. Singh와 그의 동료들의 연구(2010)에 의하면 제I형과 제II형 양극성장애 중 ADHD

가 81%나 함께 나타난다고 보고하고 있다.

4) 불안장애

불안장애는 정상적이지 않고 병적인 불안과 공포 때문에 정상적인 생활을 할 수 없는 정신 질환이다. 불안과 공포는 모든 인간에게서 나타나는 정서 반응인데, 이런 반응이 불안장애가 있는 사람들에게서는 일정 한계를 넘어 정신적 고통과 육체적 증상을 초래하게 된다.

불안이라는 정서는 모든 사람에게 나타날 수 있는 일반적인 수준에서 신경증적, 즉 병적 증상까지 매우 광범위하다. 병적 증상은 특정 대상 없이 느끼는 심리적 불안감으로 무기력해지거나 불쾌해지기도 하고, 동시에 감정의 기복도 매우 커진다. 이때 불안감을 억지로 통제하거나 억압하였을 때 이탈된 여러 가지 증상들이 나타난다(신혜용, 2003). 불안장애의 증상들은 가정생활과 직장 생활은 물론 아동들에게는 학습을 수행하기 어렵게 한다. 특히 ADHD의 아동 중 15~30%가 불안장애를 함께 나타낸다(Tannock, 2000).

불안장애에는 공황장애, 공포증, 외상 후 스트레스장애, 범 불안장애, 강박장애, 급성 스트레스장애 등이 포함된다. 불안장애에 포함된 장애들은 〈표 Ⅰ-17〉에 제시된 것처럼 그 증상이 각각 다르다.

특히 불안장애의 대표적 특징은 공포증과 강박장애이다. 공포증과 강박장애의 증상에 대하여 〈표 Ⅰ-17〉에 간략히 제시되어 있으나, 좀 더 구체적으로 살펴보기로 한다. 공포증은 불안한 감정이 특정 대상이나 상황에서 두드러지게 나타나면서 점점 공포감이 비합리적으로 증폭되어, 결국 그 대상이나 상황을 회피하려는 부적응적 행동이 보이는 것이다. 이영호 등(2008)은 공포증이 정신분석적 측면에서 원초아에서 충동되어진 불안을 특정 대상으로 바꾸어내면서 방어기제를 사용하는 것으로, 학습이론적 측면에서는 중성자극과 유해자극이 연결되어 나타나는 것으로 설명한다. 공포증은 그 대상이 다양하여 매우 개인적이며, 공포의 대상을 심하게 혐오하기도 한다.

표 I-17 불안장애에 포함된 장애

장애명	구체적 증상
공황장애	무슨 일이 금방 일어날 것 같은 생각이 없어지지 않는 불안상태이다. 발작 증상으로는 호흡 곤란, 가슴 답답함, 심장박동 증가, 발한이 나타나며, 심하면 의식을 잃기도 한다. 발작 재발에 대한 걱정이 심하여 발작과 관련된 장소를 회피하려는 습성이 있다.
강박장애	고통스럽거나 충동적인 강박성 사고와 같이 좋지 않은 생각으로 인하여 생겨나는 불안함을 감소시키기 위해 특정 행동을 반복적으로 한다. 강박행동에는 씻기, 확인하기, 반복하기, 정돈하기 등이 있다.
외상 후 스트레스장애	전쟁, 자연 재앙, 사고, 폭력과 같은 죽음이나 신체적으로 심각한 손상을 초래하는 충격적인 사건으로 인한 외상으로 인하여 각성, 흥분, 불면, 감정 통제에 대한 곤란이 지속된다.
범불안장애	일상생활에서 일어나는 여러 가지 일들을 이상할 정도로 통제하기 어려울 것이라는 걱정을 한다. 범불안장애의 주요한 두 가지 특징은 정신적으로, 그리고 신체적으로 나타난다. 정신적으로는 과도한 걱정이, 신체적으로 과도하게 높은 긴장 수준, 초조함, 예민함 등이 나타난다.
공포증	전혀 위험하지도, 불안하지도 않은 상황이나 대상에 대한 심한 두려움과 공포를 느끼는 증상이다. 특정 동물에 대한 동물 공포증, 다른 사람과 말하거나 행동하는 것을 어려워하는 사회 공포증, 높이 올라가는 것이 두려운 고소공포증, 작고 밀폐된 공간에 갇히는 것이 두려운 밀실 공포증, 거리나 개방 장소가 두려운 광장 공포증이 있다.

강박장애는 어떤 생각이나 행동이 머리에서 사라지지 않아, 그 생각 때문에 자신을 통제할 수 없는 상태로 이끌어 가는 것을 말한다. 이런 강박장애는 사고적 강박장애와 행동적 강박장애로 구분할 수 있다. 강박적 사고는 가스불을 끄고 나왔는지, 자동차 문은 잘 잠겼는지, 병균에 감염되지는 않을지 등과 같은 생각이 끊임없이 반복되어 생각나는 것이다. 이런 생각이 떠오르면 반복해서 확인하려는 행동으로 이어진다. 강박적 행동으로는 반복해서 손을 씻거나, 숫자를 세는 것과

같은 행동들로 나타난다. 이런 증상은 신경전달물질인 세로토닌의 부족으로 인한 생물학적 원인, 부적절한 배변훈련을 원인으로 보는 정신분석학적 원인 등 직접적 원인은 매우 다양하고, 환경은 직접적인 원인으로 작용하지 않지만 강박증을 더 촉진할 수도 있는 요인으로 작용한다(이영호 외, 2008; 박경 외, 2014).

2. 학습장애

학습장애는 지적 능력이 정상범주에 속하나 정보를 저장하고 인출하는 모든 과정에서 신경학적 원인으로 인하여 읽기, 쓰기, 계산, 주의, 기억, 사회적 기술 등과 같은 다양한 능력에서 문제가 나타나는 것이다. 이런 문제가 시각과 청각과 같은 감각적 손상이나 운동장애, 정신지체, 정서장애, 그리고 환경과 경제적 결손 등과 같은 다른 원인 때문에 일어나지 않을 때 학습장애라고 한다.

학습장애 아동에게서 나타나는 특징은 〈표 Ⅰ-18〉과 같다. 학습장애아동에게 나타나는 증상이 한꺼번에 모두 나타나는 것은 아니고 뇌의 기능적 상태에 따라 몇 가지의 증상이 나타난다. 이렇게 나타난 증상이 일정 시간 지속되었을 때 학습장애라고 진단내린다.

학습장애는 사정이라는 과정을 거쳐 진단된다. 학습장애에서 사정은 특정 문제를 지닌 아동에 대하여 정확하게 이해하고 적절한 지원을 모색하여 교수와 연결하는 중요한 과정이다. 따라서 사정은 단순히 진단명을 결정하여 구분하기 위한 것이 아니라 학습, 정서, 행동 등과 같은 아동에게 요구되는 지원의 지침을 제공해 주는 것을 의미한다. 일반적으로 학습장애 아동에게 실시되는 사정에는 개인력과 면접, 관찰, 비율척도, 표준화된 규준지향검사, 대안적 비공식적 측정 등이 사용된다.

표 I-18 학습장애의 특징

주요증상	구체적 예
발달적으로 1년 혹은 그 이상 지연	• 혼자서 앉기, 서기, 직립 보행, 시어기와 같은 발달적 지연이 보임 • 배변 가리기와 같은 훈련에 의해 할 수 있는 활동이 늦어짐 • 반사가 늦게 출현하고 늦게 사라짐 • 중추신경계의 미성숙
주의력 문제	• 중요한 정보와 그렇지 않은 정보의 구별이 되지 않음 • 학습과제에서 빨리 주의를 잃어버림
다동 행동	• 임신 중의 태동이 심하고 잠자고 있을 동안도 움직임이 많음 • 지나치게 말이 많음 • 하루 종일 안절부절못하고 부산한 움직임이 많음 • 다동성은 하루에 4~6시간 이상 보임
협응 운동 곤란	• 글자를 잘 쓰지 못함 • 공을 던지거나 받는 활동이 어려움 • 가위질을 잘하지 못함 • 자전거를 잘 타지 못하고 넘어지지 않고 달리지 못함
시지각의 문제	• 시력은 정상이지만 시각적 변별력의 문제 • 깊이지각, 공간관계, 주제경과 배경의 변별 등의 문제 • 시각적 정교화에 의한 재표상이 어려움
청지각의 문제	• 청력은 정상이지만 청각적인 변별력의 문제 • 청각기억의 결함
촉지각의 문제	• 눈을 감고 손바닥에 문자를 쓰면 무엇을 썼는지 인지할 수 없음 • 손바닥 위에 놓인 동전 대소의 변별이 가능하지 않음
기억의 문제	• 학습한 것을 잘 기억하지 못함 • 시행착오를 반복함
사고력 늦음	• 농담이나 유머를 이해하지 못함 • 숫자를 싫어하고 게임의 규칙을 잘 이해하지 못함 • 또래 관게 형성이 어려움
충동성	• 사고, 감정, 행동면에서 통제 조절이 어려워 파국적 행동의 원인이 됨 • 야뇨증이 보이는 경우도 있음 • 자기 자신의 통제가 가능하지 않아 불만을 언어로 자주 표현함
반복하여 말하기	• 특정 단어 혹은 말하면서 돌아다니기 • 주제에 고착되어 버리는 것처럼 보임 • 주위의 사람이 곤혹스러워 할 때까지 같은 질문 반복
대뇌의 우위성 미확립	• 잘 사용하는 손발의 미확립 • 왼손잡이 혹은 오른손잡이의 미확립으로 양손잡이가 나타남

주요증상	구체적 예
미세한 신경학적 징후	• 신경학적 손상에서 오는 신체상의 징후로서 협응 능력 부족 • 반사활동이 너무 많거나 너무 적음 • 균형 잡기 어려움 • 신경학적인 발달에서 보이는 확실한 지체

출처: 김미숙 역(2014). 『학습장애와 관련 경도장애』. 박학사.

학습장애에는 구어, 읽기, 쓰기, 수학, 그리고 사회성이라는 하위 영역에서 하나 혹은 그 이상에서 어려움을 보인다. 학습장애의 하위 영역에 대한 각각의 특징을 좀 더 설명하면 다음과 같다.

구어란 자신의 생각을 말로 나타내고 의사소통을 하기 위한 하나의 상징체계로서 읽기와 쓰기의 지식기반이다. 구어 장애는 음운인지 결함, 단어 명명 능력의 부족, 즉각적인 음향 처리 곤란 등 수용성 문제와 표현성 문제 두 가지 측면에서 모두 나타난다. 읽기는 학습에서 가장 중요한 기술로서 학습장애의 약 80%가 읽기에 문제를 보인다. 읽기의 문제는 해독기술의 결핍, 시각적 정보처리의 결함으로 인한 글자 전체 단어의 인지와 기억의 문제, 청각적 정보처리의 결함으로 인한 여러 가지 소리를 구별하는 문제 등이 있다. 쓰기는 듣기, 말하기, 읽기 능력을 획득한 다음 발달하는 능력이다. 쓰기는 읽기의 문제보다 훨씬 더 어려운 과제이고, 이 문제는 비교적 오랫동안 지속된다. 쓰기에는 습자, 철자법, 작문이 포함된다. 수학은 매우 추상적이면서도 상징적 언어로 한층 더 어려운 학습과제이다. 수학을 학습하는 데는 시공간 능력과 선택적인 주의집중, 읽기나 독해 능력이 요구된다. 사회성의 문제는 지적 호기심, 흥미, 학습 동기의 결함, 계속되는 학습 실패 경험으로 획득되는 좌절감과 열등감 및 부정적 자아개념 형성, 주의집중의 결함 등이 포함된다. 사회적 기술과 능력 또한 사회·정서적 문제를 일으키는 중요한 요인이다.

이와 같이 학습장애의 특징은 ADHD에 포함된 다양한 증상과 유사하고 서로 관련되어 있다. 예를 들어 부주의는 정음법에 문제를 보이는 읽기 장애를 보인다든지, 혹은 계산하기에서 오류를 범하는 원인으로 작용되기도 한다. ADHD가 학습장애와 공존하여 나타나는 이유로는 정보처리 속도와 인지 능력에서 동일한 문제가 나타나는 것처럼 유전적 문제가 같기 때문이라고 다양한 연구를 통해 밝혀지고 있다(Willcutt et al., 2010; Czamara et al., 2013). 이런 이유로 ADHD와 학습장애는 긴밀히 연관된 공존장애라 할 수 있다.

3. 기타 관련 장애

ADHD와 함께 나타날 수 있는 또 다른 관련 장애로는 자폐스펙트럼장애, 뚜렛장애, 약물중독과 기타 관련된 질환 등이 포함된다. 이들 장애의 특징과 ADHD와의 관련성에 대한 내용은 다음과 같다.

1) 자폐스펙트럼장애

자폐스펙트럼장애는 생애 초기부터 사회적 상호작용과 의사소통에 문제를 보이며 행동 유형, 관심사, 활동 범위 등이 제한되고, 이런 것들이 반복되는 발달장애이다. 자폐성스펙트럼장애는 자폐성 장애, 아스퍼거 장애, 레트 장애, 소아기붕괴성장애, 기타 분류되지 않은 광범위성 발달장애가 포함된다. 이들 장애는 각각 자폐나 지적 능력 및 사회적 발달의 정도에 따라 증상에 차이를 보인다.

무엇보다 중요한 것은 이들 장애가 독립적인 특징이 있지만 자폐성이라는 범주라는 연속적 선 안에서 나타나는 장애라는 점이다. 따라서 이들 장애는 지적 능력의 손상 정도, 유전성이나 환경적 요인, 또 다른 발달장애나 정서·행동장애 등이 중복되어 있는지에 따라 세부적으로 구분된다. 자폐스펙트럼장애를 보이는 아동 중에서 약 31~53% 정도의 아동에게서 ADHD가 함께 나타난다(Gjevik et al., 2011).

2) 뚜렛장애

뚜렛장애는 틱 증상이 모두 나타나면서 1년 넘게 지속될 때 뚜렛장애라고 한다. 틱에는 조절하기 어려운 얼굴, 목, 어깨, 몸통 등의 신체 일부분이 갑작스럽게 반복적으로 움직이는 운동 틱과 이상한 소리를 내는 음성 틱이 있다.

뚜렛증후군의 DSM-Ⅳ 진단기준은 다음과 같다. 첫째, 여러 개의 운동틱과 한 가지 또는 그 이상의 음성틱이 질병의 경과 중에 나타나고, 두 종류의 틱이 반드시 공존할 필요는 없다. 둘째, 틱이 나타나는 횟수는 매우 많아야 하고, 지속시간은 1년 이상이고, 이 기간 동안에 틱이 나타나지 않는 기간이 3개월 이상이면 안 된다. 셋째, 틱 증상이 사회적, 직업적, 기능적 장애가 분명해야 한다. 넷째, 18세 이전에 발병해야 한다. 다섯째, 틱 증상이 중추신경흥분제와 같은 약물이나 내과적인 질환으로 나타나지 않아야 한다. 뚜렛증후군을 보이는 아동 중 약 60% 정도가 ADHD가 함께 나타난다는 연구 결과가 있다(보건복지부 외, 2012).

3) 약물중독과 기타 관련된 질환

ADHD의 증상을 보이는 많은 사람들은 약물 남용으로 인한 중독의 위험에 노출되어 있다. 약물중독하면 독과 같은 유해 물질에 의한 중독과 알코올, 마약과 같은 약물남용에 의한 중독이 있다. 약물남용으로 인한 중독은 심리적 의존이 강하여 약물복용을 중단하지 못하는 상태이다.

약물남용에 의해 ADHD가 나타날 비율은 약 23% 이상인데, 이런 출현율은 그저 간과할 수치가 아니라는 연구결과도 있다(Quinn, 1997). 이런 연구 결과는 ADHD의 청소년이나 성인이 쉽게 약물남용의 유혹이나 위험에 노출될 수 있으니 주의 깊게 살펴볼 것을 당부한다. 그 밖에도 경련, 두부 외상, 편두통, 알레르기, 천식, 수면장애, 습진 등과 같은 질환으로 인하여 ADHD의 증상이 나타날 수 있다. 이런 경우를 대비하여 ADHD와 관련된 신경과 및 내과 질환을 함께 살펴보아야 한다(안동현 외, 2015).

핵심용어

가족력
강박장애
공포증
공항장애
과잉행동
기능적 자기공명영상(fMRI)
기분장애
납중독
노르에피네프린
뇌손상증후군
뇌전기활동도(BEAM)
능동적 주의집중
다유전자성
도파민
도파민 수용체
도파민 수송체
두정엽
뚜렛장애
DSM-Ⅳ
레트장애
면담
미세뇌손상
미세뇌기능장애
반항장애
범불안장애
병력
부주의
분리교육
불안장애
산만
생육력
생화학
선택적 주의집중
소아기붕괴성장애
식품 첨가물
신경세포
신경전달물질
신경생물학
아스퍼거장애
약물중독
양극성장애
양전자 방사 단층촬영(PET)
연접
완전 통합교육 환경
외상 후 스트레스 장애
우반구
우울증
우세성
유전성
원초아
웩슬러 지능검사
인출신경원
일반학급
입력신경원
음식 알레르기
의학적 검사

핵심용어

자폐스펙트럼장애
장애인교육법(IDEA)
재활법 504조
전두엽
전생애학습화
정서 · 행동문제
좌반구
주의
주의력결핍증
주의력결핍과잉행동장애 평정척도
지원방법
충동성
측두엽
컴퓨터단층촬영(CT)
코너스 평정척도
타르 색소
통합교육
특별지원교육
특수교육
특수학급
틱증상
품행장애
학습도움실
학습장애
한국판 라이터 비언어성 지능검사
행동 평정척도
후두엽

심화질문

1. ADHD의 용어에 대한 변화 과정을 설명해 봅시다.
2. DSM 버전에 의한 ADHD의 정의 내용을 비교 분석해 봅시다.
3. ADHD의 원인을 요약 정리해 봅시다.
4. 미국과 일본, 한국이 ADHD를 위한 법적 보호가 어떻게 이루어져 있는지 비교하여 설명해 봅시다. 그리고 한국의 나아갈 미래 방향을 계획해 봅시다.
5. ADHD의 진단에 사용되는 평가척도와 검사 도구는 어떤 것들이 있는지 정리해 봅시다. 그리고 ADHD의 일반적 증상에 따라 사용할 수 있는 진단 도구들을 짝 지어 봅시다.
6. ADHD와 함께 나타날 수 있는 공존장애는 어떤 것들이 있고, ADHD와의 관련성에 대하여 설명해 봅시다.

에디슨(Thomas A. Edison, 1847~1931)과 ADHD

에디슨은 1847년에 미국 오하이오 주에 있는 밀란이라는 곳에서 일곱 남매 중 막내로 태어났다. 아버지는 목수였고 어머니는 교사로 활동한 바 있었다. 그는 어린 시절에 상상력이 풍부하고 기발한 호기심이 많았던 소년이었다. 잘 알려진 일화들에는 달걀을 품어 병아리를 만들려고 했던 일, 곡물 창고에 들어가 그 구조를 유심히 관찰하던 중에 스위치를 잘못 눌러 곡물에 깔려 죽을 뻔한 일, 사람이 하늘을 날 수 있도록 하는 알약을 만들어 친구에게 먹였으나 그 친구가 하늘을 날기는커녕 며칠 동안 배가 아파 고생했다는 이야기가 있다.

위의 일화에서 알 수 있듯이 에디슨은 틀에 박힌 학교교육에는 흥미를 느끼지 못하였다. 에디슨은 수업 시간에는 선생님의 말씀은 듣지 않고 자신만의 상상의 나래를 펴면서 노트에다 이상한 기계를 그리곤 했다. 에디슨의 학교 성적은 바닥이었고, 말썽꾸러기로, 그리고 문제아로 낙인이 찍혔다. 에디슨은 점점 학교에 출석하는 날이 줄어들었고, 결국 5학년인 열두 살에 학교를 그만두었다. 실제로 5년 동안 에디슨이 초등학교에 출석한 날은 겨우 3개월 정도였다고 한다.

오늘날, 어린 시절 에디슨의 행동은 ADHD로 진단내릴 수 있는 근거가 된다. 그는 호기심이 왕성했지만 문제 행동이 많았고 집단생활에 잘 적응하지 못했으며 정서불안의 증상을 보였는데, 이런 증상은 ADHD에서 흔히 나타나는 증상들이다.

에디슨은 정규교육을 제대로 받지 못하게 되자 어머니의 가정교육은 매우 중요한 역할을 담당하게 된다. 그의 어머니는 에디슨이 흥미를 보이는 분야를 중심으로 공부를 시키면서 점차 그 범위를 확장시켜 나갔다. 에디슨이 아홉 살이 되었을 때 파커(Richard Parker)의 『자연·실험·철학』이라는 책을 읽고 과학에 깊은 관심을 가지게 되었다. 그리고 열 살 때에는 자기 집 지하에 실험실을 만들어 그 책에 소개되어 있는 실험을 모두 직접 실행해 보았다고 한다.

| 출처: 송성수(2009). 『과학기술의 개척자들 -갈릴레오에서 아인슈타인까지』. 살림출판사.

PART II

ADHD의 특징

당신이 배우는 것을 멈출 때,
당신은 죽기 시작한다.

– 알버트 아인슈타인 –

ADHD 증상의 특징들은 다양한 측면으로 구분하여 살펴볼 수 있다. 물론 ADHD의 일반적 징후인 주증상은 부주의, 과잉행동, 충동성이다. 그러나 이 3가지의 주증상들은 ADHD를 보이는 사람들에게 학습적, 사회적, 행동적, 정서적 등과 같은 다양한 측면에 영향을 미치며 또 다른 문제들을 발생시킨다. 예를 들어 일상생활에서의 부적응, 학교생활에서의 학업적 문제, 직장생활에서 일으키는 사회적 문제, 과제 수행에 있어서 발생하는 문제 등이다. ADHD의 증상으로 인한 다양한 측면의 곤란이 악순환된다면 개개인의 성격에도 부정적인 영향을 미칠 것이다. 또한 자존감 저하와 과잉행동, 충동적 행동은 원활한 대인관계 형성에 어려움을 가져오게 하면서 사회성 발달을 방해하는 원인으로 작용될 것이다.

일반적으로 ADHD는 동질적 특성으로 한데 묶을 수 있는 집단이라기보다는 개인적으로 서로 다른 특징을 나타내는 이질적 집단이라 말할 수 있다. 이질적 집단에서 공통된 특징을 발견하여 제시하는 것은 매우 어렵지만, ADHD를 보이는 사람들을 이해하고 그들을 위한 지원 대책을 계획하고 모색하는 데 매우 중요한 과정임은 틀림없는 사실이다.

ADHD의 원인과 진단을 내리기 위한 도구들은 뇌 과학의 발전과 더불어 많은 학자들에 의한 다양한 연구 결과로 유전적 특징과 뇌신경의 손상 및 화학물질의 작용의 문제 등과 같은 원인이 밝혀지면서 관련된 특징들이 파악되고 있지만 그리 만족할 만한 성과는 아니다. 그렇지만 그동안 연구에서 밝혀진 일반적 특징들을 이해하고 알아두는 것은 매우 중요한 일이다.

ADHD의 증상에 대한 주요한 특징은 크게 운동적 측면과 감각적 측면으로 구분하여 살펴볼 수 있다. 운동적 측면의 특징으로는 전체적으로 운동조절 능력이 떨어지고, 운동을 싫어하고 매우 서툴며, 자전거 타기나 뛰기와 같은 대근육 운동능력과 협응 운동능력이 부족하다. 감각적 측면의 특징으로는 공간적 지각능력과 균형 감각이 부족하며, 촉각적 접촉을 매우 싫어하기도 한다.

또한 Reid와 Johnson(2012)은 저서를 통해 ADHD의 특징에 관련된 몇몇 관점들에 관한 다수의 연구결과를 요약 정리하여 제시한다. 첫째, 지적 능력의 차이라는 관점이다. 이 관점은 ADHD를 보이는 사람과 그렇지 않은 사람 사이에 지적 능력의 차이가 있다고 단정하기보다는 지적 능력이 낮은 사람들에게서 ADHD를 보이기 쉽다고 해석해야 한다는 것이다. 둘째는 ADHD의 출현율이 성별에 따라 차이가 있느냐라는 관점이다. 이 관점은 유전적 성향과 더불어 남자가 여자보다 좀 더 행동적 표현력이 강해서 ADHD의 증상이 훨씬 드러나기 쉽다고 설명한다. 반면에 Barkley(2006) 같은 연구자는 분명하게 남자가 여자보다 ADHD 출현율이 더 높다고 보고한다. 셋째는 학업적 관점이다. 이 관점은 ADHD를 보이는 사람들은 기초학습의 성취능력이 낮고 학업적 실패를 더 많이 경험한다는 것이다. 넷째는 ADHD가 모든 나라와 인종, 사회·경제적 수준에서 나타나는데, 사회·경제적 결손은 ADHD를 일으키기 쉬운 환경이라고 강조한다(Counts et. al., 2005). ADHD를 진단하기 위해서는 해석에 영향을 줄 수 있는 이러한 요인들에 대한 신중한 주의가 필요하다.

이상에서 살펴본 바와 같이 ADHD를 전반적으로 더 잘 이해하기 위해서는 ADHD의 증상으로 보이는 다양한 측면의 특징에 대하여 잘 파악하고 있어야 한다. ADHD에서 나타나는 증상, 그 자체의 행동적 특징은 물론 이런 증상으로 인하여 고려해야 하는 주의점 또한 알아두어야 할 필요성이 있다. 이런 세심한 노력은 ADHD의 증상을 개선시키고, 또 다른 중복장애가 이차장애로 수반되는 것을 예방할 수 있다. 또한 ADHD 때문에 문제가 되는 일상생활의 적응이나 학업적 성취 수준을 향상시키기 위한 지원을 모색하는 데 도움이 된다. 따라서, 여기서는 ADHD의 일반적 징후와 학습적 특징, 사회적 특징, 생애 주기별 특징으로 구분하여 상세히 살펴보기로 한다.

Chapter 1

일반적 징후

ADHD의 특징 중 진단을 내리는 것에서 출발하여 ADHD를 이해하기 위해 가장 먼저 해야 할 일은 일반적인 징후인 부주의, 과잉행동, 충동성에 대한 증상과 행동적 특징들을 잘 파악해 두어야 하는 것이다. 이 징후들은 ADHD를 보이는 아동들에게서 만성적으로 나타나며 신경학적 증후군으로 설명되기도 한다. 따라서 여기서는 일반적 징후인 부주의, 과잉행동, 충동성에 포함된 증상 및 행동적 특징은 PART I 의 'ADHD의 진단기준'에서도 간략히 기술되어 있지만, 여기서는 좀 더 구체적으로 살펴보기로 한다.

1. 부주의

부주의는 주의집중에 관련된 능력으로 주어진 특정 과제에 주의를 집중하거나 유지하지 못하는 것을 의미한다. 주의집중 능력은 특정 자극이나 주어진 과제에 대하여 반응하는 질적 능력으로 매우 많은 기술들이 요구되는 복잡한 과정이다. 부주의는 주의집중에 관련된 기술을 습득하지 못했을 때 주로 많이 나타난다.

부주의를 이해하기 위해 우선, 주의가 어떻게 일어나서 집중되어 유지되는지에 관하여 이해해야 할 것이다. 인간은 무수히 많은 자극들이 귀, 눈, 피부, 코와 같은 감각기관을 통하여 처음 수용한다. 수용된 많은 자극들 가운데 어떤 특정 자극에 주의를 기울이면 그 자극은 지각의 대상으로 바뀌게 된다. 즉, 특정 자극이 감각의 대상에서 지각의 대상으로 바꾸는 데 중요한 역할을 담당하는 것이 주의이다. 특정 자극에 주의를 기울이게 되면 수많은 자극 중 주의를 기울인 자극을 제외하고는 그 나머지 자극은 사라진다. 이때 주의의 중요 역할은 감각기관을 통해 들어오는 모든 자극을 받아들이지 못하게 하고 주의를 할애하여 선택된 자극에만 주의를 기울이게 하는 것이다.

선택된 자극에 주의를 기울이기 시작했다는 것은 주의집중이 시작되었다는 의미이다. 주의집중이 일어나는 설명은 앞서 기술했지만, 여기서는 좀 더 구체적인 예를 들어 보기로 한다. 감각기관 중 눈이라는 시각기관을 통해 들어오는 빛 자극은 색상, 형태, 움직임 등과 같은 자극으로 지각되며 주의를 집중시킨다. 형태를 지각할 때에는 주의가 집중된 것은 전경이고 상대적으로 주의가 집중되지 못한 것은 배경이 된다. 또한 어떤 자극 대상이 움직이면 움직이지 않는 대상보다 주의가 더 많이 집중된다. 또 다른 예를 하나 더 들어보기로 한다. 귀라는 청각기관을 통해 들어오는 소리 자극은 외이도와 고막을 거쳐 이소골을 통과하면 와우관의 유모세포에서 수용된다. 소리 자극은 주의를 끄는 데 중요한 요소로 매우 자극적이고, 소리의 종류에 따라 다양한 감정을 일으키게 하는 정보이다. 소리자극이 선택되었다는 것은 칵테일파티 현상으로 자주 설명된다. 우리는 시끄러운 파티장에서 누군가 자기 이름을 부를 때 자신의 이름을 알아듣게 되는데, 이것은 선택적 듣기가 이루어진 것으로 분명히 의식하여 인지되지는 않았는데 자기 이름이 청각이라는 감각기관에서 처리된 것이다(곽호완 등, 2008, 김명선, 2007).

위에서 예를 들었던 감각기관의 처리는 정보처리과정에서 일어나는 것으로, 많은 연구자들은 이런 과정을 주의의 여과이론으로 설명한다. 주의의 여과이론은 자극의 선택이 감각기관으로 수용된 수많은 자극들은 없어지고 단지 주의를 할애한 자극만을 걸러내어 선택한다는 이론이다. 이렇게 많은 자극들이 감각기관을 통해서만 수용되는 것처럼 보이나 어떤 경우에는 중추적 선택이 작용되어 자극이 선택되기도 한다. 중추적으로 자극을 선택하는 과정은 자극의 성격에 따라 주의가 집중되지 않고 개개인의 내재적 조건에 따라 선택될 자극이 결정될 수 있다는 것이다(박찬석, 1999). 중추적 자극을 선택하는 과정 중에 작용된 힘은 동기이다.

이와 같이 자극은 감각기관에서 처리되는 과정을 살펴본 것처럼 ADHD의 부주의를 해결하기 위해 몇 가지를 고려해야 한다는 것을 예측할 수 있다. 첫째, 수많은 자극 중 선택해야 할 자극에 주의집중을 할애하도록 하는 것이다. 부주의는 선택해야 할 자극에 주의집중을 할애 못하는 것에서 출발되기 쉽다. 그렇기 때문에 감각기관으로 들어오는 자극의 양을 최대한 줄인 환경을 구성하려는 배려가 필요하다. 둘째, 중추적 자극 선택에 영향을 미치는 동기를 고려해야 한다. 즉, 이는 개인의 내재적인 조건이 동기를 변화시켜 자극을 선택하도록 하는 것이다. ADHD 아동들은 일반적으로 능동적 주의집중이 어렵다. 능동적 주의집중은 자신의 의지가 발동되어야 하는 것으로 동기와 매우 관련성이 크다. 따라서 자신의 내재적 조건들을 변화시켜 중추적 의지에 따라 주의를 선택할 수 있는 능력을 길러줘야 하는 것이다.

ADHD 아동들에게 보이는 부주의는 여러 가지 행동이 복잡하게 얽혀 나타나기 때문에 세심한 관찰과 정확한 판단이 필요하다. 그렇다면 주의에도 유형이 있을까 하는 의문을 가지게 된다. 이런 의문에 Reid와 Johnson(2012)은 지속적 주의, 전환적 주의, 집중적 주의, 선택적 주의로 그 유형을 구분하여 설명한다. 그 내용의 구체적인 설명은 〈표 II-1〉에 제시한다.

표 II-1 주의의 유형에 따른 특징

유형	특징
지속적 주의	• 하나의 자극에 그 자극이 사라질 때까지 집중하여 유지하는 주의 • 부주의를 보이는 ADHD 아동이 제일 힘들어하는 주의 유형 • 반복 학습이나 동기부여가 되지 않는 과제를 수행하기 위한 지속적 주의 집중이 매우 어려움
전환적 주의	• 서로 다른 기술이 필요한 특정 과제가 제시되었을 때 과제를 완성하기 위하여 필요한 기술 사이를 이동하는 주의 • ADHD 아동은 특정 과제에서 요구되는 다양한 기술로 주의를 이동시키지 못하기 때문에 복잡한 활동으로 구성된 과제를 수행하기 어려움
집중적 주의	• 제시된 자극의 중요한 측면에 집중하는 주의 • 자극에 대한 다양한 반응 중 하나의 반응을 선택하고 집중적으로 적용할 때 사용되는 주의
선택적 주의	• 주의 소짐을 유지하여 신민하게 될 가능성을 차단하는 주의 • 주의산만은 ADHD 아동에게서 나타나는 부주의의 핵심적 특징으로 선택적 주의의 문제로 야기되는 경우가 많음

출처: Reid, R. & Johnson,. J.(2012). *Teacher's Guide to ADHD*. The Guilford Press.

주의집중은 자극이 주어진 상황과 그 환경에 따라 다르게 나타난다. 즉 얼마나 중요한 기능을 가진 자극이냐 혹은 그렇지 못한 자극이냐, 목표와 얼마나 밀접한 관계를 가진 자극이냐 혹은 그렇지 못한 자극이냐에 따라 주의집중의 정도가 달라지는 것이다. 이런 기준에 의해 주의집중이 된 자극 이외의 자극은 무시함으로써 주의집중이 처음으로 시작된다(국립특수교육원, 2009). 이와 같이 주의집중에 대한 정의에서 선택적 주의집중은 학습을 준비시키는 데 훨씬 더 많이 사용되고, 능동적 주의집중은 주의가 집중된 상태를 유지시켜 학습이 일어나도록 작용하는 데 많이 사용된다고 할 수 있다.

주의집중이 유지되는 시간은 아동이 성인에 비해 그리 길지 않다. 연령이 어리면 어릴수록 주의집중 시간은 짧게 유지된다. 주의집중이 유지되는 시간을 연령별로 살펴보면 다음과 같다. 2세 아동의 경우는 5분 정도, 3~4세 아동의 경우는 약 10~15분 정도, 5세 아동의 경우는 15~30분 동안 주의집중을 지속시킬 수 있다(서울대학교 교육연구소, 1995). 따라서 자극이 제시된 상황과 환경을 고려하는 것도 중요하지만 연령에 따라 주의집중의 유지 시간이 다르다는 것 또한 명심해야 할 것이다.

전 세계적으로 대부분의 아동들은 학교라는 교육기관에 마련된 교실에서 생활하는 시간이 많다. 이 시간 동안 다양한 활동에 효과적으로 적응하기 위해서는 주의집중이라는 기술이 반드시 요구된다. 주의집중 기술에는 선택되어야 할 특정 자극에 적절한 반응을 보이고, 중복 과제가 제시되었을 때 각각의 과제에 효과적으로 이동하면서 주의를 집중하고, 변화된 과제를 신속히 파악하고 반응하는 준비성을 오랜 시간 유지해야 하는 등과 같은 다양한 기술들이 포함된다.

Silver(2006)와 Elison(2006)의 연구에서는 이러한 주의집중 능력이 결함되면 주어진 과제를 완성하지 못하거나, 외부 자극에 의해 쉽게 산만해지기도 하고, 교사의 말에 귀를 기울여 경청하지 못한다고 강조한다. 또한 주의집중 결함 때문에 보이는 부주의를 대표하는 일반적인 증상들로는 주어진 과제를 해결하기 위한 계획성이 부족하고, 과제를 끊임없이 내일로 미루며, 몽상이나 백일몽적 공상을 하는 경우가 많다. 외현적으로 잘 드러나는 과잉행동이나 충동성과는 달리 외현적으로 잘 드러나지 않는 부주의 증상은 정말 많기 때문에 세심한 관찰이 필요하다.

일반적으로 주의집중의 과정은 많은 감각적 자극 중에 집중해야 할 자극을 선택하여 집중하는 시간을 지속하는데, 이때 주의집중을 지속하는 데는 개개인의 능동성이 요구된다(PART I 〈그림 I-3〉 참고). ADHD는 많은 자극 중에 집

주의집중을 못하는 아동들은 과제 해결을 위한 계획성이 부족하고
몽상이나 백일몽적 공상을 많이 한다.

중해야 할 자극을 선택하고 선택된 자극에 주의집중을 지속하기 어려운 주의집중 결함이 보이는데, 이는 부주의의 직접적인 요인이 된다. 그러나 ADHD를 가진 아동이 제시된 모든 자극에 주의를 집중할 수 없는 것은 아니다. ADHD 아동들은 흥미를 끄는 자극이나 일대일적 상황에서는 주의집중이 지속되는 경우도 많다. 반대로 그들에게 지루하게 반복되는 과제를 제시하면 쉽게 주의가 산만해진다.

Keller(2009)는 학습자가 학습을 위해 가장 먼저 이루어져야 할 조건으로 주의집중을 강조하면서 감각적 주의집중, 인지적 주의집중, 다양성이라는 세 가지 하위 전략을 제시하였다. 감각적 주의집중은 흥미를 유발할 수 있는 학습 정보의 전달 방법이나 매체를 사용하는 것이다. 인지적 주의집중은 학습 내용에 의구심을 가지고 탐색하고자 하는 욕구를 불러일으키는 질문이나 역설적 상황을 제시하는 것이다. 다양성은 아무리 새롭고 놀라운 자극이라 할지라도 그것이 계속해서 반복되어 익숙해지면 사람은 심리적으로 지루함을 느끼게 된다. 지루함을 느끼면 학습에 대한 주의집중이 떨어지고 동기의 지속도 어렵기 때문에 교수자는 다양한 매체를 제시하는 것과 같이 학습 방식이나 형태의 다양성을 추구할 필요가 있다는 것이다.

또한, ADHD를 가진 아동에게서 보이는 부주의가 주의 초점 이탈인지 주의 산만 때문인지, 혹은 주의집중의 유지에 대한 문제인지를 구분할 필요가 있다. 이는 매우 어렵기 때문에 세심한 관찰로 정확한 판단을 내려야 한다.

주의산만은 특정 자극에 주의집중이 지속되지 않고, 주의를 할애하지 않아도 될 자극에 계속하여 관심이 이동되면서 모든 자극에 주의가 분산되는 상태이다. 주의가 산만한 아동들은 쉽게 주위 환경이나 배경의 소리에 주의를 돌려 결과적으로 일상생활의 적응이나 학습할 때 반드시 필요한 자극에 주의를 기울이지 못하는 경우가 많다. 주의산만을 한 마디로 표현한다면 "번잡스럽다."라고 말할 수 있다. 어린 연령의 아동에게서는 이런 번잡스러움이 눈에 띄어 파악하기 쉬우나, 성인이 되면 행동에서 나타나는 움직임이 부드럽고 완만하여 다른 사람의 눈에는 잘 보이지 않는 경우가 많다. 주의산만은 겉으로 표현되는 행동으로는 잘 파악할 수 있으나 심리적으로 일어나는 변화는 파악하기 어려워 놓치기 쉽다.

주의 초점 이탈은 보고 있는 것처럼 보이나 사실은 보고 있지 않고, 듣고 있는 것처럼 보이나 다른 일에 관심을 쏟아 마음이 방황하는 인상을 상대방에게 주는 것이다. 이런 행동적 특징도 주의산만과 마찬가지로 외현적으로 보일 때보다는 내재적으로 감추어지는 경우가 많아 파악하기가 어렵다. 따라서, 아동을 가르치는 교사나 부모의 세심한 주의가 요구된다.

주의집중의 유지를 파악하려면 주의산만이나 주의 초점 이탈이 출현되었느냐를 파악하면 쉽게 주의집중 유지의 정도를 알 수 있을 것이다. 주의집중의 유지는 무엇보다 능동성이 필요한 부분으로 아동의 관심이 흐트러지지 않게 하는 것이 중요하다 할 것이다.

이와 같은 이유 때문에 아동이 주의집중을 잘하고 있는지를 파악할 때에는 다양한 측면에서의 관찰은 물론 면담이나 관련 검사를 실시하는 것이 좋다. 그리고 주의집중이 일어나게 하고 유지시키기 위해서는 ADHD 아동들의 행동적 특징과 관심, 취약점을 잘 파악하여 환경적 구조에는 물론 교수적 수정에도 반영되어야 할 것이다. 무엇보다도 교사는 주의집중에 관련된 다양한 교수 전략을 확보하여 주의집중에 문제가 있는 아동들을 담당하게 되었을 때 활용할 수 있어야 한다. 교수 전략을 실시할 때 시각적, 청각적 매체의 사용도 아동의 특성에 따라 적절한 선택이 이루어져야 한다.

2. 과잉행동

ADHD의 특징에서 주의집중에서 결함을 보이는 것이 질적인 측면이라면, 과잉행동은 움직임이 크고 작음, 많고 적음으로 표현되는 양적인 측면을 고려한 것이다. 즉 과잉행동은 과장된 움직임으로 어떤 일을 하거나 관심을 받기 위해 지나친 몸짓으로 행동하는 것이다. 구체적인 행동의 예를 들면 자신의 신체를 과장되게 흔들면서 계속하여 움직이거나, 의자에 앉았을 때도 진득하게 앉아 있지 못하여 '섰다, 앉았다'를 반복하거나, 교실 안을 이리저리 뛰어다니며 이동하고, 다른 사람에게 지나치게 수다스러울 정도로 말하는 행동 등을 들 수 있다.

과잉행동을 나타내는 아동의 가장 두드러진 특징 중 하나는 ADHD를 가진 아동의 부모와의 면담을 통해 알 수 있다. ADHD 아동의 부모는 임신 기간 중에 태아의 태동이 매우 심하였고, 영유아기의 수면상태도 깊은 잠에 들지 못하고 수시로 잠을 깨어 설치며 자주 보채는 일이 많았다고 말한다. 또한, ADHD를 보이는 아동이 걷기가 시작되면 이곳저곳으로 이동이 쉬워지면서 움직임이 훨씬 더 많아지고 좀 더 심각한 과잉행동으로 주변 사람을 당혹스럽게 만드는 날이 많았다고 말한다.

ADHD 아동들에게서 쉽게 볼 수 있는 과잉행동은 모든 장소, 모든 상황에서 자리 이탈이 많고, 이곳저곳을 이동하는 동안 걷기보다는 뛰어다니고, 팔과 다리를 이유 없이 계속하여 움직인다. 교사들은 아동들의 이런 행동이 불안 행동으로 이어지는 경우도 많다고 말한다.

이와 같이 취학 전의 ADHD 아동들에게서 보이는 과잉행동은 한순간도 가만히 있지 않고 움직이는 것이 마치 자동차의 엔진이 꺼지지 않고 시동이 걸린 채 움직이는 것 같이 보인다. 또한 모두 앉아 있어야 하는 상황에서도 가만히 앉아 있지 못하거나 시간이나 순서를 기다리지 못하고 이탈하는 행동들이 많이 나타난다.

아동기에 보였던 움직임이 크고 심한 과잉행동은 청소년기에 들어서면서 다리를 턴다든지, 연필로 책상을 두드리고, 말이 많아지는 등과 같이 행동의 크기가 작아진다. 그렇다고 해서 과잉행동이 사라진 것이 아니라 여전히 지속되고 있는 것이다. 과잉행동은 신체적인 움직임으로만 나타나는 것이 아니라 분노, 좌절, 슬픔, 기쁨 등과 같은 정서적인 반응으로도 나타난다. ADHD를 보이는 아동의 과잉행동으로 나타나는 정서적 반응은 우리가 생각하는 것보다 그 빈도가 훨씬 더 높으며, 그 정도도 심하게 나타나는 특징이 있다.

안절부절못하는 과잉행동은 사회적으로 수용되기 어려운데, 이런 행동이 지속적으로 나타난다는 것은 본인은 물론 주변을 곤혹스럽게 만든다. 또한 그런 행동이 지속되므로 인하여 일상생활은 물론 주어진 과제를 끝까지 완성하지 못하거나 중도에 쉽게 포기하기도 하여 학업적 문제를 일으키는 원인으로 작용하기도 한다.

이와 같이 ADHD 아동들에게서 보이는 과잉 행동은 활동 빈도가 많이 나타나는 것에 그 의미를 두어 중요하게 생각하기보다는 이런 과잉행동이 사회적으로 부적절한 반응 비율을 높이는 원인이 될 수 있다는 사실에 더 큰 의미를 두어야 할 것이다. 일반적으로 과잉행동은 부주의나 충동성을 수반하는 경우가 많고, 이런 경우에는 ADHD의 정도가 좀 더 심각한 수준으로 판단한다.

3. 충동성

충동성은 자신의 행동을 실행한 결과는 생각하지 않은 채 어떤 자극이나 문제에 빨리 반응하려 한다. 예를 들어 질문이 끝나기도 전에 대답을 한다든지, 자신의 순서를 기다리지 못하는 것이다. 이런 증상은 인지적 영역의 문제가 그 요인으로 작용되기 때문이다.

또한 충동성은 자기 조절 및 억제에 문제가 있을 때 즉흥적이고 급한 행동으로 나타난다. 어떤 ADHD를 가진 아동은 규율을 잘 이해하고도 급하게 행동하여 자기통제를 제대로 발휘하지 못하는 경우가 많다. 이런 경우, 충동성이 공격적 행동으로 바뀌면서 주변의 많은 사람을 곤혹스럽게 만들기도 한다. 또래간의 놀이 집단에서 ADHD를 가진 아동은 또래에 비해 좀 더 공격적이고 상황에 맞지 않는 부적절한 행동을 많이 한다. 이는 자기조절과 통제가 결여되어 나타난 것으로 충동성을 일으키는 원인으로 작용한 것이다.

이와 같이 충동성은 공통적으로 행동의 목적이나 동기가 명확하지 않고, 누군가에게 해를 끼치는 행동을 참지 못하고 되풀이한다. 충동성에 의해 보여지는 행동은 스스로 통제 조절을 하지 못하기 때문에 행동으로 옮기기 전에 긴장 정도가 높으며, 행동을 실행한 후에는 오히려 쾌감이나 다행스러운 감정, 그리고 긴장이 해소되는 해방감을 느낀다. 따라서, ADHD 아동들이 타인에게 피해가 될 정도의 충동적 행동을 하고도, 정작 본인은 죄책감과 같은 부정적 감정을 느끼지 않는 경우가 많다.

Chapter 2

학습적 특징

ADHD의 일반적 징후인 부주의, 과잉행동, 충동성은 교육기관에서 이루어지는 학습을 진행하는 데 다양한 면에서 부정적인 영향을 미치는 요인이다. 부주의는 제시된 과제에서 이탈하게 만드는데, 특이 교사 주도의 수업과 같은 정적인 교실 수업에서는 교사의 설명에 귀 기울여 듣지 않고, 주어진 과제를 끝까지 수행하기 어렵게 만드는 원인으로 작용한다(Vile Junod et al., 2006). 또한 과잉행동과 충동성은 학급에서 수행되는 활동과 또래와의 협력적 활동을 방해하는 직접적인 원인으로 작용하며, 교사의 지시를 따르지 않거나 정하여진 규칙을 어기는 일 또한 수없이 많아지게 하는 요인이 된다(Barkley, 2006).

이런 상황은 ADHD를 가진 아동들이 기초학습의 성취 수준을 저하시키는 결과를 초래한다. 즉 읽기를 어려워하고 복잡한 수학문제를 싫어하며, 작문과 같은 과제의 완성도가 현저히 떨어진다. 특히 과잉행동이나 충동성으로 또래나 교사와의 대화를 계속하여 이어가기 어려워질 수도 있다. 결국, ADHD의 일반적 징후는 학업에 부정적인 영향을 미치는 직접적인 원인으로 작용한다고 할 수 있을 것이다.

학령기 전의 ADHD 아동들은 행동이 가장 걱정되는 문제였는데, 학교에 입학하면서부터는 기초학습 성취의 문제로 많은 걱정을 하게 된다. 따라서 학령기가 되면 ADHD로 인한 문제는 다양한 학업적 특징으로 나타나면서 급증하게 된다. Barkley(1998)는 ADHD 아동들은 지능지수에 비해 읽기, 쓰기, 계산하기와 같은 기초학습의 성취 정도가 낮게 나타난다고 밝히고 있다.

이정림과 강경숙(2012)의 연구에 의하면 임상적으로 ADHD라고 진단된 학생들의 56%가 기초학습을 위한 개인지도를 요구하고 있고, 30%는 한 학년을 다시 반복하는 유급에 처해 있고, 30~40%는 하나 혹은 그 이상의 특수교육 프로그램에 참여한다고 보고한다. 또한 이들의 연구에서 중·고등학교와 같은 상급학교로 진학한 ADHD 학생들의 46%는 학교를 중단하거나, 10~35%는 낙제하였다고 밝히고 있다.

학습의 문제로 학교에서 실패라는 결과를 얻게 되는 주요 원인은 부주의이다. 이와 같이 부주의는 기초학습능력에 문제를 일으키는 매우 중요한 원인으로 그에 대한 적절한 대책이 마련되어야 한다. 또한 ADHD를 가진 아동은 어떤 것을 학습할 때 전체적 내용을 파악하기보다는 부분적으로 파악하여 이해하려는 경향이 강하다. 또한 주의집중을 지속하려는 능력이 부족하고, 비언어적 의사소통에 어려움을 많이 보인다.

이와 같은 ADHD의 학습적 특징은 ADHD의 주요 증상이 치료된다면 상당 부분 개선될 가능성이 크다. 그러므로 ADHD 아동들의 기초학습 능력을 향상시키는 지도만 실행하는 것보다는 학습에 방해가 되는 증상을 감소시키는 치료를 병행하는 것이 중요하다. 이어지는 내용에서 ADHD의 학습적 특징이 학습 수행을 어렵게 하는 원인으로 생각할 수 있는 내재적 원인과 외현적 원인에 대하여 좀 더 살펴보기로 한다.

1. 내재적 원인

학습자가 순조롭게 학습을 수행하기 위해서는 인지처리 과정이나 동기에 문제가 없어야 한다. 인지처리과정에서 기억, 특히 작업 기억(working memory), 청각적 인지, 시각적 인지, 주의, 실행기능의 역할은 매우 중요하다. 또한 학습을 해야 하는 이유와 흥미 등과 관련 있는 동기 유발도 잘 일어나야 한다. ADHD 학생들의 학업에 대한 문제는 이런 내재적 문제들 중 하나 혹은 그 이상에 결함 때문에 나타난다.

이와 같이 학습에 문제가 되는 내재적 원인으로 기억, 청각적 인지, 시각적 인지, 주의, 실행 기능, 동기 유발 등을 들 수 있다. 이런 내재적 원인에 대하여 좀 더 상세히 알아보기로 한다.

1) 기억

학습은 기억 능력과의 밀접한 관계 아래 이루어진다. 기억이란 특정 사건을 유지하는 시간의 길이에 따라 감각기억, 단기기억, 장기기억으로 구분된다. 기억의 3유형에 대한 설명은 〈표 Ⅱ-2〉에 제시해 둔다.

기억의 3유형 중 학습과 좀 더 긴밀하게 관계되어 있는 기억은 단기기억과 장기기억이다. 단기기억과 동일한 개념으로 작업기억이라는 용어를 사용하기도 하는데, 작업기억은 단기기억에 포함되기는 하나 단기기억에서 장기기억으로 전이되는 과정을 처리하는 중요한 기억이다. 즉 작업 기억은 수용된 정보를 일정 시간 동안 저장했다가 장기기억 저장소로 이동시키는 역할을 한다.

장기기억은 수많은 지식과 다양한 경험과 같은 정보를 범주화하고 체계적으로 정리하여 기억한다. 이렇게 저장된 정보는 유사한 문제나, 새로운 문제를 해결할 때 인출하여 활용한다. 장기기억에 저장된 어떤 정보는 평생 기억되는 것과 같이 저장시간은 매우 길다.

표 II-2 기억의 3 유형

기억의 유형	특징
감각기억	• 1초 이내로 잠시 머물렀다가 사라지는 순간 기억 • 감각기관을 통해 들어오는 모든 환경의 정보를 수용하고 일시 저장 • 주의를 기울인 정보만이 단기기억으로 전이 • 망각은 소멸로 일어남
단기기억	• 쉽게 접속 가능하나 20~30초 내에 저장되었다가 망각되는 기억 • 수용 정보의 양은 제한적으로 7±2 정도 기억 • 정보를 반복하여 되뇌이는 것으로 정보의 소멸을 막을 수 있음 • 시각적 정교화에 의해 장기 저장소로 전이 • 망각은 새로운 정보의 대치로 일어남
장기기억	• 오랫동안 저장되는 기억 • 저장소 크기 무제한 • 필요할 때 인출하여 사용되고 혹은 단기 저장소로 되돌아 나와 단기 저장소에서 조작하여 사용 가능 • 망각은 간섭이나 소멸로 일어남

특히 작업기억은 학습하는 데 매우 중요한 역할을 담당한다. Baddeley(2000)는 작업기억을 다음과 같이 정의한다. 작업기억은 복잡한 과제에 반드시 필요한 정보들을 제한된 시간 동안 저장하고 처리하는 저장소이다. 다시 설명하자면 작업기억은 정보를 일시적으로 기억하면서 동시에 처리함으로써 학습이 일어나게 하는 중요한 역할을 담당하는 기억이다(上野 一彦, 化熊 曉, 2006). 작업기억을 활용하여 학습을 진행시키려 할 때 작업기억에서 받아들일 수 있는 정보의 양이 제한적이라 정보의 양을 조절해야 하고, 작업기억의 유지 시간은 일시적이라 기억에서 사라지지 않도록 반복이나 다른 정보가 수용되어 기억시키고자 하는 정보의 기억이 방해받지 않도록 조심해야 한다(Reid & Johnson, 2012). 따라서 많은 정보를 기억하는 것을 어려워하는 아동에게는 기억하려는 정보의 양을 조절하고 충분히 반복할 수 있는 시간을 제공해야 한다.

ADHD를 보이는 아동은 과제를 수행하는 데 결정적인 정보를 기억하지 못하는 경우가 많다. 이런 문제는 부주의 때문이라고 판단하기 쉬운데, 사실은 작업기억에 문제가 있을 경우가 더 많다. 예를 들어, ADHD 아동들은 책을 읽으면서 앞부분의 내용을 잊어버린다든지, 교사가 2개 이상의 지시를 내리면 시간적으로 먼저 지시한 내용을 잊어버리고 교사에게 다시 질문을 하며, 칠판에 판서된 한 문장을 자신의 공책에 옮겨 쓰는 것을 어려워하기도 한다(Barkley, 2006; Gathercole et al., 2006).

장기기억에서 가장 대표적인 문제는 필요할 때 저장소에 있는 적절한 정보를 인출하기 어려워하는 것이다. 작업기억을 통해 장기기억에 정보가 저장되면 필요한 상황에서 적절한 정보를 인출하여 활용한다. 그러나 학습에 문제를 보이는 아동들은 적절한 정보를 인출하는 데 많은 어려움을 호소한다. 이때 인출에 도움이 되는 단서를 찾아내어 적용하는 전략을 가르치는 것은 학습자에게 매우 중요한 과정이다.

이와 같이 기억 능력에 문제가 있다는 것은 학습 과정에서 정보처리 능력이 어렵다는 것을 의미한다. 따라서, 학습을 통해 획득되어야 하는 정보를 처리하는 속도나 양의 조절은 ADHD를 가진 학습자에게 매우 중요하다. 즉, ADHD를 보이는 학습자에게는 어떤 기억의 문제가 있는지 잘 파악하여 정보의 처리 속도나 정보의 양을 조절하거나 인출을 위한 단서를 찾는 방법에 대한 지원을 제공해야 한다.

2) 청각적 인지

청각적 인지는 청각적인 자극을 처리하는 능력, 즉 청각적 정보를 상황에 따라 변별하여 분석하고, 해석하여 이해하는 것으로, 청각적 인지의 곤란은 학습하기 어렵게 만드는 원인으로 작용한다. 청각적 정보 처리는 주로 듣고 이해하기와 관련이 되어 있는데, 구체적으로는 음운인지, 청각적 기억, 들은 내용을 이해하기 등이 포함된다.

구어 능력에 중요한 음운인지는 청각적 인지로 음소, 즉 언어의 소리를 처리한다. 구어를 구성하는 가장 작은 단위인 음소는 언어의 추상적인 단위로서 언어의 이해와 사용을 학습하는 것보다는 훨씬 더 어렵다. 말하여진 단어 내 소리를 인지하지 못하면 알파벳(철자)의 체계를 확립하는 데 문제가 발생한다. 이런 능력은 청각적 인지에서 변별하는 능력이다.

청각적 기억은 음향처리와 연관되어 있는데 다양한 음향적 신호가 기억처리 과정에서 신속히 통합되면서 실행되는 것이다. 즉 청각기관을 통해 들어온 음향적 자극이 중추신경계에서 분석과 변별의 과정을 거쳐 기억되는 것이다. 이때 활용되는 것이 청각적 기억으로 이 부분의 문제는 음향처리의 곤란을 가져올 수 있는 원인이 된다.

들은 내용을 이해하는 것도 청각적 인지의 한 부분이고, 실질적으로 궁극적인 구어의 목표이다. 들은 내용을 이해한다는 것은 듣는 내용의 의미를 파악했다는 것으로 청각적 인지를 통해 적절한 의미를 선택할 수 있어야 하고, 내용의 의미에 따라 관계를 파악하고 생각을 조직해야 한다. 이때 필요한 것들은 들은 내용을 평가하고 수용하며, 때로는 판단에 의한 거절도 할 수 있어야 한다. 이런 능력은 내재화를 통해 표현된 사고를 이해할 수 있어야 가능하다.

이와 같이 청각적 인지에 문제가 있다면 학습의 진행이 순조롭지 못할 것이라는 예측을 할 수 있다. 따라서 청각적 인지에 있어서 변별 문제, 기억 문제, 인출 문제 등과 같이 세부적인 하위 능력을 잘 검토하여, 문제가 어떤 영역에서 발생하는지 정확하게 파악하고 그에 적절한 대책이 마련되어야 할 것이다. ADHD를 가진 학습자의 경우에는 부주의로 인한 변별적 오류, 잘못된 단서의 인출로 인한 오류가 나타나기도 하고, 주의집중의 결함으로 인하여 청각적 기억의 문제가 발생하기도 한다.

3) 시각적 인지

학교에서 교과 학습을 진행하는 데 매우 중요한 역할을 담당하는 것은 읽기와 쓰기라고 할 수 있다. 읽기와 쓰기는 시각적 인지가 필요한 언어로서 매우 복잡하고 정교하다. 또한 읽기와 쓰기는 자연적인 발달 과정이 아니기 때문에 학습을 위한 세심한 배려가 필요하다. 읽기와 쓰기는 글자와 음소 간의 관계를 파악하여 변별하고 해독한다. 특히 쓰기는 읽기보다 훨씬 어렵고 정교하며 복잡하기 때문에 쓰기에 문제가 발생하면 비교적 매우 오랫동안 지속된다.

읽기에는 보기단어, 단어인지, 유창성, 독해가 포함된다. 보기 단어는 분석 없이 즉각적으로 단어를 인지하는 것이고, 단어인지는 문맥 단서나 단어 단위의 구조적 분석을 통하여 인지가 일어나는 것이고, 유창성은 막힘없이 소리 내어 잘 읽어내려 가는 것이고, 독해는 읽은 내용을 이해하는 것이다.

쓰기에는 문어적 표현, 철자법, 습자가 포함된다. 문어적 표현은 의사소통의 의미를 가지고 있어 자신이 알고 있는 내용을 논리적으로 연결하여 작문하는 것이다. 작문에는 많은 수의 단어와 아이디어가 풍부해야 한다. 철자는 음운인지와 함께 형태 처리가 필요하여 청각적 인지와 시각적 인지가 함께 처리되어야 한다. 습자는 눈의 시각적 기능, 즉 눈의 움직임과 손 운동의 협응이 반드시 필요하다.

이와 같이 읽기와 쓰기에는 시각적 인지처리가 꼭 필요한 부분으로 시각적 인지 처리에 문제가 있으면 읽기와 쓰기에 문제가 발생한다. 시각적 인지 처리에 문제가 있는 아동들에게는 시각적 단서를 제공한다든지 기억 인출법과 같은 특별한 교수 전략으로 도움을 제공해야 한다. 특히 ADHD의 경우 부주의로 인하여 시각적 정교화에 문제를 보이며, 철자법이나 음운처리에 오류를 보이는 경우가 많기 때문에 주의 깊게 살펴봐야 할 것이다. 이런 오류가 자주 발생하게 되면 읽기와 쓰기에 관련된 과제를 완성하지 못하고 실패하는 경우가 많아질 것이다.

4) 주의

주의의 문제는 앞에서 다양한 측면으로 설명되었기 때문에 여기서는 간략하게 기술하기로 한다. 주의는 학습에 매우 큰 영향을 미친다는 것을 이미 앞선 설명을 통하여 잘 알 수 있었을 것이다.

이미 설명된 내용을 요약해 보면, 주의는 정보의 대상에 따라 선택적 주의집중이 일어나, 그 대상에 주의집중을 유지할 때 능동적 주의집중이 발휘되면서 학습이 일어나는 것이다. 따라서, 주의는 학습하게 하는 출발점이 되고, 주의가 유지되는 것은 학습을 완성시키는 데 매우 중요한 역할을 담당하게 되는 것이다.

선택적 주의집중이나 주의집중의 유지는 학습하는 데 중요한 요인으로 이런 문제는 주로 내재적 원인으로 발생되는 경우가 많다. 물론 외부적 환경 요인도 종종 주의의 문제를 일으키는 요인이 되므로 학습 환경의 재구조화에 주의를 기울여야 한다. 특히 ADHD의 주요 증상 중 하나인 부주의는 그 원인이 무엇인지 세심하게 살펴야 할 것이다.

5) 실행 기능

실행 기능은 제시된 문제를 해결하는 데 과정적 접근이 활용되는 인지 능력이다. 즉, 문제해결에 가장 적절한 전략을 어떻게, 언제, 어디서 적용할 것인지를 알고 적용하는 기능으로서의 인지조절과 동일한 개념이라 말할 수 있다(국립특수교육원, 2009).

인간은 자신의 행동과 언어로 특정 목표를 점검하고 조절한다. 이런 자기 점검과 자기 조절은 실행 기능의 중요한 전략이다. 특히 자기 조절은 자신의 행동을 통제하면서 시작되는 것인데, 이런 경우 스트레스나 고정관념은 자기 조절을 방해하는 주요 요인으로 작용한다.

실행 기능에서 중요한 역할을 담당하는 자기 조절은 실질적으로 학업적 수행에 영향을 미치는 요소이다. 자기 조절은 학습자가 행동적이든, 심리적이든 자신에게 관계된 모든 것을 스스로를 통제하고 조절하여 초인지나 행동을 사용하고 동기를 유발시켜 능동적 참여를 이끌어 내는 것이다. 실행 기능의 실패는 곧 자기 조절의 실패로 학습에 관여된 모든 과제를 완성하기 어렵게 만든다. 따라서, ADHD 아동들에게 나타나는 실행 기능의 문제는 학업적 실패를 이끌어 낼 수 있는 원인이 된다. 이와 같이 실행 기능은 학업에서 매우 중요한 역할을 담당하는데, 실행 기능을 향상시키기 위한 자기 관리 단계와 효과적으로 목표를 설정할 수 있는 교수 절차가 〈표 Ⅱ-3〉에 제시되어 있다.

표 II-3 자기 관리 단계 및 목표 설정 교수 절차

자기 관리 단계	내용
1단계: 확인	학생 자신이 주시해야 하고 관리해야 하는 행동을 발견하여 확인한다.
2단계: 목표 진술	학생 자신이 수행해야 하는 목표를 명확하게 진술한다.
3단계: 실행 계획	학생 자신이 문제 행동을 개선한 바른 행동에 대하여 정의 내리고, 목표행동에 대한 관리 방법과 강화 방법이 포함된 계획서를 작성하여 활용한다.
4단계: 평가 계획	실행 계획에 따른 평가 방법을 계획한다. 예를 들면, 목표 행동의 목록을 무작위로 선택하여 체크하는 목록을 만든다.
5단계: 실행	실행 계획에 따라 행동하여 관리하면서 평가한다.
6단계: 결과 보상	실행 후 평가에 따른 결정된 보상을 제공한다.
목표 설정 교수 절차	**내용**
1단계: 예시 보이기	교사는 하루 일과 중 반나절 동안의 목표 행동을 작성한 예시를 학생들에게 보여 준다.
2단계: 학생 작성 지원	교사는 학생이 반나절 동안의 목표 행동을 작성하는 것을 도와준다.
4단계: 평가 지원	계획된 목표 행동의 마지막 시간에 목표 행동의 달성 정도를 평가하도록 도와준다.
5단계: 독립 수행	학생이 목표 행동을 계획하는 데 익숙해지면 하루의 목표 행동을 세워 관리해 보도록 독려한다.
6단계: 감독	학생들이 한 주 동안의 목표 행동을 작성하고, 달성 정도를 감독한다.

출처: Little, M.(2000). Reframing challenging behaviors by meeting basic needs. *Reaching Today's Youth: The Community Circle of Caring Journal, 4(2)*. pp.21-26.

실행기능은 대뇌 전전두피질의 발달과 관련되어 있다. 전전두피질의 기능은 사춘기를 지나면서 완성되기 때문에 흔히 사춘기에 자기 자신을 통제하지 못하는 이유를 전전두피질의 미성숙 때문이라 말하곤 한다. 전전두피질에서 관여하는 실행기능은 자신의 일을 관리하고 계획하고 다양한 대안을 선택하고 합리적인 의사결정을 내리는 것이다.

ADHD를 보이는 아동들의 실행 기능의 문제는 다음과 같다. 첫째, 주어진 과제를 해결하기 위한 계획과 적절한 전략을 찾아내어 적용하는 것이 어렵다. 둘째, 제시된 과제의 목표를 정확히 알지 못하거나 기억하지 못한다. 셋째, 반복되는 과제나 복잡하고 지겨운 과제에 노력을 유지하지 못한다. 이와 같은 ADHD 아동들에게서 보이는 실행기능의 문제는 다양한 영역의 학업적 수행에 어려움을 가져오게 한다(Barkley, 2006; Jacobson & Reid, 2010). 따라서, 이런 아동을 위하여 적절하게 마련된 교수적 수정은 학업적 문제를 줄여 줄 수 있는 것이다. 교수적 수정에는 ADHD 아동들의 문제에 적절한 교수 전략을 모색하여 마련하기, 과제 목표 알려주기, 복잡한 과제를 단순하게 구성해 주기, 반복되는 과제에 다양성을 제공하기 등이 있다.

6) 동기 유발

동기는 심리학적으로 설명한다면 행동의 원인이 내부로부터 활성화시키기 위해 작용되는 내적인 힘이다. 학습에서 동기가 유발되면 각각의 행동이 가지는 에너지가 학습 목표에 적합하게 맞춰지며 학습목표에 맞는 행동으로 출발하고 그 행동을 유지시킨다. 동기는 학습목표와 개인의 목표를 연계하여 목표 행동의 강도와 방향을 결정하는 중요한 요인이다. 동기는 개인의 살아온 역사와 배경, 개인의 사고방식, 그리고 개인을 둘러싸고 있는 사회 분위기에 따라 달라진다(박찬석, 1999).

학습에서 동기는 외부적 자극에서 비롯된 외재적 동기와 개개인의 마음에서 일어나는 내재적 동기로 구분된다. 외재적 동기는 학습과정과 학습결과에서 주어지는 보상과 같은 것이고 내재적 동기는 학습을 하는 것 자체를 즐기는 것으로, 학습에 관한 동기유발이 처음에는 외재적 동기에 의해 유발되더라도 나중에는 내재적 동기로 이동되어 유발되어야 한다.

ADHD를 가진 학습자들은 ADHD의 증상으로 인하여 학습에서의 실패 경험이 많다. 이는 자존감을 저하시키는 원인이 된다. 또한 시험 결과와 같이 어떤 결과에 잘못된 귀인을 사용하는 경우도 많다. 이런 요인들은 동기를 저하시키는 직접적인 원인으로 작용된다. 따라서 ADHD를 가진 학습자에게는 학습에 있어서 성공적인 경험으로 자존감을 향상시키고, 결과에 따른 올바른 귀인을 적용하여 동기 유발이 일어나도록 지원해야 한다.

2. 외현적 원인

학습의 어려움은 내재적 원인으로만 시작되는 것이 아니라 외현적 요소들이 원인으로 작용되기도 한다. 외현적 원인이란 학습에 문제를 보이는 개개인의 내적 문제보다는 개개인을 둘러싸고 있는 환경에서부터 오는 요소들이 원인으로 작용하는 것을 의미한다. 예를 들어, 가정환경, 양육 방법, 교육 방법 등이 외현적 요인에 포함된다.

특히 ADHD 아동들에게 학습적 문제를 일으키는 중요한 외현적 원인은 교사들이 학습자에게 실시하는 교육 방법이라고 할 수 있다. 이는, 역으로 생각해 보면 교사들의 교육 방법이 수정된다면 학업적 문제는 해결되기 쉽다는 의미이다.

ADHD를 가진 학습자에게 교육을 시키려면 학습 목표에 계획되어 있는 학습 내용의 진행 속도와 양을 조절하고, 다양한 매체를 선택하여 지원하는 것이 좋다. 또한 학습목표를 달성시켜 학습된 내용을 학습자의 것으로 만들기 위해서는 다면적 측면에서 세심한 배려가 이루어져야 한다. 특히 ADHD를 보이는 아동들은 서로 다른 개별적 특징이 많기 때문에 이런 특징을 잘 파악하여 학습을 진행하기 위한 계획에 전반적인 고려가 우선 되어야 할 것이다.

특수교육에서는 이런 이질적 특성을 보이는 아동들에게는 개별화 교육을 계획하고 적용하여 학습자의 욕구를 충족시키는 것을 기본으로 하고 있다. 개별화 교육 계획에는 학습자의 인적 사항과 함께 대상 아동의 현재 학습 수행 수준, 장·단기 교육 목표, 교육의 시작 및 종료 시기, 교수의 방법 및 평가 계획, 개별화 교육 계획 운영위원회가 정하는 사항 등을 포함하도록 규정하고 있다. 이런 구성 요소는 외현적 원인으로 인하여 발생될 학업적 문제를 감소시킬 것이다. 개별화 교육 계획에 대한 내용은 PART VI, 'ADHD의 교육'에서 기술된다.

Chapter 3

사회적 특징

사회적이란 사회적 기술을 잘 활용하여 상호작용을 함으로써 일상생활의 적응은 물론 원활한 대인관계를 형성하여 사회성 발달이 순조롭게 이루어지는 것을 의미한다. 인간은 사회의 한 구성원으로 성장하면서 공동체의 언어나 사고방식은 물론 역사를 공유하고 습관과 규범을 익힌다. 독일의 철학자인 Feuerbach가 "인간은 늘 서로 연결하는 공동체 안에 있다."라고 말한 것처럼, 인간은 공동체 구성을 중요하게 생각하고 그 안에서 관계를 형성하는 것이 매우 중요하다고 여긴다. 그래서 인간은 사회적 존재라는 진리가 만들어진 것은 아닐까라고 생각한다. 그렇다면 역으로 사회적 존재로서 살아가지 못하면 어떤 문제가 발생되는 것일까라는 의문도 발생한다.

이런 이유로 인간의 발달 영역 중 사회성 발달은 중요한 발달 영역이다. 사회성 발달은 개인이 사회에 적응하는 능력을 발달시키는 것이다. 사회성 발달에는 사회인지, 사회적 기술, 사회적 상호작용이 매우 중요한 요소이고, 그 밖에도 성격, 가치관, 태도, 동기도 영향을 미치는 요인이다. 이런 요인 중에 사회적 기술과 사회적 상호작용의 문제는 ADHD의 사회적 특징을 이해하려 할 때 중요한 측면이다.

사회적 기술은 다른 사람과 사회적 관계를 형성하고 유지하기 위해 요구되는 기술이고, 사회적 상호작용은 둘 이상의 사람이 행동과 언어를 통한 의사소통으로 서로 이해하거나 반응을 주고받는 것이다. 사회적 기술의 문제는 사회적 상호작용에도 영향을 미쳐 원활한 상호작용을 방해한다.

ADHD의 일반적 징후들은 사회성 발달을 방해하는 직접적인 요인으로 작용한다. 사회성 발달은 일상생활은 물론 학교생활에서의 대인관계 형성과 환경에 적응하는 데 매우 중요한 역할을 담당한다. 즉, 부주의와 과잉행동, 충동성과 같은 행동적 문제가 의사소통을 가로막으며 부적응적 행동으로 발전하여 대인관계 형성을 어렵게 만드는 원인으로 작용하는 것이다.

따라서 사회성 발달을 저해할 수 있는 원인을 다음과 같은 측면으로 관계 지어 살펴보기로 한다. 첫째, ADHD의 일반적 징후와 사회성 발달은 어떤 관계가 있는가에 대하여 알아본다. 둘째, ADHD 아동들의 언어 사용 및 사회 인지는 사회적 발달과 어떤 관계에 놓여 있는지에 대하여 알아본다. 셋째, ADHD 아동들의 다양한 경험의 부족이 사회성 발달에 어떤 영향을 미치는지에 대하여 알아본다.

1. ADHD의 일반적 징후와 사회성 발달과의 관계

ADHD 아동들이 부주의, 과잉행동, 충동성이라는 주증상 때문에 나타나는 다양한 행동적 특징은 사회성 발달에 매우 부정적인 영향을 미친다. 예를 들어 주의집중의 유지 능력이 부족한 아동들은 교사의 지시를 듣지 못해 집단행동에 참여하지 못하는 경우가 많거나, 과잉행동을 보이는 아동들은 다른 친구들의 ADHD 아동들의 행동을 이해하지 못하여 사회적 상호작용이 차단되기도 한다. 또한 ADHD 아동들의 충동성은 집단 활동이나 순서를 기다리는 활동에서 쉽게 이탈시켜 다른 친구들의 오해를 일으키기 쉬운 행동이 된다. 이런 행동은 ADHD 아동과 친구들 간의 갈등의 원인이 되고, 그 정도가 심할 경우에는 파국적인 행동으로 상대방을 곤란하게 만들기도 한다.

ADHD 아동들에게서 보이는 사회성의 문제는 주의집중 능력이 요구되는 행동에서의 문제와 단순 사회성의 문제로 구별된다. 그러나 실질적으로 이 두 가지 문제를 엄밀히 분류할 수 없는 경우도 많다. 그 이유는 ADHD 아동들에게서 보이는 사회적 능력의 부족은 행동을 통제하는 능력의 미숙으로 일어나는 경우가 많기 때문이다. 그럼에도 불구하고 이 두 가지 문제를 구별해야 하는 이유는 좀 더 적합한 교육적 대책을 마련하여 지원되어야 하기 때문이다. 만약에 이런 구분에 오류가 발생한다면 교육적 대책에서 발생하는 미묘한 차이로 ADHD 아동들의 행동적 문제가 개선되지 않을 위험에 처할 것이다. 따라서 ADHD 아동들의 일시적인 사회적 부적응이나 문제행동이 단지 행동적 측면인지 사회성 때문에 발생한 문제인지 구분하여 파악해 두는 것은 교육적 접근에 있어 매우 중요하다 할 것이다.

ADHD 아동들에게 나타나는 주증상은 사회적 기술을 습득하여 원활한 사회적 상호작용을 이끌어내는 데도 부정적인 영향을 미친다. 사회적 상호작용에 필요한 사회적 기술인 도덕성 발달의 결함과 타인과의 공감 능력의 부족은 적절한 사회적 행동을 실행하기 어렵게 만들고, 이는 또래 관계를 형성하는데 만족스러운 결과를 가져올 수 없게 한다. 구체적인 예를 들면, 또래들끼리의 놀이나 게임 활동에서 ADHD 아동은 시비를 걸거나 방해를 하고, 혹은 친구를 때리고 욕하는 행동들로 활동에 참여하지 못하는 경우가 많다. 이런 경우 ADHD 아동은 친구들 사이에서 따돌림의 대상이 되어 낮은 자존감과 열등감을 가지게 되는 것은 물론 학습동기도 낮아질 수 있다.

이정림과 강경숙(2012)은 또래나 대인과의 사회적 관계 형성에 있어서 ADHD의 증상이 미치는 영향에 관한 다양한 연구 결과를 제시하였는데 그 내용은 다음과 같다. 우선 Milich와 Landau(1982)의 연구를 인용하여 또래와의 관계를 3가지 내용으로 설명한다. 첫째, 또래와 잘 어울리지 못하고 거절당하는 이유는 ADHD 아동이 또래의 활동에서 신경질적이고, 타인을 비하하는 표현을 많이 하며, 파괴적인 행동을 하기 때문이다. 둘째, ADHD 아동들의 과잉행동 그 자체로, 혹은 ADHD의 행동은 또래에 의해 모방되어 또래로부터 부정적 반응을 이끌어 낸다. 셋째, 과잉행동이 많은 ADHD 아동들은 사회적 상호작용에 잘 참여하지 못하며, 그 결과 또래에 의해 무시당하고, 또래와의 상호작용을 원활하게 하지 못한다. 넷째, ADHD 아동들에게서 나타나는 억제와 조절의 결함은 또래에게는 혐오스럽게 인지되는 부적절한 행동이다. 다음으로 Dumas(1998)의 연구를 인용하여 ADHD 아동들의 또래 관계 형성에 있어서 문제를 일으키는 주요 원인은 파괴적이고 공격적인 행동, 의사소통의 문제, 사회적 정보처리과정의 결함 때문이라고 기술한다. 마지막으로 Stormont(2001)의 연구를 인용하여 ADHD를 가진 아동들이 사회적으로 거절되는 요인을 제시하였다. 그에 의해 제시된 요인은 파괴적 행동, 지나친 수다, 바보스러움, 그리고 무모함과 같은 부정적 사회 행동, 사회적 지식과 표현의 부족, 또래와 교사와의 상호작용에 있어서 나타나는 문제를 들고 있다.

또래 관계를 통해 아동은 친구를 형성하고 우정이라는 감정을 알게 된다. 이를 위해 활용되는 사회성 기술은 매우 중요한 역할을 담당한다. 대부분의 아동은 놀이에서 사회성 기술이 발달되는데, ADHD를 가진 아동은 부주의, 과잉행동, 충동성이라는 주증상 때문에 사회적 상호작용의 기회를 잃어버린다. 이는 사회성 결함이라는 결과로 이어지면서 악순환하게 된다. 대부분의 ADHD 아동의 부모는 또래와 놀이를 함께할 때 보이는 많은 문제들이 다른 상황에서도 보인다고 호소한다. 이와 같이 ADHD 아동들의 사회적 특징은 또 다른 문제를 야기시키는 중요한 요인으로 작용할 가능성이 많다고 할 수 있다.

2. ADHD 아동의 언어 사용 및 사회 인지와 사회적 발달과의 관계

일반적으로 인간은 주어진 환경과 대상을 정확히 인지하고 적절한 언어를 사용하는 과정을 통해 사회적 능력이 발달된다. 이런 과정에서 언어의 문제가 있거나 사회적 상황을 인지하는 능력에 결함이 있다면 사회적 능력이 잘 발달되지 않을 것이다. ADHD 아동들은 언어장애로 인하여 사회적 발달이 방해되기보다는 잘못된 언어 사용으로 인하여 집단 안에서 긍정적 사회적 관계를 형성하지 못하는 경우가 더 많다. 또한 주어진 상황이나 상대방의 의도를 해석하고 이해하는 데 오류가 많아 부정적인 방향으로 상황을 이끌어가기도 한다. 이와 같이 언어의 사용과 사회 인지의 문제가 ADHD 아동들의 사회성 발달에 어떤 영향을 미치는지 살펴보는 것은 실시될 지원의 영역을 결정할 때 중요한 요소가 된다.

언어 사용의 문제는 취학 연령이 되어 학교생활을 시작하려는 아동에게 또래 관계는 물론 교사와의 관계를 형성하는 데 매우 중요한 요소가 된다. ADHD의 일반적 특징으로 인하여 특정 상황에서 잘못된 언어의 사용과 상대방의 언어적 표현에 대한 해석의 오류가 발생하여 사회적 상호작용이 결여되고, 이런 과정의 반복은 사회적 발달을 저해하는 원인이 된다.

학령기에 있는 아동의 언어는 매우 비약적으로 발달하는데, 취미에 관한 정보를 교환하거나 함께 놀기 위한 약속이나 규칙을 제시하는 등 상호작용을 위하여 언어적 의사소통을 사용한다. 대부분의 경우 대인관계의 형성과 유지에 정말 중요한 역할은 언어가 담당한다. 언어적 의사소통을 통한 상호작용은 대인관계를 형성하게 하는 시작점이 되는데, ADHD 아동은 부적절한 언어 선택이나 언어보다는 과잉적 행동과 공격성을 동반한 충동적 행동이 먼저 나오는 특징으로 인한 부적응적 행동은 또래 관계의 형성에 곤란은 물론 사회성 발달의 문제를 야기하는 원인이 되기도 한다. 이는 ADHD 아동이 친구를 잘 만들지 못하고 사회성의 문제로 이어지는 주요 원인이 된다(上野 一彦, 花態 曉,

2006).

언어 사용의 문제와 더불어 사회적 상황을 잘 파악하고 이해하는 사회인지의 문제 또한 사회성 발달을 방해하는 원인이 된다. 사회인지란 타인의 감정, 생각, 의도와 같은 타인과의 상호작용 행동과 상황을 이해하는 데 활용되는 인지이다. 즉 사회 인지는 타인의 사고와 감정을 예측하여 대인관계를 형성시키는 역할을 담당하고, 자신과 상대방을 비교하여 상대를 이해하면서 상대를 수용하는 능력에 관련되어 있다(국립특수교육원, 2009).

ADHD 아동들의 경우 과잉행동과 충동성은 상대방에게 오해를 불러일으키는 요인을 작용하는 것은 물론 자신과 상대방의 비교를 잘못하여 관계 형성에 문제가 되곤 한다. 이는 사회인지의 결함으로 인한 것으로 상대방의 행동에 대한 의도를 예측하고 언어에 포함된 내용을 파악할 수 있게 하는 교육적 지원이 요구된다.

일찍이 심리학자인 Bandura는 인지적 측면을 중요하게 여기는 사회학습이론을 전개한다. 그의 사회학습이론은 인간의 사회성이 발달하려면 주어진 환경, 개인이라는 변인과 행동이라는 3가지 측면의 상호 작용에 의한 학습으로 이루어진다고 설명한다(변영계, 2006). 따라서 인간의 사회적 행동은 상대방의 행동이나 주어진 상황을 관찰하고 모방함으로써 발달한다. 이런 이유로 사회성의 발달은 겉으로 드러나는 외현적인 행동은 물론 인지과정도 매우 중요한 역할을 담당하는 것이다. 사회성과 관련된 인지를 사회인지라고 하는데, 사회인지에 결함이 있다면 사회성 발달에 문제를 일으키는 주요 원인이 된다.

ADHD의 사회인지의 문제는 신경생리학적으로 공감 능력, 욕구 조절 능력, 집중력 유지, 계획을 세우고 통제 능력과 같은 실행기능에 포함되는 능력들에서 발생되는 것으로, 이런 능력은 전두엽 발달 정도와 관련 있다(손찬원, 2010). 전두엽 발달의 미성숙은 주어진 상황에 맞지 않는 행동을 하고, 사회성 결여의 주요 원인이 된다. 예를 들어 ADHD를 보이는 아동은 우연히 만난 친구가 반갑다고 자신의 등을 가볍게 툭툭 쳤는데 자기를 때렸다고 오해를 한다거나, 친구가 싸움을 말리려는 상황에서 자기편을 들어주지 않았다고 판단하는 등 눈치나 상황파악을 잘못하는 경우이다.

3. ADHD 아동의 다양한 경험의 부족과 사회성 발달과의 관계

행동의 문제는 사회성의 문제로 생각하기 쉬워 교육적 대책이 현실화되는 경우가 많다. 그러나 집단적 환경 안에서 가만히 앉아 있지 못하는 행동과 같은 ADHD의 특징은 사회적 경험의 부족이나 결여 때문에 발생할 수도 있다. 인간은 직접적으로 다양한 경험을 통해 여러 측면의 발달이 이루어진다. 사회성 발달은 다른 어떤 영역의 발달보다 많은 양과 다양한 경험이 요구된다. ADHD 아동들은 그가 가진 행동적 특성 때문에 자의든 타의든 경험적 제한을 받게 된다. 이런 제한은 사회성 발달을 저해하는 원인으로 작용할 수 있다는 것이다.

실질적으로 ADHD의 행동적 특징으로 인하여 ADHD 아동들은 건강한 아동에 비해 사회적인 환경에 참여하는 기회가 매우 적고, 사회적 환경에 참여하였다고 하더라도 이탈이 자주 일어나 그 환경에서 벗어나는 경우가 많다. 이것만으로도 ADHD 아동들은 사회성 발달의 기회를 놓치는 것이다. 이런 상태가 장기화되어 계속되면 사회적 기술이 결여되고 사회성 발달의 문제로 이어지게 된다.

또한 ADHD의 주증상은 행동으로 나타나기 때문에 교사의 반응이 중요하다. 교사의 반응이 어떻게 일어나느냐에 따라 ADHD 아동들은 반항, 공격 등의 반사회적 행동이 증가되기도 하고 감소되기도 할 것이다. 반항적 행동과 같은 부정적 행동은 사회성 발달을 방해하는 직접적인 원인으로, 교사는 ADHD 아동들의 행동에 적절한 반응으로 ADHD의 주증상으로 인하여 이차적인 문제가 발생하지 않도록 주의를 기울여야 할 것이다.

이와 같이 ADHD 아동들에게서 보여지는 행동적 특징 때문에 다양한 경험을 할 수 있는 기회를 제한하는 것보다는 ADHD 아동들에게 적절한 환경을 재구조화하여 경험의 기회를 제공하거나, 사회적 관계에 방해가 되는 행동을 개선하려는 노력을 기울여야 한다. 이런 노력은 교사는 물론 부모도 실천해야 할 사항이다.

ADHD 아동들을 위한 환경의 재구조화는 ADHD의 행동적 특징이 출현되기 쉬운 환경적 구성을 제거하거나 또래 친구들이 ADHD 아동들의 행동을 이해하고 대처할 수 있도록 설명하여 안내를 하는 것과 같은 활동이 포함된다. 그 중에서도 가장 중요한 것은 ADHD 아동 당사자에게 제시된 상황에 적절한 행동과 상대방의 의도를 예측할 수 있는 교육적 지원이 필요하다. 그리고 무엇보다도 ADHD 아동이 경험하는 환경에서는 실패보다 성공의 기회가 많이 제공될 수 있도록 주의를 기울이고, 적절한 행동에 대한 보상을 즉시 주어야 할 것이다.

Chapter 4

생애 주기별 특징

인간은 생애 주기에 따라 다양한 측면의 변화가 일어난다. 이런 변화에는 각각 그 특성에 따라 발달하는 단계가 나타나기도 한다. 인간의 다양한 측면은 독립적으로 변화하기보다는 서로 상호 보완적 관계로 영향을 주고받으면 변화를 일으킨다. ADHD 아동(사람)과 독특한 요구를 가진 아동(사람)은 이런 변화가 일반적인 단계를 거치면서 잘 진행되지 않는 경우가 많다. 그래서 많은 심리학자들은 인간의 일반적인 변화 과정을 연구하기 시작하였고, 그 결과 다양한 영역의 발달단계를 제시하고 있다. 대표적인 학자로는 Piaget, Freud, Erikson, Maslow 등이 있다. 그들의 연구 결과 의해 밝혀진 인간의 다양한 영역에 대한 발달 단계는 〈표 Ⅱ-4〉에 핵심적 용어를 사용하여 제시해 둔다.

표 II-4 인간의 다양한 영역의 발달 단계

심리학자	발달 단계							
Piaget: 인지발달 단계	감각운동기: 0~2세	전조작기: 2~4, 5세	구체적 조작기: 6, 7~11세	형식적 조작기: 12~22세	주요개념: 동화, 조절, 순응, 도식			
Freud의 성격발달 단계	구강기: 0~18개월	항문기: 18개월 ~3세	남근기: 3~5세	잠복기: 6~12, 13세	생식기: 12, 13 ~19세			
Erikson의 심리 사회적 발달단계	1단계: 0~1.5세, 신뢰감 대 불신감	2단계: 1.5~3세, 자부심 대 수치심	3단계: 3~6세, 주도성 대 죄책감	4단계: 6~12세, 근면성 대 열등감	5단계: 청소년기, 정체성 대 혼돈	6단계: 청년기, 친밀감 대 고립감	7단계: 장년기, 생산성 대 침체성	8단계: 노년기, 자아 통합 대 절망감
Maslow의 욕구단계	1단계: 생리적 욕구	2단계: 안전의 욕구	3단계: 소속감과 애정의 욕구	4단계: 존경의 욕구	5단계: 자아실현의 욕구			

〈표 II-4〉와 같이 인간의 다양한 측면의 발달은 전 생애에 걸쳐서 일어나는 일련의 체계적이고 연속적 변화과정으로 일어난다는 것을 알 수 있다. 이런 변화는 성숙(maturation)과 학습이라는 두 과정이 긴밀한 상호보완적 관계를 가지며 진행되어간다. ADHD 아동들도 보편적인 발달 단계를 거치지만 각 단계에서 독특한 요구로 인하여 문제 행동이 발생된다. 또한 ADHD 증상은 인간의 생애 주기에 따라 다른 행동 유형으로 나타난다. 따라서 생애 주기별로 ADHD의 특징을 이해하는 것은 ADHD에 대한 교육과 치료 및 다양한 지원을 모색하여 ADHD의 증상을 개선시키는 데 도움이 될 것이다.

1. 영유아기

영유아기는 신체적 발달, 운동적 발달, 뇌의 성숙과 더불어 언어발달이 시작되는 시기이다. ADHD를 보이는 영유아는 전반적인 발달이 지연될 수 있다. 따라서 이 시기에는 시간의 여유를 두고 기다리는 것보다는 발달시기가 늦어짐이 파악되면 발달을 촉진시킬 수 있는 활동을 적극적으로 시도하는 것이 좋다.

특히 영유아기의 언어는 아직 완벽하게 발달되지 않아 구어를 통한 의사소통의 전달이 원활하지 않음은 물론 자신의 생각을 정확하게 행동으로 옮기지 못한다. 이와 같은 불분명함이 ADHD의 증상을 정확하게 파악하기 어렵게 만드는 요인이 된다. 그래서 ADHD 아동의 부모는 아직 어려서 그럴 수 있다고 생각하며 좀 더 기다리는 시간을 가진다. 따라서 여기서는 조금이라도 ADHD의 증상을 예측 가능하도록 하는 미묘하게 차이가 보이는 행동적 유형의 몇 가지를 제시해 보도록 한다.

ADHD를 가진 영아는 몸이 아프지 않거나 기본적 욕구가 충족되었음에도 불구하고 이유 없는 칭얼거림이 많고, 길게 푹 수면을 취하지 못하고 수면 중 순간순간 자주 깨어 수면 시간이 짧아진다. 이런 증상을 보이는 영유아는 수면 중에도 자주 깨어 잠을 설치기 때문에 투정도 많아진다. 이와 같은 증상으로 ADHD로 진단된 아동의 부모 중 그들 자녀의 영유아기를 회상하며 "다루기 힘든 아이"였다고 말하곤 한다. 이런 행동의 유형이 나타나는 것은 ADHD의 일반적 징후 중에 과잉행동과 충동성에 의한 행동으로 예측된다(김동일, 2006).

유아기를 전기와 후기로 구분하여 그 특징을 살펴보자. 유아기 전기에 들어서면서 ADHD 아동이 걷기가 가능하여 이동이 자유로워지는데, 이때부터 집안 곳곳을 끊임없이 헤집고 다니기 때문에 다른 아동에 비해 활동량이 무척 많아지며, 배변훈련도 성공적으로 이루어지지 않는 경우가 많다. 유아기의 후기에 접어들면 ADHD 아동은 부모의 지시에 잘 따르지 않고, 형제자매와의 싸움이 빈번하게 나타나며, 변화된 규칙이나 상황에 잘 적응하지 못한다. 또한 ADHD

아동들은 특정 자극이나 과제에 주의를 집중하는 시간이 다른 아동에 비해 현저히 짧고, 순서를 지키는 놀이에서 자신의 순서를 기다리지 못하는 경향이 두드러지게 나타난다.

이 시기는 ADHD 아동들의 정서적 특징은 감정적으로 매우 민감하고, 어떤 욕구가 만족되지 않으면 자기 조절이 이루어지지 않아 매우 과격한 행동으로 감정을 드러내기도 한다. ADHD 아동들의 이런 감정적 표출은 주변 사람을 당혹스럽게 하고, 부모들은 자녀를 어떻게 다루어야 할지 몰라 힘들어하는 경우가 많다.

ADHD에 대한 진단은 영유아기에 내리는 것보다는 좀 더 세심히 관찰하여 ADHD의 의심이 가는 행동의 원인을 파악하고, 이를 해결하여 ADHD의 증상이 완화될 수 있도록 해야 한다. 좀 더 의사소통이 확실해지는 6세 이후에 ADHD의 증상을 확인하고 적절한 치료나 지원이 이루어지면 그 효과가 훨씬 클 것이다.

이와 같이 영유아기의 ADHD의 진단은 매우 신중하게 내려진다. 만약에 학령기 전, 즉 영유아기를 포함하여 아동기에 ADHD로 진단되었다면 우선은 아이의 발달 상태나 발달 속도, 부모의 양육 방법 등을 파악하여 그에 적절한 지원을 시행하는 것이 좋다. 예를 들어, 다양한 행동치료, 부모교육과 같은 프로그램을 적용하는 것이다. 이런 시도 후에도 ADHD 증상이 전혀 개선되지 않고 그 정도가 심해지면, 여러 측면의 검사와 아동의 상태에 대한 장단점을 고려하여 약물치료를 병행하기도 한다. 대부분의 나라에서는 만 6세 이상이라면 약물치료를 시작해도 좋다고 안내하고 있지만, 만 6세 이전에는 일단 할 수 있는 다른 다양한 지원을 실시하고 그 효과가 전혀 없었을 때 조심스럽게 약물치료에 접근하도록 주의를 주고 있다.

2. 아동기

아동기는 ADHD를 가진 아동도 유치원이나 학교에 입학하여 기초 학습에 앞선 준비나 기초 학습에 입문하는 시기이다. 이 시기의 가장 큰 특징은 환경적 변화인데 모든 생활의 중심이 가정에서 교육기관인 유치원이나 학교로 이동되는 것이다. 즉 환경의 변화와 더불어 미시적 사회관계에서 거시적 사회관계로 옮겨지면서 가족 및 친척에서 동일한 연령의 또래와 교사, 선후배로 대인관계의 범위가 확대된다. ADHD 아동들은 그들이 갖는 행동적 특징으로 인하여 변화된 환경에 잘 적응하지 못하기도 하지만, 그들의 행동이 구성원들에게 이해를 받지 못하여 어려움을 겪기도 한다.

아동기는 인지발달과 더불어 언어발달이 급속히 이루어지고 운동능력 또한 매우 다양하게 발달되는 시기이다. 따라서 자기 자신이 원하는 것을 스스로 결정하고 표현하며, 과제나 문제를 합리적, 그리고 논리적으로 해결하려고 노력한다. 이런 변화는 영유아기에 두뇌의 크기가 결정되고 연접 가지치기가 활발해지면서 아동기에는 모든 정보나 지식을 입력하여 처리할 정도로 두뇌가 발달되기 때문에 일어나는 것이다. 따라서 이 시기에 발생하는 두뇌의 문제는 다양한 발달영역의 문제로 이어질 수 있다. 아동기에 자주 나타나는 ADHD 행동에 대한 좀 더 많은 예는 〈표 Ⅱ-5〉에 제시해 둔다.

표 Ⅱ-5 아동기의 ADHD 행동적 특징

- 등교시간을 잘 지키지 못하여 지각하는 횟수가 많다.
- 교과서 및 준비물을 잊어버리는 경우가 많다.
- 수업시간에 잘 앉아 있지 않는다.
- 학교에서 정해진 규율을 지키지 않고 빈번하게 위반한다.
- 협동, 양보, 배려가 기본이 되는 단체생활에 적응하기 힘들어한다.
- 수업시간에 친구에게 장난을 자주 친다.
- 순서를 기다리지 못하고 끼어들기를 자주 한다.

- 선생님 질문이 끝나기도 전에 손들고 불쑥 대답한다.
- 수업시간에 갑자기 화장실에 간다.
- 수업시간에 갑자기 큰소리로 말한다.
- 과제를 주어진 시간에 완성하지 못한다.
- 구슬 꿰기, 가위질, 그림 그리기, 글쓰기 등의 소근육 운동 및 협응 운동에 어려움을 보인다.
- 사회적 기술이 부족하여 친구 사귀기가 어렵다.

아동기에는 그동안 분명하게 보이지 않았던 충동성이나 부주의가 분명하게 나타나고, 이런 증상이 ADHD의 사회적 능력, 인지적 능력에 영향을 미치며 다양한 문제를 일으킨다. 구체적인 예를 제시하면 ADHD 아동들은 한 가지 일에 몰입하지 못하고 작은 자극에도 주의가 쉽게 흐트러지며, 또래 친구의 생각은 고려도 하지 않고 자기 마음대로 하려는 고집 때문에 또래와의 관계도 원만하게 형성되지 못한다. 또한, ADHD 아동들은 과잉행동과 충동적 행동으로 교사에게 혼나는 일이 반복되면서 자존감이 낮아지며, 잦은 실패로 인한 학습된 무기력감에 빠지기 쉽게 된다.

이 시기에는 ADHD의 증상이 빈번하게 나타나면서 기초 학습의 성취를 방해하기 시작한다. 특히 읽기, 쓰기, 계산과 같은 기본적 기술의 습득이 지연된다. 기초 학습의 성취가 낮아지면서 누적적 학습 결손으로 이어진다. 이런 결과는 ADHD 아동이 고학년이 되었을 때 좌절감과 실패감을 반복하여 경험하면서 불안이나 우울과 같은 정신병리적 증상과 같은 2차 장애를 발생시키는 원인이 된다(김동일, 2006).

Kathleen과 Ellen(2005)은 ADHD 아동들을 위한 자기 점검표를 학교에서, 친구들과의 관계, 집에서, 나 자신에 관해서, 다른 사람이 나에 대한 생각 등과 같은 다양한 상황으로 구분하여 제시하였다. 이런 자기 점검표는 ADHD 아동이 자기 자신을 훨씬 더 잘 이해하게 하는 것은 물론 상대방이 ADHD 아동을 이해하는 데도 도움이 될 것이다. Kathleen과 Ellen이 제시한 자기 점검표 중에서 학교에서 고민되는 문제와 친구들의 관계, 나 자신에 관한 생각, 다른 사람이 나에 대한 생각에 관한 자기 점검표 중 일부를 〈표 Ⅱ-6〉에 제시해 둔다.

표 II-6 자기 점검표

다음 질문 중 해당되는 문항에 ∨로 표시하시오.	
학교에서	**친구와 함께 있을 때**
• 책상에 바르게 앉아 있기 힘들다. • 손들고 말하는 것을 잊어버린다. • 물건의 정리정돈을 잘못한다. • 숙제하는 것을 잘 잊어버린다. • 주어진 과제를 완성하기 어렵다. • 선생님이 늘 "서두르지 말고 천천히 하세요!"라고 말한다. • 지시사항을 기억하기 힘들다. • 선생님 말씀을 잘 들으려고 노력하는 순간에도 딴생각을 할 때가 많다. • 교실에서 생활하는 시간의 대부분이 지겹다. • 집중을 못 할 때 선생님이 나를 부르면 어쩔 줄 몰라 당황한다.	• 친구들에게 화가 나서 욕하거나 싸운다. • 친구들보다 쉽게 기분이 나빠진다. • 학급 동료 중 나보다 나이가 어린 아이가 있다. • 친구들이 나를 놀리면서 괴롭힌다. • 친구가 더 많이 생겼으면 좋겠다. • 나는 종종 외롭고 슬프다고 느낀다. • 내가 친구들을 방해한다고 친구들이 선생님에게 이른다. • 부모님은 내가 친구들에게 너무 잘난 척 한다는 말을 듣는다. • 이유는 모르지만 친구들이 나와 놀아 주지 않는다.
나 자신에 대한 생각	**다른 사람이 나에 대한 생각**
• 학교가 없었으면 좋겠다. • 친구들이 나를 더 좋아하면 좋겠다. • 내가 쉽게 화를 내지 않으면 좋겠다. • 시험에서 내가 배웠던 것을 기억해서 정답을 맞힐 수 있었으면 좋겠다. • 난 사람들이 놀리는 것이 싫다. • 학교 공부가 오래 걸리면 화가 난다.	• 친구들이나 부모가 내가 학교에서 무엇이든 잘하고 싶어 한다고 생각해 주었으면 좋겠다. • 내가 일부러 물건을 잃어버리거나 숙제를 잊어버리는 것이 아니라는 것을 알아 주었으면 좋겠다. • 부모님이 날 자랑스러워 했으면 좋겠다.

출처: Kathleen, G. N. & Ellen, B. D.(2005). *Learning to slow down and pay attention. A Book for Kids About ADHD*, 3rd edition. American Psychological Association.

최근, 유치원이나 초등학교에서는 행동이 과격하고 성질이 급하며 부산스럽게 돌아다니는 아동들을 많이 본다. 이런 아동들의 행동이 부모들과 교사들을 당혹스럽게 만들기도 한다. 그 정도가 심한 경우에는 부모들이 자녀를 지도하고 양육하기를 어려워하고, 이로 인한 스트레스가 매우 심해지고, 종국에는 아이와의 관계가 나빠지기도 한다. 그리고 교사들은 이런 아동을 문제 아동으로 간주하여 방치하는 경우도 종종 있다. 또한, ADHD로 진단되어 초등학교에 입학한다면 기초 학습의 성취 수준이 현저히 떨어질 수도 있다.

아동기에 ADHD로 진단된다면 약물치료와 함께 교육적 지원 및 그 밖의 다른 치료 방법을 병행하여 아동의 행동을 개선하는 데 집중해야 한다. ADHD 아동의 증상이 개선되지 않고 상급학교에 진학하게 되면 더 심각한 문제를 일으킬 수 있고, ADHD로 인한 2차적 문제의 발생 가능성이 훨씬 높아지게 된다.

3. 청소년기

ADHD 아동이 청소년기가 되면 그 증상이 상당 부분이 없어지거나 호전되기도 하나, 그렇지 못했을 때에는 아동기보다 청소년기에 ADHD로 나타나는 모든 행동의 강도가 매우 심해지면서 증폭된다. 다시 말하자면, ADHD를 가진 청소년의 문제행동은 매우 공격적이면서 폭력적으로 변할 수 있다는 것이다.

ADHD 청소년들은 초등학교에서의 학업 실패가 중·고등학교로 이어져 학업 부진을 겪게 되면서 학업적 좌절은 물론 반항적 행동이 증가하여 수업 거부, 결석, 중퇴 등 다양한 결과로 나타나게 된다. 이런 경험을 반복적으로 겪게 되는 ADHD 청소년은 우울증을 보이며, 모든 상황에 적대감을 가지고, 그 정도가 심할 경우에는 비행청소년이 되기도 한다. ADHD의 청소년기의 특징을 정리하면 〈표 Ⅱ-7〉과 같다.

표 II-7 ADHD 청소년기의 특징

- 환경 부적응과 좌절이 오랫동안 지속되어 자존감이 낮아진다.
- 사회적 기술의 부족으로 대인관계의 형성이 어렵다.
- 학업 내용이 어려워지면서 학업을 따라가기 힘들어하고, 그 결과 성적이 낮다.
- 다양한 상황에서 일어나는 문제를 해결하는 기술들이 부족하다.
- 반항적 행동이나 품행장애가 아동기보다 더 많이 발생하고 심해진다.
- 정리, 정돈을 잘하지 못한다.
- 타인에게 쉽게 싸움을 걸거나 말다툼을 한다.
- 폭력성을 많이 보인다.
- 학교에 가기 싫어하고 무단결석을 자주 한다.

ADHD 청소년이 겪는 부정적인 다양한 경험으로 자신이 학교나 가정에서의 구성원으로서 적절하지 못한 사람이라고 판단하기 시작한다. 이는 자아 존중감을 현저히 떨어뜨리고 반복되는 악순환적 상황은 약물의 유혹에 빠지기 쉽게 한다. ADHD 청소년의 약물 중독은 편안함과 안정감을 주기 때문에 선호하며, 이를 계기로 비행 청소년이 될 위험에 노출된다(김동일, 2006). 이런 행동으로 인하여 ADHD 청소년은 품행장애가 공존되기도 한다.

ADHD가 의심되는 청소년들에게 Conner와 Well's ADHD 청소년 자기보고 설문지 같은 ADHD 자가진단검사를 활용하기도 한다. 이 설문지는 청소년은 물론 성인도 활용할 수 있다. 이 설문은 27개의 문항으로 구성되어 있고, 0점에서 3점까지의 4점 척도로 구성되어 있으며, 설문 결과 총점이 30점 이상인 경우 전문가와 상담을 하여 정확한 진단을 받을 필요가 있다.

4. 성인기

아동기와 청소년기를 거쳐 개선되지 않은 대부분의 ADHD의 행동은 성인기까지 지속된다. 아동기와 청소년기의 ADHD와 다른 것은 성인이 되면 타인의 눈에 띄기 쉬운 외현적 행동보다는 타인의 눈에 잘 띄지 않게 자신의 증상을 숨기거나 내재적 행동으로 바꾸기 때문에 상대방이 잘 모를 수도 있다는 점이다. 비록 타인의 눈에 쉽게 발견되지는 않지만 정작 본인 자신은 여러 상황에서 자신이 행동과 결정에 당혹스러워하고, 자신에게 주어진 문제나 과제를 해결하지 못하는 경우가 많아 여전히 좌절을 경험하게 된다.

ADHD를 가진 성인들은 정서적으로 여전히 자존감 결여, 사회적 기술 부족, 불안정, 우울, 반사화적 행동, 주의집중 결함과 같은 특징을 보이며, 이런 특징이 지속되면서 약물이나 알코올의 의존도가 높아지게 된다. 또한 ADHD 성인은 사회적 적응을 잘하지 못하여 취업이 어렵고, 취업이 되었다 하더라도 직장에 적응하지 못하여 승진의 기회를 놓치고 직장을 그만두는 일이 많다.

최근 들어 성인 ADHD에 대한 관심이 높아지고 있다. ADHD 아동들의 증상은 주로 부주의한 모습이나 충동적 성향, 과잉 행동으로 나타난다. 그러나 이와는 다르게 성인이 되면 눈에 보이는 두드러지는 과잉행동은 사라지지만 내면적으로 안절부절못하거나 회의시간에 흐름을 끊기도 하고 계속 몰두하는 것이 어려워지는 증상이 나타난다. 그리고 조용한 시간에 차분히 있기가 어렵다거나, 정해진 시간 내에 일을 마치지 못하거나 실수를 자주 한다든가, 여러 가지 일들을 동시에 처리하지 못하는 모습을 보이기도 한다.

그리고 특히, ADHD의 증상 중에서 충동성 때문에 아무것도 아닌 일에 자주 욱하고, 감정 기복이 심하여 동료들이나 가족과의 싸움이 자주 발생하기도 한다. 성인 ADHD의 경우 충동성은 운전을 할 때도 자주 보이는데 소소한 교통사고나 범칙금을 더 많이 내기도 한다. 겉으로 보기에는 활동적이고 여러 가지를 하는 것처럼 보이지만 실상은 제대로 일을 끝내지 못하고 일을 벌여놓기만

하는 경우도 많다.

ADHD 증상이 여전히 남아 있는 성인에게는 약물치료가 도움이 된다. ADHD 성인에게 투여되는 약물의 종류는 ADHD 아동들의 약물의 종류와 동일하다. ADHD 아동과 동일하게 성인 ADHD는 다양한 행동적 형태를 스스로 통제하고 조절하기 어려울 때에는 인지행동치료가 크게 도움이 된다. 성인 ADHD에게 실시되는 인지행동치료에는 행동을 조직하고 계획하기, 여러 일을 한꺼번에 처리하기, 압도적인 과제 관리하기, 산만성 줄이기, 시간 관리하기, 주어진 환경 조절하기, 일을 미루지 않고 그때그때 처리하기, 문제를 해결하는 다양한 행동 방법 등에 관한 프로그램으로 훈련받게 된다. ADHD를 보이는 성인은 일상생활에 어려움이 없을 정도로 ADHD의 증상이 좋아지면 치료를 중단해도 되지만, ADHD 증상으로 인한 어려움이 지속된다면 증상이 개선될 때까지 치료를 지속하는 것이 좋다.

이상에서 살펴본 바와 같이 성인이 되었을 때에도 나타나는 ADHD 증상은 부주의나 충동성이 많고 과잉행동은 상당 부분 사라진다. 성인기까지 지속되는 ADHD로 인하여 반사회적 인격장애, 폭발성 인격장애, 부부 관계의 불화, 계획성 없는 무분별한 돈 관리, 범법 행위 등으로 가정생활은 물론 사회에 심각한 피해를 끼치기도 한다.

성인 ADHD도 약물치료와 다양한 행동치료 법으로 ADHD의 증상이 좋아지나, 약물에 의존하기보다는 자기조절 전략 등과 같이 행동을 통제하고 조절하는 인지행동치료 방법을 익혀 자신의 행동을 스스로 통제하고 조절할 수 있도록 하는 것이 좋다. 이런 과정 중에 주변 사람들의 이해와 배려는 많은 도움이 될 것이다.

이미 앞에서 성인의 ADHD 증상에 대하여 설명하였지만 좀 더 구체적으로 ADHD를 가진 성인의 행동 특징을 〈표 Ⅱ-8〉에 정리하여 제시한다. 〈표 Ⅱ-8〉에 정리된 내용을 살펴보면 일상생활의 다양한 영역에서 문제가 나타나는 것을 알 수 있다.

표 II-8 ADHD 성인의 행동 특징

업무 수행	• 작업을 체계적으로 계획하고 준비하는 능력이 떨어진다. • 자신에게 귀찮게 여겨지는 일을 시작하려고 하지 않고, 늘 기한에 임박해서 일을 급히 처리한다. • 고도의 집중이 필요한 일을 잘 수행하지 못한다. • 감독자 없이 혼자서 일을 잘 수행하지 못한다. • 직장을 자주 옮겨 다닌다. • 지각을 자주 한다. • 물건을 잘 잃어버린다. • 시간 관리를 잘못한다. • 스트레스 상황에서 자제력이 없고, 사고 판단력도 매우 떨어진다. • 목표를 달성하는 비율이 평균 이하로 떨어진다.
대인 관계	• 친구가 별로 없다. • 상대방과의 약속을 지키지 않는다. • 상대방의 요구나 의도를 잘 파악하지 못한다. • 배우자와 자주 다투고 이혼하는 비율이 높다. • 충동적으로 갑자기 상대방을 비난하거나 거침없이 욕을 한다. • 친구나 가까운 사람과의 관계에서 끊임없이 문제를 일으킨다.
정서 문제	• 별것 아닌 일로 쉽게 화를 내고 좌절한다. • 매사에 자신감이 부족하고, 늘 우울하다. • 성질이 불 같아 별일 아닌 일에 쉽게 흥분한다. • 늘 불안해하며, 모든 일을 쉽게 포기한다. • 감정조절이 어렵다.
반사회적 행동	• 남에게 해 끼치는 일을 아무렇지 않게 한다. • 약물을 쉽게 남용한다. • 거짓말이나 절도를 자주 한다. • 남에게 공격적인 행동을 많이 한다. • 법을 자주 어겨 경찰서에 가는 일이 많다.
기타 부적응	• 충동적 구매, 과소비, 빚을 지는 등 돈 관리를 계획적으로 하지 못한다. • 운전 습관이 나빠 교통사고를 많이 내고, 잦은 교통위반으로 과태료가 많다. • 자녀 양육에 대해 자신감이 없고 집안일도 잘 처리하지 못한다. • 자신의 건강관리나 음식을 절제하지 못해 비만이 되기 쉽고, 음주, 흡연 등으로 고생한다.

출처: 진혜경(2004). 『청소년과 성인기의 ADHD』. 국립서울병원 홈페이지 자료실: 소아청소년정신의학.

핵심용어

감각기억
감각기관
고막
과잉행동
기억
기억처리과정
기초학습
내재적 원인
능동적 주의집중
독해
동기
동기 유발
또래 관계
단기기억
단어인지
대인관계
문어적 표현
반사회적 인격장애
반사회적 행동
반항적 행동
발달 상태
발달 속도
부모교육
부정적 행동
부주의
보기단어
사회인지
사회성 발달
사회적 기술
사회적 상호작용
사회학습이론
생애 주기별 특징
선택적 주의
선택적 주의집중
성숙
시각기관
시각적 인지
실행 기능
습자
약물치료
양육 방법
여과이론
연접가지치기
우울증
운동능력
유모세포
유창성
와우관
외이도
외현적 원인
이소골
2차 장애
인지발달
인지처리 과정
인지행동치료
일반적 징후
음운처리
음향처리
자기 조절 전략
자기 점검표
자기 효능감
자존감
작업기억
장기기억
적대감
전전두피질
전환적 주의
정보처리과정
정신병리적
주의산만
주의 초점 이탈
중추신경계
중추적 자극
지속적 주의
집중적 주의
철자법
청각기관
청각적 인지
충동성
칵테일 파티
폭발성 인격장애
품행장애
학습
학습된 무기력
행동치료

심화질문

1. 일반적 징후인 부주의, 과잉행동, 충동성의 특징을 설명해 봅시다.
2. 기초학습 능력과 ADHD의 증상과의 관계를 생각해 봅시다.
3. ADHD의 증상이 대인관계에 영향을 미치는 특징을 설명해 봅시다.
4. ADHD의 생애 주기별 특징을 영유아기, 아동기, 청소년기, 성인기를 구분하여 정리해 봅시다.

아인슈타인(Albert Einstein, 1879~1955)과 ADHD

알베르트 아인슈타인은 1879년 독일 울름의 유대인 집안에서 태어났으며, 그의 성격은 유순하며 내성적이었으며 언어 발달도 늦은 편이었다. 그의 아버지는 작은 전기발전 공장을 운영하였고, 어머니는 음악적 소양이 풍부한 여성이었다.

아인슈타인은 1886년에 뮌헨의 루이트폴트 김나지움에 입학했다. 그는 수학과 과학에는 흥미를 보였지만, 언어 과목인 라틴어와 그리스어에는 흥미가 없었다. 또한 그는 엄격한 독일식 훈육에 의한 학교 방식을 싫어했다. 아인슈타인은 열 살이 지나서야 독어를 할 수 있었고, 학습부진을 보였고 결석이 잦았다. 그 무렵, 아인슈타인은 병원에서 신경쇠약이라는 진단을 받고, 진단서를 휴학원과 함께 학교에 제출하여 김나지움을 중퇴했다. 이런 증상은 현재 제시되고 있는 ADHD의 특징이다.

순탄치 않은 학교생활로 문제아로 낙인이 찍히기도 했지만 그의 과학자적 호기심은 일찍부터 나타났다. 한 일화로, 그가 병으로 아파 누워 있을 때 아버지가 준 나침반의 바늘을 보고 나서, 사람의 힘으로 어쩔 수 없는 아주 큰 힘에 대한 근원지를 상상하였다. 어린 아인슈타인은 그때 당시 자연법칙의 탐구자적 호기심으로 가득 차 있었다.

결국, 1894년에 아인슈타인은 김나지움을 졸업하지 못한 채 이탈리아 밀라노로 이사를 가게 되고, 가족의 권유로 독일어를 사용하는 스위스의 학교인 연방공과대학에 입학한다. 아인슈타인은 이 대학의 입학시험에서도 수학과 물리학 성적은 뛰어났으나 다른 과목은 낙제를 하여 과목 간의 편차가 심하였다. 그는 교수의 권유로 부족한 과목을 공부하기 위해 스위스의 아라우에 있는 아르가우 칸톤 학교를 1년간 다녔다. 그는 칸톤 학교를 좋아했는데, 학교의 운영 방식이 민주적이었고, 수학과 같은 실용적 학문을 강조하였기 때문이다, 아인슈타인은 이 학교에서의 경험은 자유로운 사고를 형성하는 데 많은 영향을 미쳤다고 회고한다. 학교에 잘 적응하지 못했던 아인슈타인은 이런 과정을 거치면서 결국 상대성이론을 발견하며 물리학의 한 획을 그은 위대한 과학자가 된다.

| 출처: 송성수(2009). 『과학기술의 개척자들 -갈릴레오에서 아인슈타인까지』. 살림출판사.

PART III

ADHD의 치료

질문하라!
너를 둘러싼 세계에
"왜"라고 물어라!

-스티븐 스필버그-

ADHD의 원인을 정확하게 파악한다면 그에 적절한 치료 방법을 적용하여, 그 증상을 개선하고 정상적인 생활이 가능하게 할 수 있다. 반대로, ADHD의 증상에 대하여 아무런 조치도 취하지 않은 채 그대로 방치한다면 그 증상의 정도가 점점 더 심해질 것이고, 결국은 만성화되어 공존장애의 발생은 물론 치료가 훨씬 더 까다로워질 것이다. 대부분의 ADHD 증상은 아동의 발달을 방해하는 주요 원인으로, 일단 ADHD로 진단되면 즉시 적절한 치료 방법을 선택하여 실시해야 한다.

ADHD를 가진 아동을 위하여 마련된 다양한 치료 방법은 직접적 접근이 시도되는 방법과 간접적 접근이 시도되는 방법으로 구분된다. 직접적 접근의 치료 방법은 약물치료와 심리치료 등과 같이 ADHD의 주증상을 치료의 목표로 하여 적용되는 것이다. 반면에 간접적 접근의 치료 방법은 개개 아동에 적절하게 수정된 교수 전략을 적용하거나 가족과의 상담 및 양육 환경이나 가족체계의 관리 등과 같이 ADHD의 증상과 관련된 주변을 변화시킴으로써 ADHD의 증상을 완화시키는 데 영향력을 발휘시키는 것이다.

이와 같은 치료가 실시되기 위해서는 ADHD의 진단은 뇌신경계에 관한 의료적 측면과 정서나 인지, 그리고 행동 등과 같은 심리적 측면에 관련된 정보가 수집되어야 한다. 또한 가족 관계, 양육 환경, 교육 환경, 개인적 선호도, 강점과 약점 등이 파악되어 있어야 한다. 이런 과정을 통해 가장 적절한 치료 방법을 선택하여 적용하게 된다. ADHD로 진단받은 아동에게서 나타나는 복합적 상태를 고려하여 치료 순서를 결정하는 기준으로 진단과 치료 방법의 선택 과정은 유용하게 활용될 것이다.

ADHD로 진단이 가장 많이 내려지는 나이는 7세에서 10세경으로 주로 학교에 입학하는 저학년 시기이다. 근래 들어 ADHD에 대한 관심이 늘어나면서 취학 연령 전, 즉 3세에서 6세 사이의 아동도 ADHD가 의심이 되어 담당 의사를 찾는다. 또한 성인 ADHD에도 관심이 높아지면서 치료의 필요성이 더욱더 강조되고 있다. 치료 기간은 치료 방법이나 개선되는 정도에 따라 다르며, 아동기에서 성인기까지 ADHD라고 진단된 시점부터 시작된다.

과거에는 ADHD의 증상이 성장하면서 좋아진다고 생각했으나 근래에는 많은 관련 전문가들이 이런 생각의 위험성을 경고한다. ADHD의 대부분의 증상은 청소년과 성인기까지 지속되기 때문이다. 물론 성장함에 따라 ADHD의 증상으로 나타나는 행동적 특징은 달라진다. 그래서, 일단 ADHD라는 진단이 내려지면 의사들은 ADHD 증상의 정도에 따라 적절한 약물치료로 아동의 발달에 방해가 되는 증상들을 감소시킬 것이고, 이와 더불어 행동의 문제나 정서적 문제를 개선하기 위한 다양한 치료 방법을 선택하고 잠재능력을 이끌어 낼 수 있는 교육 방법을 병행하는 통합적인 치료가 계획될 것이다.

ADHD 치료에서 가장 중요한 것은 ADHD의 증상을 이해하고 아동의 행동을 정확히 판단하고, 아동을 둘러싸고 있는 환경에서 아동에게 영향을 미칠 수 있는 부모나 교사 등과 같은 관련자와 협력하는 것이다. 그 밖에도 ADHD 아동을 치료할 때 고려해야 할 점은 〈표 Ⅲ-1〉에 좀 더 자세히 제시해 둔다.

표 Ⅲ-1 ADHD 아동의 치료 시 고려점

- 아동을 위한 치료 환경의 구성은 복잡하지 않고 단순하며 일관적이어야 한다.
- 치료가 이루어지는 환경은 소음이 적은 장소를 선택한다.
- 하루일과 동안 규칙적인 생활 습관을 형성시키도록 안내한다.
- 문제 행동을 개선하기 위해 마련된 치료의 집단 규모는 소집단이나 일대일과 같이 그 규모를 줄여 조절한다.
- 한꺼번에 많은 과제 양을 제시하지 말고 조금씩 나누어 제시한다.
- 바람직한 행동을 하였을 때에는 즉시 상과 칭찬 같은 강화를 반드시 제공한다.
- 행동하기 전에 생각을 먼저 하여 행동 계획을 세울 수 있도록 지도한다.
- 아동의 강점, 좋아하는 것을 파악하여 치료 시 활용하면 동기를 유발시켜 치료 활동에 적극적으로 참여시킬 수 있다.
- 아동이 못하는 것에 초점을 맞추지 말고 잘하는 것에 초점을 맞추어 지도한다.
- 치료자는 아동에게 직접적인 영향력을 미치는 부모와 교사 등과 같은 관련자와 협력적 관계를 유지한다.

여기서는 ADHD 아동들에게 실시되는 다양한 치료 방법 중 다음과 같은 치료 방법에 대하여 살펴본다. 첫째, ADHD의 증상을 보이는 아동에게 사용되는 약물치료의 방법과 그 효과에 대하여 알아본다. 둘째, ADHD의 증상으로 나타나는 행동적 문제를 개선할 수 있는 인지행동치료에 대하여 알아본다. 셋째, ADHD 아동들의 심리에 안정을 주고 다양한 인간의 발달 영역을 촉진시켜줄 수 있는 예술치료 중 음악·미술치료에 대하여 알아본다. 넷째, ADHD 아동들의 흥미를 자극하여 치료에 능동적으로 참여시킬 수 있는 놀이치료에 대하여 알아본다.

ADHD 아동들에게 앞으로 설명되는 치료방법 중 단 한 가지 치료 방법만을 실시하는 것보다는 두 가지 이상의 치료방법을 병행하여 실시한다면 ADHD 증상을 호전시키는 데 좀 더 효과적일 수 있다. 두 가지 이상의 치료를 중복적으로 실시하는 다중 치료 방법은 각각의 치료 방법에서 발생하는 문제를 보완할 것이고, 치료 방법 간의 상호작용을 통해 효과를 극대화시킬 것이다.

ADHD 치료는 약물치료와 더불어 두 가지 이상의 치료 방법을 병행하여 실시하는 것이 좋다.

Chapter 1

약물치료

ADHD라고 진단이 내려지고 나서 의사들이 부모에게 약물치료를 권하면 부모들은 당황스러워한다. 과거 ADHD의 증상에 사용되는 약물은 ADHD의 치료를 위해 개발된 것이 아니기 때문에 약물치료는 긍정적인 시선보다는 부정적인 시선이 많았다. 따라서 부모들이 당황하는 것은 그리 이상한 일도 아니다. 그러나 최근에는 ADHD의 약물치료의 효과가 알려지면서 약물치료를 받는 ADHD 아동들이 증가하고 있는 실정이다.

ADHD의 약물의 시초는 *長井 長義*(나가요시 나가이)가 1893년 메타암페타민(methamphetamine)을 발견하였고, 이를 *緖方 章*(아키라 오가타)가 1919년 알약으로 만들어 제2차 세계대전에서 치료제가 아닌 마약의 일종으로 사용된 것이 시초였다(Lock, 1984, Tamura, 1989). 그 이후 1944년 미국의 식약청에서 이 약의 사용을 허락하였고, 현재는 ADHD에 제한적으로 사용되고 있다(안동현 외, 2015). 이후 뇌 과학의 발전과 함께 다양한 약물 효과의 결과가 밝혀지면서 약물 개발에 노력한 결과 현재에 이르기는 하였으나 충분하다고는 말할 수 없다. 현재까지도 ADHD 증상에 처방되는 약물은 개개인에 따라 서로 다른 중독성과 부작용이 있기 때문에 처방은 물론 투여에 있어서도 신중할 것을 당부하고 있다.

Scheffler와 그의 동료(2009)들에 의한 연구에 의하면 ADHD 아동들의 주의집중 능력을 개선하고 과잉행동을 통제하기 위해 ADHD 아동들의 절반 이상에게 약물이 처방되고 있고, 그 중 80% 이상이 ADHD의 증상에 호전을 보이고 있다고 보고한다. 그러나 약물치료에 따른 부작용도 만만치 않게 일어난다. 따라서 의사는 약물치료를 하는 동안 불면증, 식욕 부진, 두통과 같은 부작용의 위험성을 잘 알리고, 약물치료 기간 중에 부모나 교사는 약물 복용 후 아동의 상태를 주의 깊게 살펴 의사에게 전달하여 약물의 종류나 복용량을 조절할 수 있도록 해야 한다.

물론, 약물치료가 ADHD 치료의 최후 수단이 아니고, 약물치료를 한다고 해서 반드시 ADHD의 증상이 더 심각하다는 의미도 아니다. ADHD의 약물치료는 일반적으로 짧게는 1년, 길게는 3년 정도의 시간이 필요하다. 약물치료 기간 중에는 최소 6개월에 한 번씩은 재평가를 하여 호전 정도를 파악하여야 한다.

현재, 우리나라에서 사용할 수 있는 약물은 메틸페니데이트(Methyl-phenidate), 아토목세틴(Atomoxetine), 클로니딘(Clonidine) 등이다. 미국과 유럽에서 사용되고 있는 암페타민(Amphetamine)이나 구안파신(Guanfacine)은 아직 수입되지 않고 있다. 이런 약들은 뇌신경세포에 작용하여 선택적 집중력이나 주의집중의 유지 능력에 관여하는 신경전달물질인 도파민, 노르에피네프린 등에 영향을 미쳐 효과를 나타낸다. 신경전달물질에 관한 간단한 설명은 〈표 Ⅲ-2〉에 있다. 약물치료는 ADHD를 가진 아동의 증상과 다양한 행동적 특성을 고려하여 약물을 선택하고, 그 용량과 시간적 간격은 신중하게 조절한다.

ADHD 아동들에게 주로 처방되는 약물은 전체 약물 중에 약 80% 정도가 신경전달물질에 작용된다. 약물의 종류에는 정신 각성제 약물, 기분의 안정을 찾게 하는 항우울제, 와해된 생각을 조절하는 항정신병 약물, 자율신경계 약물 등이 있으며, 그 효과는 각각 서로 다르다. 여기서는 우선 정신 각성제, 항우울제, 기타 약물의 종류와 효과, 부작용에 대하여 알아본다. 이어서, 약물치료를 위한 부모나 교사의 역할도 함께 살펴보기로 한다.

표 III-2 신경전달물질

신경전달물질		역할
아세틸콜린		• 학습, 기억, 꿈, 골격근 수축, 혈압 강하, 심장박동의 억제 등과 같은 생리작용에 관여하여 신경통제에 영향을 주는 약물
모노아민		• 정보 전달보다는 뇌 영역의 기능 조절
	도파민	• 운동, 주의, 학습, 동기, 강화, 약물 중독에 관련 • 멜라닌은 도파민의 분해로 생김 • 도파민 부족은 파킨슨병, 과다는 정신분열증에 관여
	노르에피네프린	• 경계 수준과 각성 상태로 조절하는 데 관여 • 부족하면 저혈압, 코막힘, 심장혈관 축소, 운동에서의 거부감, 사지경직을 유발하는 낮은 근육 긴장도 발생
	세로토닌	• 기분 조절(이완 또는 진정, 우울, 불안), 섭식(식욕), 수면, 각성, 공격행동, 통각조절, 기억력, 학습 등에 관여
아미노산	글루타민산	• 진화상 최초의 신경전달물질로 추측 • 소화관 벽의 방어 기능 유지 • 미주신경 자극
	감마아미노 뷰티릭(GABA)	• 억제성 전달물질로 뇌와 척수 전반에 분포 • 변성 시 헌팅무도병, 간질의 원인
	글리이신	• 척수(골격운동 통제에 관련), 뇌의 하위 부분에서 발견

1. 정신 각성제

정신 각성제는 중추신경계를 자극하는 데 영향을 주기 때문에 일반적으로 중추신경 자극제(CNS Stimulant)라고 불린다. 이 약물은 중추신경계의 각성이나 경계를 증가시키는 것으로 작용하여 ADHD를 가진 사람들의 뇌에 영향을 미친다. 이 약물의 구체적 작용은 도파민과 노르에피네프린과 같은 화학적인 신경전달물질의 생산을 자극하는 데 작용한다고 보고되고 있다(Power, 2000; Barkley, 2005; Hervey, et al., 2006). 정신 각성제를 이해하기 위해 정신 각성제가 사용된 역사, 정신 각성제의 신경 화학적 작용 방법, 정신 각성제의 종류와 효과 및 부작용에 대하여 구체적으로 살펴보기로 한다.

1) 정신 각성제의 역사

인간이 만들어 사용하는 모든 것들은 나름대로 발전을 거듭하여 변화하는 역사를 가진다. 정신 각성제도 이런 과정의 역사가 있다. 예를 들어, 언제부터 사용되었고, 사용된 이유는 무엇이며, 어떤 과정을 거쳐 개발되어 왔는지에 관한 역사 말이다. 이런 역사를 살펴보는 것은 매우 흥미로운 과정이다. 사실, 현재까지도 정신 각성제는 중독성과 부작용의 위험성이 있어 약물치료의 제한점이 많다. 따라서 이런 역사를 통해 새롭게 개발되어지는 약물에서는 이런 위험성을 줄이려고 최선의 노력을 다할 것이란 점은 매우 고무적인 일이다.

인간은 아주 오래전부터 식물에서 코카인, 니코틴, 카페인 등과 같은 각성물질을 채취하여 사용하였다. 이런 물질은 환각, 환청 등과 같은 정신적 문제를 발생시키고 중독되는 물질이다. 이렇게 원시적인 정신 각성제가 제조되어 사용되기 시작한 것은 1939년에서 1945년 사이에 발생한 제2차 세계대전이다. 전쟁 중에 잠을 쫓으며 야간보초를 서야 할 때나, 전쟁에서 승리하기 위해 남보다 뛰어나다는 생각을 높이는 자기 고양 효과를 위해 흔히 사용되었다. 이런 사용이

ADHD 증상을 개선시키기 위해 사용한 역사라고는 말할 수 없지만 시초적 역할은 하였다고 발해도 될 것이다.

인간의 행동을 개선하기 위하여 정신 각성제를 사용한 예를 좀 더 명확히 찾아보면 제2차 세계대전이 일어나기 2년 전인 1937년에 행동장애를 치료하기 위해 한 병원에서 사용한 것에서 비롯된다. 이 시점에서 즉시 정신 각성제와 행동 간의 관계를 밝히려는 연구가 계속되지 못했고, 20여 년이 지난 후부터 임상적으로 사용하면서 그 관계를 밝히려는 연구가 시작된다(Wolraich & DuPaul, 2010). 그 당시에는 ADHD에 대한 관심이 그리 많지 않았기에 치료에 약물을 투여하여 효과를 보겠다는 생각도 많이 하지 않았을 것이라고 예측된다. 그러나 인간의 행동을 개선하기 위해 정신 각성제의 사용을 시도했다는 것은 그 당시 놀라운 사건이었을 것이다. 이런 과정을 거치면서, ADHD 증상의 개선을 위한 정신 각성제가 연구 개발된 역사를 시간적 흐름에 따라 〈표 Ⅲ-3〉에 그 내용을 제시한다.

정신 각성제는 약물중독의 위험성이 매우 크고 부작용이 많기 때문에 치료를 목적으로 사용하는 경우에도 그 사용을 제한하고 있다. 약물중독은 모든 사회에서 매우 심각한 문제를 일으키는 원인으로 작용하는 경우가 많아 대부분의 국가에서 정신 각성제를 엄격하게 규제하고 있다. 우리나라에서는 정신 각성제에 대한 규정으로 1970년에 처음으로 「습관성의약품관리법」이 제정되었고, 1979년에 제정된 「향정신성의약품관리법」에 의하여 엄격히 규제되는 약물로 지정되었다. 우리나라도 다른 대부분의 국가와 동일하게 정신 각성제는 치료를 목적으로 사용하는 경우만 허가하고 있다.

표 III-3 정신 각성제에 관한 연구의 역사

연대	내용
1937	• 기실 촬영을 위해 요추천자 시행 시 수반되는 두통 치료제로 벤제드린을 투여하여 상당히 호전되었다는 Bradlly의 보고서
1950 ~ 1960	• 뇌손상이라고 간주한 ADHD를 치료하는 데 정신 각성제를 사용하기 시작 • 덱스트로암페타민의 사용을 시작으로 나중에는 메틸페니데이트를 사용함 • 1961년 미국 식품 위생국은 과잉행동 관련 문제를 치료하는 데 메틸페니데이트의 사용을 허가함
1970 ~ 1980	• 덱스트로암페타민과 메틸페니데이트에 대한 연구의 확대 [연구 예] 이들 약물효과는 4~5시간 정도로 하루에 두 번에서 세 번까지 복용해야 하는 불편함 때문에 약물효과의 시간을 연장하기 위해 연구를 계속함(Kavale, 1982)
1990	• 약물효과의 지속시간 연장과 대체 약물 발견에 대한 연구 [연구 예] 왁스 메트릭스 메틸페니데이트 화합물과 덱스트로암페타민의 캡슐을 만들었으나 혈류 유출과 혈류 상승의 문제와 같은 부작용을 해결하지 못하였고, 페몰린이나 삼환식 항우울제 등의 효능도 밝혔으나 심각한 부작용을 해결하지 못함(Greenhill, Halperin & Abikoff, 1999) • ADHD에 가장 효과적이고 유일한 치료 방법이 약물 투여라는 연구 결과가 계속하여 제시됨(Quinn, 1997; Warneke, 1990) • 약물 투여와 복용에 관한 안내가 기술된 지침서나 저서 발간(Wilens & Biederman, 1992)
2000	• 덱스트로암페타민, 혼합 암페타민염, 메틸페니데이트 등의 정신 각성제는 향정신성약물요법으로 가장 많이 연구됨. • 다지역 연구의 결과에서 메틸페니데이트가 4~5세의 ADHD 아동에게 안전하고 효과적이라고 밝힘(Greenhill et al., 2006) • 약물치료는 아동기, 청소년기 등과 같은 생애주기에 따라 차이 없는 효과를 보이고, 다만 공존장애가 있을 경우는 그 증상에 따라 약물의 종류가 달라짐(McGough et al., 2005)

출처: Wolraich, M. L. & DuPaul. G J.(2010). *ADHD Diagnosis and Management: A Practical Guide for the Clinic and the Classroom.* Poul H, Publishing Co., Inc./Reid, R. & Johnson, J.(2012). *Teacher's Guide to ADHD.* Guilford Press.

2) 정신 각성제의 신경 화학적 작용 방법

정신 각성제가 인체와 약물의 상호작용에 의해 일어나는 약물학의 원리에 의해 치료제로 개발되었다는 것은 우리 모두가 알고 있는 사실이다. 정신 각성제의 약물학 중에서 체내동태학과 약물동력학의 원리는 약물의 작용과 효과를 확인하여 약물 투여의 양과 투여 횟수를 조절하는 데 매우 중요하다. 특히 체내동태학은 인체가 약물을 수용하면서 미치는 영향을 밝히려는 학문으로, 흡수와 확산은 약물의 효과가 나타나는 시간을 밝히기 위해, 대사와 배설은 약물이 그 효과를 다 소진하여 없어지는 시점을 밝힘으로써 신경 화학적 변화가 일어나 시간적 간격을 찾아낸다(안동현 외, 2015). 체내동태학의 이런 원리는 약물 효과의 지속 시간과 약물의 양을 결정하는 데 중요한 역할을 담당한다. 그리고, 약물동력학은 약물이 인체에 미치는 영향을 밝히려는 학문으로, 약물을 투여하였을 때 인체의 조직에서 일어나는 변화로 약물 작용의 효과를 밝혀내려는 것이다.

따라서 약물학의 관점에서 ADHD의 증상을 완화시키려는 정신 각성제의 투여는 신경 화학적 변화를 일으키는 것으로 즉, 신경전달물질의 활성화와 관련된다. ADHD의 증상에 정신 각성제를 사용한 약물 치료에 관한 연구에 의하면 정신 각성제는 중추신경계에 영향을 미쳐 각성과 경계를 높이는 것이라고 밝히고 있다(Accardo et al., 2000; Barkley, 2005).

ADHD 증상은 신경전달물질 중 특히 도파민과 노르에피네프린의 생산이 부족하여 자극이 줄어들고 주의와 관련된 중추신경계의 연접에 문제가 발생하는 결과인 경우가 많다(Lerner & John, 2012). 정신 각성제는 ADHD로 발생하는 신경전달물질에 영향을 미친다. 즉, 정신 각성제는 신경전달 물질의 생산을 조절하여 주의집중하는 시간을 유지하여 연장시킨다. 또한 정신 각성제는 과잉행동이나 충동성으로 인한 이상행동을 조절하고, 시지각-운동의 협응에 관계된 중추신경계까지 정보를 보내어 시지각-4운동 협응이 원활하게 일어날 수 있도록 영향을 미친다(Rappley, 2004; Silver, 2006; Power, 2000).

3) 정신 각성제의 종류, 효과 및 부작용

ADHD 아동들에게 주로 사용되는 약물은 메틸페니데이트, 덱스트로암페타민, 페몰린이다. 이 세 가지의 약물에 대한 여러 가지 정보는 〈표 Ⅲ-4〉, 약물을 사용하는 상품명은 〈표 Ⅲ-5〉에 제시해 둔다. 정신 각성제의 약물 치료는 그 작용이 시작되는 속도가 매우 빠르며, 다음과 같은 ADHD의 증상을 개선시키는 데 효과가 있다. 첫째, ADHD 아동들의 주의집중 시간을 연장시킨다. 둘째, 충동성 및 과잉행동의 문제를 감소시킨다. 셋째, 협응 운동을 개선하는 데 효과적이다. 넷째, 언어적 학습은 물론 비언어적 학습의 능력을 향상시키는 데 효과적이다.

표 Ⅲ-4 정신 각성제로 사용되는 약물, 효과, 부작용, 지속 시간

약물명	약물 효과	부작용	지속 시간
메틸페니데이트	• 효과와 안전성이 입증된 1차 ADHD 치료 약제로, 약물 복용 후 효과 빠름 • 주의집중력 증진과 과잉행동 감소 • 투여량은 5mg(5세 이전은 2.5mg)로 시작하여 점차 양을 늘려 하루 최대 60mg을 넘지 않아야 함	복통, 협심증, 식욕감퇴, 발한, 현기증, 두통, 기면, 체중 감소, 피로 등	3~4 시간
덱스트로암페타민	• 만 3~4세의 ADHD 아동에게 투여 가능 • 중추신경계를 흥분시켜 기민성을 증가시키고, 말하는 능력과 육체 활동을 향상시킴 • 투여량은 5mg(5세 이전은 2.5mg)으로 시작하여 점차 양을 늘려 하루 최대 40mg을 넘지 않아야 함 ※한국에서는 처방 금지 약물로 미국에서는 처방이 허용되고 있음	식욕 감퇴, 호흡 및 심박동수 증가, 혈압 상승, 동공 확대, 발열, 두통, 발한, 현기증, 홍조, 안면 창백, 진전, 운동 실조, 심혈관계 이상 등	4~5 시간
페몰린	• ADHD 치료의 2차 약제 • 국내에서는 약 10% 정도만이 처방받고 있음 • 단점으로는 약물 투여 후 그 효과가 3~4주 뒤에 나타남	간독성, 식욕감퇴, 불면증, 틱 등	7~8 시간

표 III-5 정신 각성제로 사용되는 상품명

약물 종류	상품명	사용법
메틸페니	메틸린	약물 효과와 지속시간이 짧아 1일 2~3회 복용, 5mg에서 시작하여 1일 최대치 60mg
	리탈린	
	리탈린 SR	1일 1~2회 복용, 20mg에서 시작하여 1일 최대치 60mg
	리탈린 LA	1일 1회 복용, 20mg에서 시작하여 1일 최대치 60mg
	메타데이트 CD	
	콘체르타	리탈린 유형의 하나로 약물 효과와 지속시간이 길어 1일 1회 복용, 18mg에서 시작하여 1일 최대치 72mg
	데이트라나	약물 효과 및 지속시간 9시간, 10mg에서 시작하여 1일 최대치 30mg
덱스트로 암페타민	덱세드린/ 텍스트로스타트	약물 효과와 지속시간이 짧아 1일 2~3회 복용, 2.5mg에서 시작하여 1일 최대치 40mg
	덱세드린 스파슐스	약물 효과와 지속시간이 짧아 1일 1회 복용, 5mg에서 시작하여 1일 최대치 40mg
리스덱 삼페타민	바이반스	약물 효과와 지속시간이 길어 1일 1회 복용, 30mg에서 시작하여 1일 최대치 70mg
덱스메틸 페니데이트	포칼린	1일 2회 복용, 2.5mg에서 시작하여 1일 최대치 30~40mg
	포칼린 XR	1일 1회 복용, 5mg에서 시작하여 1일 최대치 30~40mg

출처: Wolraich, M. L. & DuPaul, G. J.(2010). *ADHD Diagnosis and Management:A Practical Guide for the Clinic and the Classroom.* Poul H, Publishing Co.,Inc.

일반적으로 정신 각성제는 급성 중독이 되면 혈압이 상승하고, 심하면 사망에 이르기도 한다. 이는 정신 각성제가 도파민의 작용을 상승시키기 때문이다. 그래서, 정신 각성제는 단지 소량이라도 지속적으로 약물이 투여되면 약물중독으로 이어져 환각, 환청, 망상과 같은 상태에 빠지게 쉽다. 이런 이유로 ADHD의 증상을 완화하기 위해 사용되는 정신 각성제도 개인에 따라 다양한 부작용이 나타날 수 있다. 따라서, ADHD 아동이 약물을 복용한 이후 정서와 행동 등을 잘 관찰하고, 부작용 증상이 보이면 즉시 전문의와의 상담을 통해 투여량이나 약물을 바꾸도록 해야 한다. ADHD 아동이 학교에 다닐 경우 담임교사는 약물 복용의 시간을 파악하여 약물을 투여하고, 약물 투여 후 증상의 변화를 부모에게 알려야 한다.

2. 항우울제

항우울제는 우울증, 조울증, 강박신경증, 공포증 등과 같은 신경증적 우울감을 치료하기 위한 약물이다. 또한 항우울제 약물은 ADHD의 치료에도 사용되는데, 이런 약물에는 삼환계 항우울제, 세로토닌과 노르에피네프린 재흡수 차단제, 선택적 세로토닌 재흡수 억제제, 비전형 항우울제가 있다.

우울감을 치료하는 항우울제 약물의 부작용으로는 진정 작용, 기립성 저혈압, 항콜린 작용, 빈맥, 체중 증가나 감소, 오심, 두통, 불면증, 성기능 장애, 간질 등의 부작용이 있다(국립특수교육원, 2009). 따라서 약물의 투여량은 물론 약물을 투여하였을 때 증상을 주의 깊게 관찰하는 것이 바람직하다.

1) 삼환계 항우울제

ADHD 증상을 개선하기 위해 사용되는 정신 각성제에 반응을 보이지 않거나, 혹은 정신 각성제의 사용으로 인하여 우울증이 동반되는 경우, 그리고 뚜렛증후군이나 불안장애가 공존하는 ADHD 아동에게 삼환계 항우울제를 사용하나, 그 효과는 정신 각성제만큼 높지 않다(안동현 외, 2015).

삼환계 항우울제에 속하는 약물로는 데시프라민(desipramine-성분명, Norpramin-상품명), 노르트리프틸린(nortriptyline-성분명, Pamelor or Aventyl-상표명), 이미프라민(imipramine-성분명, Tofrannil-상표명), 클로미프라민(clomipramine-성분명, Anafranil-상품명) 등이 있다. 이들 약물은 특정 화학구조 틀에 의해 붙여진 것으로서 3개의 환형의 고리로 구성되어 있으며, 신경전달물질인 모노아민계에 속하는 세로토닌, 노르에피네프린, 도파민과 같은 신경전달물질이 연접틈새에 방출되었다가 신경말단인 연접전막으로 다시 재흡수되어 불활성화되는 것을 차단시키는 데 작용한다. 부작용으로 항콜린성 특징이 나타나기도 한다. 항콜린성은 구강건조, 식욕부진, 시야장애, 변비 등과 같이 자율신경계 및 심혈관계 부작용이 일어나는 것이다.

삼환계 항우울제는 오랜 시간 동안 작용하여 치료 효과가 나타나기 때문에 시간이 상당히 걸리는 편이다. 반감기를 위한 평균시간은 28~36시간이고, 일일 복용량은 25~150mg이며, 안전성을 확보하기 위해 복용량을 조절하거나 복용량에 도달할 때까지 심전도를 체크하고, 혈중 농도 또한 150~250mg/ml 사이를 유지하고 있어야 한다(Banaschewski et al., 2004).

삼환계 항우울제와 ADHD 증상과의 구체적 관련성에 대한 예를 제시하면 데시프라민은 항콜린성 부작용이 좀 덜 나타나 지속적으로 사용할 수 있는 약제이고, 노르트리프틸린은 주의력을 증가시키고 충동적 행동을 감소시키지만 지금을 잘 처방되지 않는다(안동현 외, 2015). 최근에는 삼환계 항우울제가 심장과 관련된 부작용이 많아 처방되는 경우가 점점 줄어들고 있다.

2) 세로토닌과 노르에피네프린 재흡수 차단제

재흡수 차단제는 신경전달물질의 운반체인 단백질인데, 신경전달물질의 재흡수를 차단하여 연접틈새에 분포된 신경전달물질을 확산시킨다. 세로토닌과 노르에피네프린 재흡수 차단제에 속하는 약물은 애토목세틴(atomoxetine-성분명, Strattera-상품명), 레복세틴(reboxetine-성분명, Edronax-상품명)이 있다. 이들 약물 중에서 스트라테라는 성장하는 아이들에게 안전성이 높아 ADHD를 보이는 아동에게 자주 처방되는 치료제이다. 이 약물은 약물 의존도와 아이의 신체적 성장, 수면에 미치는 영향과 같은 부작용이 낮다. 일반적으로 스트라테라는 하루에 한 번 투여한다(Rosenthal, 2003; Silver, 2006).

3) 선택적 세로토닌 재흡수 억제제

선택적 세로토닌 재흡수 억제제는 말 그대로 선택적으로 세로토닌이 신경말단으로 재흡수되는 것을 차단한다. 삼환계 약물과 비슷하지만 세로토닌에 더욱 선택적으로 작용한다. 이런 작용을 하는 약물로는 플루오세틴(fluoxetine-성분명, Porzac-상품명), 시탈로프람(citalopram-성분명, Celexa-상품명), 플루복사민(fluvoxamine-성분명, Luvox-상품명), 설트랄린(sertraline-성분명, Zoloft-상품명) 등이 있다. 이 약물들은 4가지 이상의 신경전달물질에 영향을 미치는 다른 약물에 비해 훨씬 더 제한적으로 작용하여 부작용이 많을 것이라는 예측을 할 수 있다. 특히 이들 약물은 대체로 주의집중과 과잉행동보다는 충동성에 관련된 행동에 좀 더 효과적이며, 플루오세틴은 60%의 ADHD 아동에게서 ADHD와 관련된 행동이 개선되었다고 보고하고 있고(안동현 외, 2015), 부작용으로는 경미한 구토와 두통이 많이 나타난다.

4) 비전형 항우울제

비전형 항우울제는 비전형 우울증을 보이는 사람들에게 사용되는 약물이다. 비전형 우울증이란 우울증에서 보여지는 전형적인 증상들이 보이지 않지만 폭식으로 인한 체중 증가, 충동적 행동, 짜증이 많아지는 것과 같이 충동적 감정 표현을 많이 나타내면서 대인관계에 어려움이 심해진다. 이런 증상이 심각해지면 비전형 항우울제를 처방하기도 하는데, 약물의 예로는 부프로피온(bupropion-성분명, Wellbutrin-상품명), 벤라팍신(Venlafaxine-성분명, Effexor-상품명) 등이 있다.

부프로프온은 우울증의 원인으로 작용되는 도파민과 노르에피네프린의 재흡수를 방지하는 약물이다. 이 약물은 ADHD의 증상으로 나타나는 과잉활동이나 공격적 행동의 증상을 개선하고, 품행장애, 불안장애, 틱 증상과 같은 공존장애를 치료하는 데도 사용된다. 부작용으로는 간질, 발작, 경련, 식욕 부진, 불면증, 현기증, 구토 증세 등이 나타날 수 있다(안동현 외, 2015, Walraich & DuPaul, 2010).

3. 기타 약물

앞서 기술한 약물 이외에 ADHD의 증상을 개선하는 약물에는 항고혈압제, 항정신병 약물 등이 있다. ADHD의 증상이 너무나 다양하고, ADHD와 함께 나타나는 공존장애나 약물치료로 인한 부작용도 있기 때문에 주요 약물 이외에도 다양한 약물이 사용된다. 이런 약물 중 몇 가지를 소개하도록 한다.

항고혈압제 중에 ADHD 증상을 개선하는 데 자주 사용되는 약물로는 클로니딘(clonidine–상품명, Catapres–성분명)과 구안파신(guanfacine–상품명, Tenex–성분명)이 있다. 이 두 약물은 노르에피네프린 수용체의 항진제로서 운동 틱, 분노 조절 문제, 반항적 행동, 불면증을 개선하는 데 효과가 있다(Reid & Johnson, 2012). 그러나 이 약물들의 사용에 있어 주의해야 할 사항들도 있는데, 그 내용은 다음과 같다.

클로니딘은 ADHD의 약물치료에 주로 사용되는 정신 각성제나 항우울제가 효과가 없을 때 사용하는데, 1일 사용량은 0.05~0.3mg이다. 안동현 등(2015)은 클로니딘은 정신 각성제와 함께 투여하면 심장의 부담으로 사망하는 경우도 있기 때문에 정신 각성제를 40% 이하로 줄여서 투여하고 심장의 변화를 주의 깊게 살펴봐야 한다고 강조한다. 이 약물의 부작용으로는 구강건조, 식욕부진, 피로감 및 저혈압 등이 나타난다.

구안파신은 알약이나 파스 형태로 사용되는 클로니딘과는 다르게 오직 알약으로만 처방되는데, 이 약물을 사용하는 경우 갑자기 약물투여를 중단하면 다른 반동 문제가 일어나기 때문에 주의해야 한다. 이 약물의 부작용은 클로니딘과 유사하며, 불규칙한 심장 박동, 호흡 곤란, 알레르기 반응 등과 같은 흔하지 않은 부작용이 나타나기도 한다(Reid & Johnson, 2012).

항정신병 약물의 처방은 ADHD의 주증상인 충동성으로 인하여 파괴적인 행동을 개선하는 데 주로 처방되며, 할로페리돌(haloperidol), 클로르프로마진(chlopromazine), 메소리다진(mesoridazine), 피모자이드(pimozide), 아리피프라졸(aripiprazole) 등이 있다. 이들 약물 중 아리피프라졸은 ADHD 아동들에게서 나타나는 주증상의 개선에 효과적이며, 공존장애인 틱장애의 개선에도 효과적이라는 임상연구의 결과가 있다(안동현 등, 2015).

4. 약물치료를 위한 부모나 교사의 역할

ADHD의 증상을 보이는 아동에게 실시되는 약물치료는 그 효과나 부작용이 개인에 따라 유의미한 차이를 나타내기 때문에 약물투여 기간 동안 누군가가 주의 깊게 관찰해야 한다. 특히 ADHD 아동과 시간을 많이 보내는 부모와 교사에게는 약물투여에 관련된 여러 가지 주의점을 세심히 알려야 한다. 즉, 부모나 교사들이 약물투여를 할 때와 약물투여 동안에 특히 조심해야 할 사항들에 대하여 정확하게 숙지하고 있어야 한다.

병원에서 처방받은 약물들은 취학 전 ADHD 아동들이라면 병원과 가정에서 복용할 것이고, 취학 후 ADHD 아동들이라면 약물 효과의 지속 시간에 따라 학교와 가정이라는 두 장소 모두에서 복용할 것이다. 약물치료를 받아야 하는 기준, 약물치료의 시기와 양, 복용 기간은 ADHD 아동의 증상에 따라 매우 신중하게 결정된다. ADHD 증상에 따라 치료를 위한 특정 약물이 결정되려면 대상 아동과 가족에 대한 포괄적인 정보를 기초로 나이, 증상, 공존장애 여부, 질병 등과 같은 개인적 상황을 우선 정확하게 파악하는 과정을 거치게 된다. 그다음으로 약물의 특성과 효과, 지속 시간, 비용 등과 같은 다양한 조건을 고려하여 적절한 약물이 결정된다. 그 후, 약물복용에 직접적으로 관여하게 될 부모나 교사에게 투여방법과 주의사항을 전달한다. 따라서 여기서는 약물 투여 시 약물의 취급 방법 및 투여 지침과 부모와 교사의 역할에 대한 구체적인 안내 사항에 대하여 살펴보기로 한다.

1) 약물 투여 시 약물의 취급 방법 및 복용 지침

학교에서는 약물을 복용하고 있는 ADHD 아동이 있는지 파악하고, 약물을 취급하고 복용하기 위한 일정한 지침이 마련되어 있어야 한다. 단순히 해당 아동에게 "약을 먹어라!"라고 지시하는 것으로 교사의 역할을 다했다는 생각은 매우 위험한 일이다. 교사는 약물의 양과 투여 시간을 확인하고, 약물을 복용한 ADHD 아동의 행동 변화를 관찰하고 기록하여 부모나 담당 주치의에게 전달해야 한다. 또한 ADHD 아동이 복용하는 약물에는 중독성이 강한 약물의 종류가 많기 때문에 약물의 수량, 사용법 등을 정확하게 숙지하고 있어야 한다.

미국소아과학회(AAP: American Academy of Pediatrics, 2009)와 미국특수아동협의회(CEC: The Council for Exceptional Children, 2009) 등과 같은 단체에서는 약물치료를 실시할 때 약물 투여 시 반드시 지켜야 할 주의사항을 〈표 Ⅲ-6〉과 같이 제시한다. 미국에서는 필요에 따라 천식의 치료에 사용되는 특정 약물은 천식을 앓고 있는 아동이 스스로 가지고 다닐 수 있도록 허락하고 있으나, 정신 각성제로 약물치료를 받고 있는 ADHD 아동은 약물을 가지고 다니거나, 통학 중에 약물을 복용하는 것을 금지하고 있다. 특히 미성년자는 관리감독 없이 처방된 약물을 가지고 다니는 것을 엄격히 금지하고 있다(Reid & Johnson, 2012).

ADHD 아동들에게 실시되는 약물치료는 여러 과정의 관리를 거치면 안전하게 이루어진다. 약물치료 전에는 사전 평가를 통해 대상 아동의 상태를 확인하고 적절한 약물을 선택하여 결정하고, 약물치료 담당자는 약물 투여의 시간과

양, 그리고 약물 관리자에게 전달할 정보를 분명하고 세심하게 정리해 둔다. 그 다음으로는 약물치료가 시작되면 모니터링을 통해 약물의 지속 시간과 효과, 그리고 부작용 등을 기록하여 치료가 순조롭게 진행되고 있는지 여부를 수시로 평가한다. 약물치료 계획에는 약물을 중단하는 시기도 결정되어 있어야 한다. 약물복용을 중단하는 이유는 정신 각성제와 같은 약물이 부작용을 많이 일으키기 때문에 그 위험성을 감소하기 위해 짧게는 주말 동안, 혹은 길게는 방학 기간인 1~2개월 동안 약물복용을 중단시킬 수 있다. 약물치료 중 부작용이 있다고 약물복용을 즉시 중단하는 것이 아니라 대처가 가능한 정도라면 약물의 양을 감소시키거나 다른 약물로 바꾸는 등의 조치로 조절이 이루어질 수도 있다.

표 Ⅲ-6 약물치료의 약물투여 시 주의 사항

- 약물은 약물 복용 및 취급 주의사항이 안내된 설명서와 함께 포장된 상태로 부모가 직접 교사에게 전달한다.
- 약물은 자물쇠로 잠겨져 있는 보관함에 둔다.
- 약물 관리는 관리 자격이 주어진 사람만 할 수 있다.
- 담임교사에게 약물을 처방받은 학생을 관리하기 위한 확인 절차는 물론 약물이 처방된 학생에 대한 정보가 제공되어야 한다.
- 약물 복용을 관리하는 교사는 대상학생이 약물을 확실하게 복용하였는지 확인해야 한다.
- 약물 과다 복용, 약물 분실, 처방과 다른 약물 복용 등과 같은 사고에 대처할 수 있는 절차를 마련해 둔다.
- 약물 보관함에 약물 복용하는 학생의 사진과 이름을 부착하여 혼돈되지 않도록 한다.
- 약물 복용을 관리하는 교사는 약물 복용 시간, 양, 부모에게 알림 사항과 같은 기록으로 상황을 파악하기 쉽게 한다.
- 양호교사나 의사는 해당 학생에게 모든 약물이 처방되기 전에 약물의 적절성, 용량 등을 철저히 확인한다.

출처: 송현종, 양승갑 역(2014). 『ADHD학생의 이해와 지도』. 학지사. pp. 201-202.

2) 부모와 교사의 역할

ADHD 아동들에게 약물치료가 실시되는 경우 부모, 교사, 의사는 서로 긴밀한 협력 관계를 형성하여 약물 복용을 하고 있는 아동의 상태에 대한 전반적인 정보를 주고받을 수 있어야 한다. 약물치료가 실시되는 ADHD 아동을 가정에서는 부모가, 학교에서는 교사가 약물 복용과 약물 관리 등과 같이 약물치료에 관련된 관리 및 감독을 한다.

약물치료 과정 중에 부모는 약물치료의 선택에 있어서 결정권이 있지만, 결정을 내리기까지 많은 고민을 한다. 처방되는 약물에 대한 불안, 약물치료에 대한 죄책감, 주변 사람의 조언 등으로 많은 고민을 하지만, 일단 약물 치료를 선택하면 약물치료 중에 숙지해야 할 사항을 잘 파악해 두어야 한다. 또한 자신의 자녀를 담당하는 교사와 양호교사에게 약물치료에 관한 정보를 알려 협조를 구해야 한다.

ADHD 아동의 담당의사는 부모가 고민하는 약물치료의 걱정에 대한 적절한 정보를 제공하여 안심시키도록 해야 한다. 흔히 부모의 걱정은 약물치료로 인하여 아동의 성격이 급격히 변화하지는 않는지, 약물중독이 일어나는 것은 아닌지, 자녀의 성장을 방해하는 것은 아닌지 등이다. 담당의사는 이런 걱정에 대한 긍정적 사례와 부작용에 대한 확고한 대처를 알려줌으로써 부모의 걱정을 덜어 주고 협력적 태도로 변화할 수 있도록 도와주어야 한다.

교사는 담당의사와 약물치료에 대한 정보를 주고받을 수 있는 관계를 형성하여야 하고, 담당의사로부터 약물투여에 관한 전반적인 내용을 파악할 수 있도록 허락하는 부모의 동의서를 받아둔다. 또한 약물복용을 하는 ADHD 아동의 사생활을 보호하기 위해 약물복용에 관한 정보를 동료들에게 알리지 않아야 한다. 교사는 부모의 동의를 얻어 ADHD 아동이 약물을 복용하는 동안 약물의 효과나 부작용을 담당의사에게 알릴 수 있다. 이런 정보의 주고받음은 ADHD 아동의 약물치료 효과를 평가하는 데 중요한 역할을 담당한다. 약물복용을 하고 있는 ADHD 아동이 학교에 있을 때에는 그 아동의 안전에 대한 책임은 담임교사에게 있으니 늘 세심한 관찰과 기록으로 아동의 안전을 보장하도록 한다.

Chapter 2

행동치료

ADHD 아동들은 ADHD의 주증상과 관련된 문제행동을 많이 나타낸다. 이런 행동들은 일상생활은 물론 학업에도 방해요소로 작용된다. 이런 이유로 ADHD의 주증상에 대한 집중적인 치료와 함께 관련 행동들에 대한 해결을 위한 노력도 이루어져야 한다.

일찍이 Skinner에 의해 행동심리학이라는 개념이 전개되어 발전을 거듭하면서 특수교육에서는 관찰 가능하고 측정 가능한 행동에만 초점을 맞춰 교육을 계획하고 있다. 대표적인 예로 개별화 교육 계획을 들 수 있다. 개별화 교육 계획은 아동의 현재 행동 수행 수준을 평가하고 변화되어야 할 행동 목표를 결정하고 이를 위한 전략과 성취 정도를 평가하는 일련의 과정을 포함한다.

미국의 경우, ADHD 증상을 보이는 아동도 특수교육에 적격한 대상으로서 미국장애인교육개선법(IDEA-2004, 이하 IDEA)에 따라 개별화 교육 계획으로 행동을 사정하고 지원하는 절차인 아동의 행동을 평가하는 기능적 행동사정과 아동의 행동을 변화시키려는 중재인 긍정적 행동지원이 포함되어 있다. 개별화 교육 계획에 대한 구체적인 내용은 PART IV 'ADHD의 교육'에 기술되어 있으니 참고하도록 한다.

따라서, 여기서는 ADHD의 행동치료에 대하여 다음과 같은 내용의 순서로 좀 더 구체적으로 살펴볼 것이다. 첫째, ADHD 아동들을 위한 기능적 행동사정과 긍정적 행동지원에 대하여 알아본다. 둘째, 학교에서의 행동관리는 어떻게 이루어져야 하는지 알아본다. 셋째, 개인의 행동을 조절하고 통제하는 자기조절 전략이라는 기술에 대하여 알아본다.

1. 기능적 행동사정과 긍정적 행동지원

기능적 행동사정(functional behavior assessment, FBA)은 일어난 특정 행동의 이유나 목적을 파악하기 위해서 선행 사건(=자극, A: antecedent), 목표 행동(=행동 반응, B: behavior), 후속 결과(=강화, C: consequence)에 관한 분석으로 정보를 수집한다. 기능적 행동사정은 1997년 IDEA에 명시되어 있고, 모든 행동은 아무 이유 없이 단독으로 일어나지 않고, 환경과 선천적 특징이라는 상황적 맥락에서 일어난다는 관점에서 시작된다. 즉, 행동이 유발되는 원인을 제대로 파악한다면 적절한 중재전략을 계획할 수 있다는 것이다.

기능적 행동사정으로 확보할 수 있는 정보는 다음과 같다(국립특수교육원, 2009). 첫째, 학생의 목표 행동에 대하여 기술할 수 있다. 둘째, 행동을 유발시키는 환경적 자극을 파악할 수 있다. 셋째, 목표 행동을 유지시킬 수 있는 후속 결과, 즉 강화를 확인할 수 있다. 기능적 행동사정에서 핵심적 역할은 교사가 담당하지만, 교사 혼자서는 기능적 행동사정을 실시할 정도의 전문성이 부족하기 때문에 관련 전문가와의 협력이 필요하다. 〈표 Ⅲ-7〉에 제시된 내용은 Dunlap 등(1993)의 연구 결과로 제시된 기능적 행동사정의 과정에 포함된 3단계이다(송현종, 양승갑, 2014).

표 III-7 Dunlap 등(1993)이 제시한 기능적 행동사정의 3단계

단계	내용	
1단계: 행동 기능에 대한 가설 발견	행동의 정의	행동에 대한 조작적 정의를 내려 관찰 가능하고 측정할 수 있는 행동에 집중하고 확실하지 않은 측면은 배제시킴
	정보 수집	행동을 유발시킨 이유, 즉 먼저 아동의 행동과 환경과의 관계를 밝히기 위해 기록물의 검토와 행동 평정척도를 실시하고, 그다음으로 면담, 마지막으로 직접 관찰에 의해 정보 수집
	가설 세우기	유발된 행동과 결과 간의 기능적 관계 확립
2단계: 가설 검증	목표행동과 관련된 선행 사건과 후속 결과를 직접적으로 조절하고 통제할 수 있는 상황을 마련하기 위한 확인 단계	
3단계: 중재전략 실시	2단계에서 검증된 결과로 확인된 것을 토대로 선행 사건과 후속 결과를 위한 구체적인 중재전략을 실시하여 조절하고 통제	

출처: 송현종, 양승갑 역(2014). 『ADHD 학생의 이해와 지도』. 학지사. pp. 224-238.

긍정적 행동지원(positive behavior support, PBS)은 문제 행동을 변화시켜 긍정적 행동이 증가되고 부정적 행동은 감소하여 원활한 대인관계는 물론 일상생활의 적응을 높이는 방법이다. 긍정적 행동지원을 모색할 때 다음과 같은 질문에 만족할 만한 해답을 찾아 계획하는 것이 좋은 방법일 것이다. 첫째, 어떤 일이 발생했는가에 대한 접근으로 일어난 행동을 파악한다. 둘째, 행동이 일어나기 전에 어떤 일이 있었는지 확인한다, 셋째, 행동한 후에 일어날 수 있는 일은 무엇인지 예측해 본다. 넷째, 아동의 행동을 변화시킬 수 있는 방법은 무엇이 있는지 모색해 본다. 다섯째, 아동의 긍정적 행동을 촉진할 수 있는 방법은 무엇인지 검토한다(Buck et al., 2000).

긍정적 행동지원을 위해 실행되는 핵심적 전략은 바람직한 대체 행동을 가르치고, 대체 행동의 효과를 증가시킬 수 있도록 환경을 재구조화하여 수정하는 것이다. 그리고 이 과정 동안에 아동 스스로가 대체 행동을 능동적으로 실행하여 적극적으로 참여하여야 한다(Lerner & Johns, 2012).

앞서 설명한 ABC의 행동분석을 통한 행동적 접근은 ADHD 아동들의 특성을 잘 이해하게 하며, 적절한 행동치료가 훨씬 수월해지는 효과가 있다. 행동은 구어와 함께 의사소통을 하는 도구로서 교사가 아동의 행동을 이해하며 소통하는 것은 매우 중요하다. ADHD 증상으로 인하여 보여지는 행동적 문제는 우선 개선되어야 할 중요한 치료 목표로, 이를 통해 또 다른 문제 발생의 감소와 더불어 ADHD의 증상을 완화시킬 것이다.

2. 학교에서의 행동 관리

학교가 모든 학생을 위해 학습 분위기를 잘 조정하여, 모든 학생이 긍정적으로 적응할 수 있게 만드는 것은 당연한 일이다. 특히 ADHD 학생이 포함된 학교는 환경적 재구조화와 교수적 수정이라는 두 가지 측면 모두에서 좀 더 세심한 배려로 ADHD 학생의 독특한 요구에 적절한 지원이 이루어져야 한다. 따라서 학교는 재적하고 있는 ADHD 학생에 대한 정보를 정확히 파악하고, 그들에 적절한 교육 계획과 더불어 적절한 행동을 가르쳐 학생들의 요구를 충족시킬 의무가 있다.

ADHD 학생을 담당하는 많은 교사들은 학생의 행동을 관리하면서 많은 어려움을 겪게 된다. ADHD 학생의 행동을 이해하고 문제행동을 바꾸는 것은 생각만큼 그리 쉬운 일은 아니다. ADHD 학생에 관한 다양한 상황을 파악해야 하고, 그에 적절한 대처 방안도 모색해야 한다. ADHD 학생을 담당하는 교사는 갑자기 많은 업무를 해야 할 것 같은 상황에 당혹스러울 수 있다.

ADHD 학생이 포함된 학급을 담당하게 된 교사는 우선, 그 학생의 문제 행동은 무엇이며, 문제 행동이 나타나는 횟수는 얼마나 자주 발생하며, 특히 어떤 상황에서 문제 행동이 일어나는지 등에 관한 다양한 정보를 수집해야 한다. 그다음으로는 특수교사나 ADHD 학생의 행동을 변화시킬 수 있는 전문가와 함께 협력하여 지원방법을 모색해야 한다. 교사가 학급에서 ADHD 학생의 행동을 관리하기 위한 중요한 방법에는 교실 환경을 재구조화, 학급 관리, 행동 강화 등이 있다. 여기서는 이 3가지 방법에 대하여 간략하게 살펴보고, 좀 더 구체적인 내용은 PART IV 'ADHD의 교육'에 기술되어 있으니 참고하도록 한다.

1) 교실 환경을 재구조화

ADHD 학생이 포함된 교실의 재구조화는 물리적 환경과 교수적 환경이라는 두 가지 측면에서 이루어진다. 물리적 환경은 행동의 변화를 이끌 수 있는 외부적 자극들이 포함된 환경으로 ADHD 학생에게 적절하게 재구조화되어야 하고, 교수적 환경은 학습 성취력을 향상시킬 수 있는 원동력이 되는 자극이 포함된 환경으로 ADHD 학생의 독특한 요구를 충족시킬 수 있도록 수정되어야 한다.

ADHD 학생의 물리적 환경은 교실 배치와 교실 내 학생의 자리 배치, 학급의 규모 등에 세심한 배려가 요구된다. 교실 배치는 개방적 구조보다는 창문이 적고 폐쇄적 공간으로 구성된 교실이 좋고, 주변에 청각적 자극이 많은 곳보다는 가능한 한 적고 조용한 장소, 그리고 조명의 밝기도 너무 밝지 않고 중간 정도의 밝기를 유지하는 것이 좋다. 창문이 있을 경우에는 커튼을 이용하여 시각적 자극에 주의가 산만해지지 않도록 한다. 교실 내의 ADHD 학생의 위치는 가능한 한 교사와 가까운 곳에, 그리고 창가에서 먼 곳에 배치하고, 가능하면 혼자 책상에 따로 앉히는 것이 좋으나 함께 앉는 짝을 선택할 때에는 긍정적인 모델링을 할 수 있는 친구와 함께 앉게 한다. 또한 책상과 책상의 간격은 충분히 거리를 두는 것이 좋다. 교실 내 앞뒤 게시판은 시청각적으로 ADHD 학생의 주의를 분산시키는 구성은 피하도록 한다.

ADHD 학생을 위한 교수적 환경의 수정은 학업에서 성공으로 이끌기 위하여 다양한 교수 전략을 제공하는 것이다. 예를 들면, ADHD의 일반적 징후인 부주의로 인하여 일어나기 쉬운 실수를 줄일 수 있는 전략으로 점감법이나 역방향 추론 전략을 가르치는 것이다. 점감법 전략은 학생들이 주어진 과제를 수행하고 완성하기 위해서 처음에는 가능한 한 제공할 수 있는 많은 단서를 제공하고, 학생이 과제를 혼자서 수행하게 되면 점점 더 단서를 줄여가는 것이다(Johns, 2004). 역방향 추론 전략은 교사가 시범을 보인 과제를 처음에서 끝나는 순서의 역방향으로 과제의 마지막에서 처음으로 거슬러 올라가는 순서를 밟아 가는 것이다(Martin & Pear, 2003). 또한 수업 시간의 지도 방법으로는 칠판에 핵심단어를 적어 두거나, 시각적 매체를 활용하고, 다감각적 방법을 활용한 수업을 진행하는 것도 좋은 교수 전략이다. 수업 중에 과제를 제시할 때에도 과제를 완성할 수 있는 충분한 시간을 부여하고, 과제 양도 한꺼번에 많이 제시하지 말고 적은 양으로 나누어 제시하고, 복잡한 과제는 단순화시키고, 장문으로 구성된 과제보다는 단문으로 구성된 과제를 제시하도록 하는 것도 과잉행동이나 충동성을 보이는 ADHD 학생에게는 적절한 교수 전략이다.

2) 학급 관리

ADHD 학생이 학급에서 적절한 행동으로 잘 적응하기 위해서는 학급 관리에 필요한 안정적인 일과 계획과 분명한 규칙이 확립되어 있어야 한다. ADHD 학생은 다른 아동과는 다르게 하루 일과를 게시판에 붙여 알리는 것으로는 충분하지 않다. 그래서 ADHD 학생 개개인에게 하루 일과를 자세히 설명하여 숙지시켜 자신이 해야 할 일과가 무엇인지 확실하게 이해하도록 도와준다.

교실에서의 하루 일과는 서로 다른 과목을 배우는 수업 시간표를 중심으로 다양한 안내와 규칙 사항들이 포함되어 있다. 수업 간의 이동으로 과목과 과목 사이에 전이가 순조롭지 못할 수도 있으니, 이를 위한 적절한 지원이 이루어져야 한다. 또한 ADHD 학생에게 학급에서 지켜야 할 규칙에 대한 설명을 분명하게 해 주고 규칙을 완벽히 익힐 때까지 반복해서 상기시켜 줘야 한다. 그리고, ADHD 학생이 규칙을 잘 지켰을 때에는 즉시 칭찬을 하는 것과 같이 피드백을 잊지 않도록 한다.

3) 행동 강화

일반적으로 사람들은 행동의 결과가 좋으면 그 행동을 반복해서 계속한다. 이런 행동이 잘 유발되게 하려면 긍정적 행동을 촉진하고 유지시키기에 적절한 강화법을 적용하는 것이 좋다.

강화 방법의 유인자극은 강화물이다. 특히 조작된 조건에서의 행동적 학습에 적용되는 강화의 계획과 종류는 매우 중요하다. 강화 계획은 특정 행동의 결과에 강화를 어떻게 제공할 것인가를 결정하는 것이다. 강화의 종류에는 물리적 강화물이 있다. 강화는 체계적인 방법에 따라 계획적으로 제공하여 촉진시키고자 하는 행동을 이끌어내는 데 매우 효과적이다. 강화 방법에 대한 구체적 내용은 〈표 Ⅲ-8〉에 제시한다.

표 Ⅲ-8 강화 방법

방법	하위 영역	구체 내용
강화 유형	정적 강화	아동이 좋아하는 강화물을 제공하여 바람직한 행동을 증가시킴
	부적 강화	아동이 싫어하는 강화물을 제거하여 바람직한 행동을 증가시킴
	처벌	아동이 싫어하는 것을 제공하여 바람직하지 못한 행동을 감소시킴
강화 계획	연속강화	바람직한 행동을 할 때마다 즉시 강화물 제공
	부분강화	바람직한 행동을 할 때마다 즉시 강화물을 제공하지 않고 불규칙하게 강화물 제공
강화물 종류	일차 강화	물리적 강화로 음식물, 물건과 같은 강화물
	이차 강화	사회적 강화로 쿠폰, 칭찬과 미소, 돈과 같이 강화물로 일차 강화물과 연합되어 있는 경우가 많음

교사들이 ADHD 학생들에게 강화 방법을 효과적으로 사용하기 위해서는 다음에 제시된 사항들을 명심하여야 한다. 첫째, 특정 과제 수행을 위해 ADHD 학생 개개인의 동기를 유발시키고 행동을 촉진할 수 있는 강화 방법과 강화물이 무엇인지 파악하여 선택한다. 둘째, ADHD 학생에게 강화 방법을 적용한 후에 그 결과가 긍정적인지 부정적인지 반드시 확인한다. 셋째, 결과 반응과 행동에 대한 분명한 조작적 정의를 내려둔다. 넷째, ADHD 학생에게 적용되는 강화 방법은 잘 짜여진 계획 아래 강화를 제공할 수 있는 환경을 구조화한다. 다섯째, ADHD 학생 개개인이 선호하는 강화물을 파악해 둔다. 여섯째, ADHD 학생이 학교 이외의 환경에서도 촉진시키려는 행동들을 실행했을 때 적절한 강화물이 제공될 수 있도록 부모에게 협조를 구한다.

3. 자기 조절 전략

자기 조절 전략은 인지행동치료의 대표적인 방법 중 하나이다. 인지행동치료란 외현적으로 표현되는 행동에 대해 개개인의 정서 발달과 신경 심리적 특징을 고려하지 않은 채 행동치료를 실시한 것을 비판하면서 만들어진 치료 방법이다. 인지행동치료는 부적응적인 인지과정이 부적응적인 행동의 중요 원인이기 때문에 인지과정의 변화가 행동의 변화를 가져온다는 가정에서 시작된다(太田 昌孝, 2000; 한국심리학회, 2014). 인지행동치료는 언어가 많은 매개적 역할을 담당하므로 어느 정도 언어발달이 이루어진 초등학교 3, 4학년 때 개별적으로 실시하는 것이 훨씬 효과적이다(太田 昌孝, 2000).

인지행동치료의 효과는 학습 수행 능력, 자기 통제 능력, 여러 상황에 적절한 행동, 다양한 사회 문제 해결 능력 및 수행 능력의 향상으로 나타난다. 그러나 이 치료 방법의 단점으로는 치료 기간이 길고, 사회적 기능의 향상이 그리 높지 않다는 점이다. 미국에서는 한때 인지행동치료를 자기 조절법, 혹은 자기 교수법이라고 부르기도 했다.

인지행동치료의 방식을 크게 두 가지 방법으로 구별하면 인지 재구성 치료방법과 인지행동대처 치료방법이 있는데, 이들 방법의 구체적인 내용은 〈표 Ⅲ-9〉와 같다(한국심리학회, 2014). 여기서는 ADHD 학생의 행동을 개선하는 데 효과적인 자기 조절 전략에 대하여 좀 더 구체적으로 알아봄으로써 ADHD 학생들의 행동 관리는 물론 학습 과제의 수행 능력을 향상시키는 데 도움을 제공할 것이다.

표 Ⅲ-9 인지행동치료 방법

치료 방법	내용	하위영역
인지 재구성 치료방법	비합리적이고 자기 파괴적인 생각과 같은 잘못된 인지나 부적응적 사고에 초점을 두고 긍정적인 생각으로 직접적인 행동의 변화를 이끌어내는 방법	인지 재구성, 사고 멈춤, 합리적 정서치료, 인지치료
인지행동 대처 치료방법	인지 과정의 결함에 초점을 두고 좀 더 적응적인 행동 반응을 확립하도록 돕는 방법	자기 조절 전략, 모델링, 역할놀이, 문제해결, 체계적 탈감법

출처: 한국심리학회(2014). 『심리학용어사전』. 한국심리학회.

ADHD 학생에게 자기 조절 전략은 스스로 행동을 관리하는 데 매우 효과적이다. ADHD 학생은 특정 상황이나 학습에 필요한 기술이 부족하기보다는 자신이 가진 기술을 효과적으로 사용하지 못하여 여러 상황에서 문제 행동을 보인다. 이런 문제를 해결하기 위한 자기 조절 전략은 스스로 자신의 행동을 조절하게 하는 것을 강화시켜 적절한 행동을 지속시키고 부적절한 행동은 감소시키는 데 효과적이다(Barkley & Edwards, 2006).

자기 조절 전략이란 자신의 행동을 스스로 조절할 수 있는 능력으로 가장 유사한 개념은 초인지이다. 초인지는 제시된 과제를 수행하기 위하여 자신에게 필요한 전략을 획득하고, 적절한 계획을 수립하여 적용하고 평가하는 일련의 과정을 담당하는 능력이다. 이런 능력을 활용하는 데 가장 중요한 전략은 자기 조절이다. 따라서 자기 조절은 자신에게 주어진 과제에 능동적으로 참여함은 물론, 자신에게 적절한 환경을 선택하고 구성하며, 과제의 양과 종류를 결정하는 것에 주도적으로 임하여 실행하는 전략이다.

자기 조절 전략에 포함된 방법으로 자기 점검이 있다. 자기 점검은 아동이 자신의 목표 행동의 발생과 유지에 대하여 스스로 점검하여 기록하는 자기 조절 방법 중 하나이다. 이 방법은 주의집중력이 부족하거나 과제 완성도가 떨어지는 아동에게 사용하게 하면 매우 효과적이고, 특히 익숙해진 행동을 반복 훈련시킬 때 많이 사용한다. 또한 자기 점검은 자신의 행동 자체를 기록하는 것으로 강화되기 때문에 별도의 강화 방법을 사용하지 않아도 된다.

자기 점검을 적용할 때에는 목표 행동이 구체적이고 관찰 가능해야 하며, 개별적으로 적절한 행동을 설정하고 기초선을 위한 정보를 수집해 두어야 한다. 그리고 능동적 참여를 통한 자발적 협력으로 실행하고 평가하는 과정을 모두 혼자서 할 수 있도록 해야 한다. 교사는 이런 절차를 자기 점검에 의한 자기 조절 전략을 사용하려는 학생들에게 안내해야 한다(Reid & Johnson, 2012). 자기 점검은 그림 단서, 일정표, 또는 점검표 등을 이용해 자신의 행동을 점검할 수 있다. 또한 자기 점검은 자기 강화와 자기 관리와 함께 실행할 수 있다.

재미있는 이야기

자기 통제 모델을 제시하는 Katy Ridnouer 교사의 자세

나의 학급에 있는 타냐는 학급 회의에 참석하는 동안 회의 주제에 맞지 않는 말로 불쑥 끼어들거나, 이런저런 불평으로 회의의 의미를 떨어뜨리는 학생이다. 나는 타냐의 이런 행동의 수정을 위해 늘 내가 밟고 있는 단계, 「말 없는 경고 → 말로 하는 경고 → 복도에서의 개별 면담」을 실시하였다. 나는 타냐와의 대화를 정말 생생하게 기억한다. 타냐는 이런저런 이유를 나에게 제시하며 자신을 통제할 수 없다고 변명을 하곤 하였다.

나는 타냐와 같은 학생의 지도를 위해 내가 기분이 좋지 않은 날에는 학생들에게 말하여 이해를 구하고, 설명을 하다 꼬이면 내가 실수했다는 것을 알려주고, 생각을 정리한 후 다시 설명을 시작하곤 했다. 이는 내가 「자기 인식」과 「자기 성찰」에 대한 시범을 학생들에게 보인 것이다. 그리고 나는 학생들에게 자신의 사고 과정, 행동, 태도, 학업 성취에 대해 자각하도록 촉구한다.

「자기 성찰」은 학생들이 편하다고 느끼고 신뢰할 수 있는 사람이 있고, 그런 환경에서만 가능하다. 학생들은 늘 나를 시험했고, 나는 그 시험에 늘 응할 준비를 해야만 했다. 어떤 교사도 완벽할 수 없다는 것을 나도 알지만 우리는 우리가 할 수 있는 한, 최고의 교사가 되어야만 하는 책임도 가지고 있다. 우리는 학생들과의 상호작용을 통해 인간적으로 성장해야 한다는 것을 명심해야 한다. 어떤 무례한 행동이나 특정 "유형"의 아이들에 대한 반응을 미리 정해 놓거나, 유연하지 못한 수업 계획을 짜는 것은 이런 성장에 도움이 되지 않는다.

출처: 김미숙 역(2010). 『마음으로 학급 관리하기: 청소년 교육을 위한 안내』. 박학사. 각색 재인용.

Chapter 3

음악·미술치료

ADHD 아동들의 증상을 완화하고 치료하기 위하여 다양한 방법과 매체를 사용한다. ADHD 아동들의 치료 방법 중에 약물치료와 병행하여 정서적 문제를 해결하여 심리적 안정에 효과를 극대화시킬 수 있는 방법 중 대표적인 방법은 예술치료이다. 예술치료는 기본적으로 문제를 가진 내담자와 전문지식을 가진 치료자와의 협력적 상호작용으로 실행되는 과정이라 할 수 있다.

예술치료는 자신의 결과물을 통해 자신의 심리상태를 표현하고 이를 타인과 공유하며 자신의 감정을 파악하고 수정해 나간다. 예술치료에서 가장 많이 사용되는 방법은 음악과 미술을 활용한 치료이다. 음악과 미술이 가지는 다양한 자극이 사람들의 심리적 변화를 가져오게 하는 직접적인 요인으로 작용한다.

이와 같이 예술치료를 통한 심리적 변화가 ADHD 증상을 보이는 아동에게 좋은 영향을 미쳐 ADHD의 증상을 개선시킬 수 있다. 따라서 여기서는 다양한 예술치료 중 ADHD의 증상을 개선하는 데 많이 적용되는 음악치료와 미술치료에 대하여 좀 더 중점적으로 살펴보기로 한다.

1. 음악치료

음악치료는 음악을 도구로 사용하여 인간에게 나타나는 심리나 행동에 관한 다양한 문제를 개선하고 다양한 질병의 치료를 도와주기 위해 개발된 치료 방법이다. 음악은 소리(=음)를 재료로 하여 인간의 생각이나 감정을 시간적 그리고 청각적으로 표현하는 예술이다. 이런 음은 리듬, 멜로디, 화성이라는 음악적 요소에 의해 음악이 되고 화성이 없어도 리듬과 멜로디만으로도 음악이 되기도 한다. 리듬은 박자나 빠르기 등으로 표현되는데 심장의 박동에서 비롯되었다고 한다(최현석, 2009). 멜로디는 음을 일정한 규칙에 따라 미적, 시간적으로 순차 배열한 것이고, 화성은 음의 수직적 연결이다.

이와 같은 음악의 독특한 특징을 기초로 한 음악치료는 다양한 음악적 활동으로 특정 기능에 대한 기술을 학습하고, 심리적 안정을 통해 긍정적 행동을 형성하여 유지하도록 도와준다. 또한 음악치료는 성격, 심리, 행동에 중요한 변화를 가져오면서 많은 실제 생활에 적응하고 문제 해결을 하는 데 영향을 미친다. 즉 음악을 치료 도구로 활용할 때에는 건강이나 즐거움을 목적으로 하기보다는 특정한 요구나 필요에 따라 변화를 이끌어 충족된 결과를 산출하려는 분명한 목적이 수립되어야 한다. 따라서 음악치료의 과정은 일정한 순서에 의해 이루어지고, 일정 시간이 요구되는 치료 방법이다.

1) 음악치료에 대한 개관

음악이란 인간이 들을 수 있는 소리를 박자, 화성, 리듬 등과 같은 일정한 형식과 규칙에 의해 인간의 생각과 정서를 나타내고 공유하고자 하는 시간예술이다. 'music(뮤직)'이란 용어는 그리스어의 'musikē(무시케)'라는 말에서 그 유래했는데, 'musikē'는 무사들이 관장하는 기예라는 뜻이다. 음악은 일찍부터 사람들이 좋아하는 영역으로 다양한 학문과 융합되었다. 음악이 가지는 독특한 의

미와 역사를 거치면서 음악심리학, 음악교육학, 음악치료학 등으로 융합되어 다양한 하위 영역의 학문을 탄생시켰고, 이들을 활용하여 인간에게 미치는 영향과 효과에 대한 연구가 계속되고 있다. 그중에서도 음악치료학은 ADHD 아동들에게서 보이는 주요한 증상과 다양한 문제 행동을 개선하는 데 효과가 검증되면서, ADHD에 관련된 전문가들은 ADHD의 증상을 개선하는 데 다양한 치료법과 함께 병행하여 실시하는 치료 방법으로 선호하고 있다.

음악치료가 ADHD 증상의 개선에 영향을 미치는 이유를 다음과 같은 세 가지 용어를 활용하여 설명할 수 있다. 이 세 가지 용어는 '개별성', '체계성', '능동성'이다. 음악치료는 이 세 가지 용어로 그 효과와 적절성을 충분히 표현할 수 있는 치료 방법이다. 이 세 가지 용어로 설명되는 음악치료의 효과성이 ADHD 증상의 개선하는 데 어떤 영향력을 미치는지에 대하여 좀 더 생각해보기로 한다.

첫 번째 용어인 '개별성'은 동일한 음악을 들은 모든 사람이 동일한 감정을 느끼거나 생각을 하지 않고 각기 서로 다른 감정을 느끼고 생각을 달리한다는 의미이다. 음악이 가지는 '개별성'의 의미는 ADHD 증상을 가진 아동에게서 보이는 독특한 요구는 주증상으로 설명되지만, 주증상 때문에 나타나는 문제 행동은 매우 개별적이라는 특징을 보인다는 것과 관련지어 생각할 수 있다. '개별성'이라는 의미에는 '다양성'이라는 의미가 포함되어 있는 것이다. 그렇다면 이는 한 종류의 음악을 한 집단에 들려주었을 때 개개인의 반응은 각기 서로 다를 수 있다는 것을 전제한다. 이런 음악의 특성을 이용하여 ADHD 증상의 독특성에 적용하면 치료적 효과를 거둘 수 있다.

두 번째 용어인 '체계성'은 일정한 규칙이 적용되어 화음을 이루면서 듣기 좋은 음악이 된다는 것이다. 이런 규칙이 무시되어지면 듣기 거북한 소음이 된다. 이는 ADHD 아동들에게 적용되는 음악치료는 목적에 따라 목표가 수립되어 음악 활동 계획이 단계적으로 수립되고, 실행된 후에는 평가 과정까지 이어지는 일련의 체계적 과정이 포함된다는 점에서 음악적 특징이 잘 활용된 것이라 할 수 있다. ADHD 증상을 개선하고자 할 때에는 개선하고자 하는 목표 행동이 정의되고 그에 적절한 계획들이 모색되어 실행되고 그 결과를 평가하는 과정을 거친다. 이런 과정에 음악을 치료적 매개로 하여 활용한 것이다.

세 번째 용어인 '능동성'은 음악을 듣는다는 것 자체가 적극적 행동의 시작이고, 이는 정신기능은 물론 행동의 변화에 자발성을 유발시키는 데 연결하기 좋은 특징이다. ADHD 증상을 보이는 아동을 자발적이고 능동적으로 치료에 참여시키는 것은 매우 어려운 일이다. 그러나 청각장애가 없는 한 음악을 듣는다는 것은 소리가 청각기관으로 흘러 들어가면서 시작된다. 특히 ADHD 아동들이 좋아하는 음악의 종류를 선택하여 들려주면 치료에 참여하는 자발성은 자연스럽게 형성될 가능성이 훨씬 높아진다.

이와 같이 음악치료는 인간의 심리적 안정과 행동 변화를 이끌어내기 좋은 수단인 것이다. 따라서 음악을 설명할 수 있는 3가지 용어를 활용한 적절한 조합은 ADHD의 증상으로 인한 문제 행동들을 개선하여 종국적으로 ADHD의 증상을 개선하는 데 치료적 효과를 이끌어 낼 것이다.

음악치료의 목적이 심리적 안정과 행동 변화라면, 음악치료의 이런 목적 달성은 Gaston의 관련적 음악치료와 Sears의 경험적 음악치료라는 두 가지의 치료 원리에 기초한다. 이 두 가지의 음악치료에 대한 설명은 다음과 같다.

우선, Gaston의 관련적 음악치료의 원리는 비언어적인 소통의 수단인 음악을 활용하여 자기 만족감을 느끼며 자존감이 형성시킨다. 이 치료는 개인보다는 집단에서 치료 효과가 극대화된다. 특히 사회적 상황을 묘사하거나 미래를 예측하도록 하는 데 효과적이다(최병철, 2003; 정현주, 2012).

그다음으로, Sears의 경험적 음악치료는 음악이 시간에 연계된 행동을 요구한다는 특성으로 현실감각을 깨우기 쉽다는 장점을 활용한다. 이는 사회적 입장에서 음악으로 집단치료가 진행된다면 타인과 관계를 맺게 하고, 심리적인 측면에서는 자신 스스로를 조직하는 경험을 한다는 것이다(최병철, 2003; 정현주, 2012).

이런 두 가지 원리에 입각하여 개발된 다양한 음악치료에 대한 설명은 〈표

Ⅲ-10〉에 간략하게 제시해 둔다. 이는 ADHD 아동들에게 적절한 음악치료를 선택하는 데 도움이 될 것이다.

표 Ⅲ-10 음악치료의 종류

종류	방법
정신치료적 음악치료	• 환자의 고민을 경청하고 지지하고 격려해 주는 음악 치료 방법으로, 불만 혹은 증오를 외부로 발산하는 표현법, 질병의 원인을 자기 스스로 파악하는 통찰법이라는 3가지 방법이 있음 예) 조정적 음악치료(Regulative Music-Therapie, RMT): 독일의 Schwabe가 고안하였고, 불안과 같은 신경증치료에 활용됨
훈련적 음악치료	• 새로운 학습 혹은 수정 학습에 대한 특정 체험 및 훈련 과정으로 구성된 음악치료 방법 예) 음악에 의한 이미지 유도법(Guided Imagery and Music, GIM): 개인이나 집단으로 실시하고 음악의 변화에 따라 떠오르는 이미지를 유도함
능동적 음악치료	• 성악, 기악, 그리고 즉흥 연주 등으로 환자와 치료자가 함께 연주하는 음악치료 방법
수동적 음악치료	• 음악을 듣고 감상을 하는 과정으로 구성되어 있고, 그 과정 중에 다양한 치료가 이루어지는 음악치료 방법
행동주의적 음악치료	• 행동과학적인 이론에 기초하며 집단 역동성을 중시하는 음악치료 방법 • 행동수정에 초점을 둔 음악치료로 정확한 정보와 행동 분석, 관찰을 토대로 문제행동을 수정하여 변화시킴 • 단계적인 목표와 세부 활동, 절차에 의해 진행됨 • 행동에 대한 정확한 조작적 정의가 내려져야 함
인본주의적 음악치료	• 인간의 존엄성과 가치를 존중하고, 개개인의 잠재력을 이끌어 내어 자아실현하려는 이론에서 출발한 음악치료 방법 • 치료대상자가 잠재력을 이끌어 낼 수 있는 환경을 만들어 주는 목적으로 음악을 사용
정신분석적 음악치료	• 자신의 잠재력 발현에 방해가 되는 장애물을 제거하기 위해 무의식 세계를 탐색하는 것에서 치료가 시작되는 음악치료 방법 • 언어와 상징적 즉흥 연주를 사용하는 치료 방법으로 즉흥 연주에서 나타나는 전이와 역전이를 중요하게 여김

종류	방법
창조적 음악치료	• 치료사가 음악과 상황을 연속적으로 창조할 때 환자가 적극적으로 음악 만들기에 관여하는 것으로 실시되는 음악치료 방법 • 소극적이며 수용적인 것보다는 적극적이고 표현적인 것에 초점을 맞춤 • 치료 안에서의 음악이 아니라 치료도구로서 음악을 사용

출처: 서울대학병원 의학정보(2015). 음악 치료.

2) ADHD와 음악치료

음악치료는 다양한 음악의 유형과 더불어 수많은 악기를 사용할 수 있다. 구체적인 예를 들면 노래를 부르거나 악기를 연주하며 직접 음악에 관여하기도 하지만, 음악을 감상하는 것과 같이 간접적으로 음악에 관여하기도 한다. 이런 모든 방법을 활용하는 음악치료는 교육적 영역, 심리치료적 영역, 의료 및 재활적 영역 등 많은 영역에서 활용되어 효과를 보이고 있다.

ADHD 아동들을 위한 음악치료는 심리적 안정과 행동 변화를 이끌어 내기 위하여 활용된다. 다양한 연구에서 음악치료가 ADHD 아동들의 정서와 사회성에 긍정적 영향을 미치며 주의집중의 개선은 물론 문제 행동의 개선에 도움이 된다고 밝히고 있다(장활란, 2003; 정현주, 2005; 신소정, 이재모, 2011).

ADHD 아동들을 치료하기 위해서는 우선 대상 아동에 대한 정확한 진단과 구체적인 증상을 파악하고, 치료 목적 및 계획을 잘 수립해야 한다. 또한 치료 과정 중에 도구로 사용되는 음악치료의 유형과 대상 아동의 변화를 잘 파악하여 보완되어야 할 것들을 신속하게 적용해야 한다. 음악치료에서 역동적 평가와 방법에 있어 대안적 수정은 융통성 있게 운영되야 하는 매우 중요한 요소이다.

음악치료 담당자는 ADHD의 특성을 정확히 이해하여 아동의 행동에 적절하게 대처할 수 있어야 한다. 음악치료는 개인과 집단으로 실시할 수 있다. 사회성 향상을 위한 음악치료는 개인보다는 소규모의 집단치료에 도움이 된다.

ADHD의 증상을 개선시키는 음악치료를 실시했을 때 나타날 수 있는 효과는 〈표 Ⅲ-11〉에 제시해 둔다.

표 Ⅲ-11 ADHD의 증상을 개선하는 음악치료의 효과

- 비언어적 소통 수단인 음악을 매체로 하여 대인적 접촉이 자연스럽게 일어나도록 할 수 있다.
- 다양한 음악의 유형을 통해 행동 수정, 정신 건강, 사회성 발달, 협응 운동의 발달을 이끌어 낼 수 있다.
- 음악적 활동을 통해 학습의 즐거움을 촉진시킨다.
- 음악을 사용하면 불안을 감소시키고, 카타르시스를 이끌어 낼 수 있다.
- 음악은 병원, 학교 등과 같은 다양한 기관에서 사용할 수 있다.
- 음악치료는 일대일로 사용할 수도 있고, 다양한 집단의 규모에서도 사용할 수 있다.
- 음악 감상, 악기 사용, 작곡, 노래 부르기 등과 같이 다양한 방법을 사용한다.

출처: 이철수(2013). 『사회복지학사전』. 혜민 북스.

음악치료의 목적은 장애나 병 때문에 나타나는 증상의 개선은 물론 기능의 저하를 예방하고 심리적 안정을 회복시켜주는 것이다. 이런 목적은 ADHD의 일반적 징후는 물론 공존장애로 나타나는 다양한 증상을 개선시키는 데 매우 효과적이다. ADHD 아동들에게 음악치료를 적용할 때에는 아동에게 보이는 다양한 문제를 정확하게 확인하고, 음악의 종류에서 개인적 선호도와 장단점을 파악하는 것이 우선이다. 그다음으로는 치료 목적과 행동 목표를 설정하고, 치료 기간과 집단 규모에 대한 계획과 음악 활동에 포함될 구체적 내용을 구성한다. 그리고 음악치료를 실행하고, 마지막으로 치료 목적과 행동 목표가 달성되었는지 평가한다.

음악치료는 ADHD 아동들의 기질적 상태에 따라 일대일 혹은 집단을 선택할 수 있고, 노래, 악기 연주, 음악 감상 등과 같이 다양한 음악치료 방법을 실시할 수 있다. 일대일 음악치료는 ADHD의 증상으로 인하여 또래 관계의 형성이 힘들고 발달적 지연 정도가 심할 경우에 선택하는 것이 좋고, 증상이 완화되었을 때 집단 음악치료로 이동하는 것이 좋다. 집단 음악치료는 10명 이내로,

소집단과 대집단으로 구분할 수 있고, 자기 자신에 대하여 이해하는 것에서 사회성에 필요한 기술을 습득시키고 대인관계를 개선하는 것과 같이 다양한 목적으로 활용할 수 있다.

2. 미술치료

미술치료는 다양한 매체를 활용하여 자신의 감정과 생각을 표현하여 심리적 문제를 해결하고 발달을 촉진시키려는 예술치료의 한 방법이다. 미술치료는 미술과 심리학을 결합한 것으로 인간의 기능에 관련된 다양한 영역의 치료를 적용시킨 것이다. 따라서 미술 표현을 통해 언어로 온전히 전달할 수 없는 감정이나 심리적 내면을 표현하여 전달하고, 불안한 감정이나 기분을 진정시킬 수 있다. 미술치료의 이런 측면은 표현에 있어서 언어적 제한성을 극복하는 하나의 방법이 될 수 있음을 시사한다.

역사적으로 볼 때 초기 미술치료는 무의식에 초점을 두어 그 안에 내재된 갈등을 드러내서 이해하여 치료하는 방법을 주로 사용하다가, 최근에는 다양한 문제를 가진 환자는 물론 일반인의 인성 형성을 위한 프로그램, 그리고 장애아동의 발달을 촉진시키기 위한 프로그램으로 활용되고 있다(국립특수교육원, 2009). 이런 변화과정은 미술치료를 받는 환자의 범위를 확장시켰고, 운동, 정서, 인지 등과 같은 다양한 문제 해결에 성공적인 결과를 보이게 했다. 특히 전통적으로 미술치료는 우울증, 불안, 부적응과 같은 증상을 보이는 아동의 치료에 효과적이라고 알려져 있다.

1) 미술치료에 대한 개관

미술은 내재적인 심리 경험을 상징적 표현에 의해 외현적으로 표출할 수 있는 좋은 수단이다. 이런 미술의 장점은 신체적이든 심리적이든 개인적 문제를 미술 활동 동안 해결하여 그 안에 있던 불안과 고통을 극복시키는 치유력에 있다. 미술치료사는 환자가 표현한 상징물에서 환자의 상태를 파악하여 치료에 접근한다. 특히 미술은 음악과 마찬가지로 비언어적 소통 수단이 되기 때문에 언어발달이 늦거나 자신의 생각이나 의도를 표현하는 데 서툰 사람들이 쉽게 접근할 수 있는 도구이다. 특히 미술치료는 작업에 몰두하는 그 자체로 부정적 감정을 완화시켜 안정적 상태로 회복시키는 정화기능을 가지고 있다.

미술치료는 환자 자신이 능동적으로 미술활동에 참가해야 하기 때문에 이미 과정에서 치료가 진행되고 있는 것이다. 미술치료를 통해 표현되는 상징물은 환자의 행동적 문제는 물론 내면적 심리상태를 확인할 수 있어, 적합한 치료 방법을 선택하고 진행시킬 수 있다. 따라서 미술치료는 완성된 결과뿐만 아니라 과정도 치료에 중요한 영향을 미친다.

미술치료는 19세기 말에 정신과적 치료를 위해 시작되었으나 그리 발전적이지 못했다. 본격적인 출발은 20세기 중반 Freud의 정신분석적 이론이 전개되면서 미술치료가 좀 더 전문적 성격을 가지며 발전되었다고 할 수 있다.

발전을 거듭하며 소개된 미술치료의 많은 방법은 다양한 견해와 이론에서 비롯되었다. 미술치료의 대표적인 견해로는 치료직 입장을 강조한 Naumburg의 견해, 창조와 자아 성찰을 강조하는 Krammer의 견해, 치료와 창조를 통합한 Ulman의 견해가 있다. 이들 견해에 대한 설명은 〈표 Ⅲ-12〉에 제시해 둔다. 그리고 미술치료에 토대가 된 이론으로는 아는 것을 그린다는 인지발달론, 본 것을 그린다는 지각발달론, 느낀 것을 그린다는 개성표현론이다(정여주, 2014). 이 세 가지 이론은 미술을 활용한 다양한 측면의 치료와 발달을 촉진시킬 수 있다는 근거를 마련해 준다. 특히 미술을 통한 인지발달은 Vigotsky의 근접발달영역 안에서 프로젝트 프로그램을 사용하였을 때 좀 더 촉진된다. 이와 같이 미술의 역할은 ADHD 증상으로 인하여 지연된 인지발달도 촉진할 것이다.

표 III-12 미술치료 방법에 영향을 미친 견해

견해	설명
Naumberg 견해	• Freud의 정신분석이론을 토대로 정신분석 지향적 미술치료 방법으로 설계됨 • 자유 연상적 그림에서 나타난 상징성에 대한 치료사의 해석으로 시작되는 미술치료 방법 • 정신분석학교의 행동장애 아동에게 적용 • 현재 미술심리치료라고 불리는 보편적인 방법
Krammer 견해	• 정신분석적 이론을 토대로 하지만 Naumberg 견해처럼 상징성의 해석보다는 미술활동의 창조적 행위 그 자체에 치료적 가치를 둠 • 미술활동 과정 중에 억제된 감정이 해소되고, 자신의 갈등을 해결하는 능력과 통합할 수 있는 능력이 향상됨 • 오늘날에는 Naumberg 견해보다는 Krammer 견해가 임상에 많이 적용되어 일반화됨
Ulman 견해	• Naumberg 견해와 Krammer 견해를 절충하여 미술치료에 적절히 반영한 미술치료 방법

김금숙(1998)과 강승아(1999)는 일반적으로 미술치료의 효과를 다음과 같이 제시한다. 첫째, 미술은 심상을 표현하는 데 효과적이다. 이는 언어로 표현하기 힘든 상상, 꿈 혹은 경험 등을 미술활동을 통해 표현할 수 있다는 의미이다. 둘째, 미술은 환자의 방어를 감소시킨다. 언어에는 방어적 표현이 많이 나타나지만 미술과 같은 비언어적 표현 방법은 방어적 표현을 감소시킨다. 셋째, 미술은 특정 형태의 대상, 구체적 자료를 즉시 얻을 수 있다. 넷째, 미술은 작품을 보관할 수 있어 시간이 지나도 자신을 회상하며 재검토를 할 수 있다. 다섯째, 미술은 언어가 가지는 시간성보다는 공간성의 특징을 가지며 시간적 제한성은 없다. 여섯째, 미술은 작품을 만드는 과정을 통해 창조성과 신체적 에너지를 유발시킨다.

미술치료에서 중요한 것은 재료, 즉 매체이다. 매체를 선택하고 결정할 때 중요한 것은 환자의 선호도이다. 따라서 환자가 좋아하는 매체를 파악하고 그 매체를 통해 환자의 문제를 개선할 수 있는 활동을 계획해야 한다. 미술치료의 매체는 단순하고 덜 구조화된 것이 환자의 심리적 투사에 훨씬 더 적절하고 작품이 완성되는 성취감도 훨씬 더 느낄 수 있다. 미술치료의 과정은 분위기를 형성하는 도입단계, 본격적인 미술 활동을 실행하는 단계, 완성된 작품을 전시하여 감상하며 공유하는 단계라는 일련의 과정을 거친다.

미술치료가 실시되는 기간과 1회 제공 시간은 환자의 상태와 개인적 작품 완성 속도에 따라 다르고, 일대일 혹은 집단으로 그 규모를 달리하여 치료를 실시할 수 있다. 특히 아동은 미술활동을 좋아하는 경우가 많아 자연스럽게 실시하기 좋은 치료 방법이다. 또한 미술치료 담당자는 환자와 직접적 관계를 맺는 사람으로 미술치료의 방법을 정확히 숙지하고, 전문적 지식과 경험이 풍부하여 환자가 신뢰할 수 있어야 한다.

미술치료의 방법으로 앞서 설명한 다양한 견해를 적용하여 환자의 목표 행동이나 개선할 문제, 완화시켜야 할 문제에 적절한 방법을 선택할 수 있다. 미술치료의 유형에는 정신분석적 미술치료, 현상학적 미술치료, 인간중심 미술치료, Gestal 미술치료, 행동주의적 미술치료 등이 있고, 이런 유형에 대한 구체적 설명은 〈표 Ⅲ-13〉에 제시한다.

표 Ⅲ-13 미술치료 유형 및 방법

치료 유형	치료 방법
정신분석적 미술치료	Freud의 정신분석 이론을 토대로 한 미술 표현 활동으로, 떠오르는 이미지를 표현하여 무의식 세계를 탐색하는 미술치료 방법
현상학적 미술치료	주관적 경험을 강조하는 현상학적 철학에 근거하여 존재의 숨겨진 차원에 있는 의도성을 밝히기 위한 미술 표현 활동으로 구성된 미술치료 방법
인간중심 미술치료	인간은 삶의 적응 과정을 괴루워한다는 견해에서 진행하는 미술 표현 활동으로 구성된 미술치료 방법
Gestalt 미술치료	통합과 '지금 여기'에서의 경험을 강조하며 워크숍 형태로 진행되기도 하고, 점토 작업을 활용한 게임 혹은 느낌 그리기 등의 미술 표현 활동으로 구성된 미술치료 방법
행동주의적 미술치료	행동치료 기법을 미술치료에 적용시켜, 모델링 등을 활용하는 미술 표현 활동으로 구성된 미술치료 방법

2) ADHD와 미술치료

ADHD 아동들을 위한 미술치료는 주의집중 능력의 향상과 자유롭게 표현하는 활동에서 자신의 요구와 감정을 드러낼 수 있고, 치료사와의 끊임없는 상호작용을 통해 얻어지는 공감과 지지는 정서적 안정과 공격성의 감소에 효과적이다. 또한 인지발달, 시공간 개념, 대근육 운동, 소근육 운동, 협응 운동에도 도움이 된다. 여기서는 우선 아동의 그림 발달은 어떤 단계를 거치는지, 그리고 그림 그리기를 활용한 사정은 어떻게 실시되는지, 마지막으로 ADHD 아동들을 위한 미술치료에는 어떤 방법들이 있는지에 대하여 좀 더 상세히 알아본다.

(1) 그림의 발달 단계

아동이 그리는 그림에는 발달적 상태를 파악할 수 있는 요소들이 포함되어 있다. 이런 요소들로 아동의 그림은 성인의 그림과는 달리 발달적 측면을 고려하여 해석할 수 있다. 그림에서 나타나는 발달적 특성을 파악하기 위해서는 아동의 연령에 따라 나타나는 그림의 특성을 알고 있어야 하고, 이를 통해 미성숙의 정도나 정서적 문제, 행동적 문제 등을 해석하여 확인하는 사정이 이루어질 것이다.

신민섭과 그의 동료들(2002)은 그림을 통한 발달 단계를 유아기에서 청소년기까지 연령별로 구분하여 제시한다. 그가 제시한 단계는 다음과 같다.

1단계는 18개월에서 3세까지의 연령에 해당되는 시기로, 그림은 낙서로 나타난다. 이 시기의 낙서는 일정한 유형이나 형태를 갖추지 못하고 있고, 그저 자신의 손이 움직이는 대로 규칙이나 질서 없이 그려낸다. 이 시기의 유아들은 말과 신체적 움직임을 통해 자신의 생각을 표현하는 능력이 발달한다. 그래서 낙서와 같은 그림은 아무런 의미가 없는 것처럼 보이지만, 이때 나타나는 낙서는 선과 불완전한 형태 묘사로 사물들을 표현하고 개념을 획득하여 그리는 초기단계의 그림인 것이다.

2단계는 3세에서 4세까지의 연령에 해당되는 시기로, 완벽하지는 않지만 사물의 형태를 갖춘 그림이 나타난다. 이 단계에서 그려지는 그림은 아직까지는 다른 사람이 보기에는 무엇을 그렸는지 정확하게 파악할 수 없으나, 그림을 그린 아동에게 무엇을 그렸는지 물어보면 자신의 그림에 대한 설명으로 자신의 생각을 명확히 전달한다. 이는 자신의 생각이 그림에 반영되어 있다는 분명한 사실을 확인할 수 있도록 하는 것이다.

3단계는 4세에서 6세까지의 연령에 해당되는 시기로, 초보적이긴 하나 사람을 그리고 그림에 색을 칠하기 시작한다. 이 시기의 처음 그려지는 인물 그림은 동그라미로 머리를, 그 옆에 두 개의 선을 팔로 그려 넣고 사람이라고 하는 수준에서 6세경이 되면 신체의 각 부분을 분화시켜 머리, 몸통, 팔, 다리, 손과 손가락, 발과 발가락, 얼굴 안에 있는 눈, 코, 입, 귀, 눈썹, 머리카락 등 섬세한 부분까지 그리기 시작한다. 이와 더불어 주변 사물의 구체적 특징에 주의를 기울여 그리는 단순한 그림에서 사실적이고 복잡한 그림을 그리기 시작한다. 이 단계에서는 색을 칠하여 그림을 완성하려 하는데, 사물이 가지고 있는 고유의 색보다는 자신이 생각하는 주관적 선택에 의해 색을 칠한다. 그래서 이 단계에 나타나는 색은 매우 독창적이고 개인의 선호도가 분명히 나타난다.

4단계는 6세에서 9세까지의 연령에 해당되는 시기로, 시각적 정교화가 형성되면서 복잡한 특성들이 그림에 나타나 미술적 표현에 있어서 급격한 발달이 이루어지는 시기이다. 이 단계의 아동은 사물 간의 관련성을 이해하기 때문에 상징과 도식이 좀 더 사실적이라 3단계에서 보여지는 독창성은 매우 많이 줄어든다. 7, 8세경에는 깊이지각을 할 수 있게 되면서 삼차원적 표현에 의한 입체적 그림을 그릴 수 있게 된다. 또한 동물의 내장을 그리는 것과 같은 투시적 그림이 나타나고 사물의 중요성을 강조하려는 표현으로 특정 사물의 크기를 크게 그리기도 한다. 영화 필름처럼 한 동작이 되게 하는 일련의 연속적 움직임도 표현할 수 있다.

5단계는 9세에서 12세까지의 연령에 해당하는 시기로, 원근법의 적용으로 표현이 좀 더 세련되고 정교해진다. 색의 사용도 다양해지면서 독창적 표현보다는 현실주의에 입각하여 구체적이고 사실적인 표현이 지배적으로 나타난다. 이런 표현 특성으로 인하여 회화능력의 발달은 이 단계에서 멈춰진다고 말할 수 있다.

6단계는 13세에서 14세까지의 연령에 해당하는 시기로, 깊이나 원근감이 정확해지면서 세부적인 부분의 표현이 좀 더 정교해지고, 추상적인 표현도 나타나기 시작한다. 다만 5단계에서 회화능력의 발달이 멈춰지기 때문에 표현 능력은 5단계 정도의 수준이긴 하지만, 이 단계에서는 그림에 소질이 있는 아동의 경우 그 실력이 발휘되면서 상징을 통해 표현된 예술성으로 타인과 같은 외부환경과의 소통을 시도한다.

미술치료를 담당하는 치료사가 위에서 제시한 기본적인 그림발달 단계를 이해하고 있다면 담당하게 될 ADHD 아동의 발달 정도를 파악하기 훨씬 수월하고, 치료적 접근 방법을 모색하는 데 많은 도움이 될 것이다.

(2) 그림 그리기를 통한 사정

ADHD 아동들에게 미술치료를 실시하기 전에 아동의 특성과 상태를 파악할 수 있는 사정이 실시된다. 기본적으로 ADHD로 인한 주증상이나 개별적 행동 특징은 병원에서 처음 진단명이 결정될 때 수집된 정보를 참고하면 된다. 그럼에도 불구하고 미술치료를 실시하기 전에 그림을 사용한 구체적 사정을 실시하는 것은 ADHD 아동들의 전반적 상태, 즉, 정서, 성격, 행동의 문제, 사고 유형 등과 같은 추가적인 정보를 좀 더 파악하여 미술치료의 방향을 계획하려는 목적 때문이다.

미술치료에서 그림 그리기는 치료에서 사용되는 하나의 유형이기도 하지만 사정에서 활용할 수 있는 좋은 방법이다. 그림을 활용한 사정은 1940년 전후부터 그림을 통해 개개인의 정서와 성격을 평가할 수 있다고 주장되면서 투사적 그림 검사가 발전되기 시작한다(신민섭 등, 2002). 투사적 그림이란 그림이 개개인의 심리적 상황과 주관적 경험을 나타낸다는 관점을 근거로 하여 개발된 것으로 가족화, 빗속의 사람 그리기, 색채화, 집-나무-사람 그리기 등이 있다. ADHD 아동에게 그림으로 아동의 인지와 정서적 상태를 파악하는 것도 좋은 사정 방법이다. 그림 그리기를 통한 사정 방법은 〈표 Ⅲ-14〉에 제시한다. 〈표 Ⅲ-14〉에 제시된 그림검사 방법 이외에도 부가적인 인물 검사, 집단 그림 검사, 운동성 학교 그림 검사 등과 같이 다양한 그림 검사의 유형이 있다.

표 III-14 그림 그리기를 통한 검사 방법

그림 검사	검사 방법
사람 (Draw-a-Person; DAP)	• Machover(1949)에 의해 개발된 그림 검사 • 사람을 그리게 한 후 자신에 대한 생각 등의 질문으로 자신에 대하여 어떤 생각을 하는지, 신체상은 확보되어 있는지 등과 같은 다양한 정보 획득
가족화 (Draw-a-Family; DAF)	• 헐스(Hulse, 1951)에 의해 개발된 그림 검사 • 46×61cm의 흰 종이에 12색 수정펜을 제공하여 가족 모두가 무엇인가를 하는 모습을 그리도록 지시 • 심리적 갈등이 생겨난 초기 원인, 가족 관계, 오이디푸스 갈등의 해소 정도, 자기개념 및 불안 정도, 공상 세계에 대한 정보 파악
빗속의 사람 (Draw-a-Person-in-the-Rain; DAPR)	• Lack(1996)에 의해 개발된 그림 검사 • 21.5×28cm의 흰 종이에 지우개가 붙어 있는 2B 연필을 제공하여 빗속에 서 있는 사람 그림을 그리도록 지시 • 비는 스트레스, 비의 질은 환자가 느끼는 스트레스의 양, 우산, 비옷, 나무는 스트레스에 대한 방어기제 • 정신과 환자들에게는 해석의 타당도가 높지만 일반인들에게는 해석의 타당도가 그리 높지 않음
색채화	• HTP 개발자와 사용자들이 발전시킨 그림 검사 • 먼저 HTP를 그리게 한 후 크레파스로 다시 그리도록 지시 • 채색이 무채색보다 성격이 표현되기 쉬움 • 환경에 잘 적응하는 아동일수록 색채가 다양하고, 정서적으로 불안하고 경직되어 있는 아동은 제한된 색채만 사용하는 경향성 • 색채가 가지는 의미는 성별, 연령, 주관적 경험에 따라 달라지기 때문에 기계적인 해석이나 과도한 추론은 위험

그림 검사	검사 방법
집-나무-사람 (House-Tree-Person; HTP)	• Buck(1948)에 의해 개발되어 Buck과 Hammer가 발전시킨 그림 검사 • 21.5×28cm의 흰 종이와 8색 크레파스로 한 번에 1장씩, 적게는 4번, 많게는 8번까지 제공하여 사람, 나무, 집을 그리도록 지시 • 사람은 의식적 성격, 나무는 무의식적 성격, 집은 가족 관계로 파악
동물 (Drawings of Animals; DA)	• 자신이 그리고 싶은 동물은 어떤 동물이든 그리도록 지시하여 실시하는 그림 검사 • 자기에 대한 생각에서 보다 원초적인 측면이 파악 가능
자화상 (Self-Portrait; SP)	• 자화상을 그리도록 지시하여 실시하는 그림 검사 • 자기 개념이나 신체상의 정보를 파악할 수 있음 • 문제를 분명히 파악하여 치료 계획을 수립하는 데 도움이 됨

출처: 신민섭 외(2002). 『그림을 통한 아동의 진단과 이해』. 학지사. / 최외선 외 역(2007). 『미술치료와 ADHD』. 학지사.

신민섭과 그의 동료들(2002)은 미술치료 사정에서 사용되는 투사적 그림 검사에 기초된 4가지의 이론과 2가지의 해석 방법을 다음과 같이 정리하여 제시하고 있다. 기초가 된 4가지 이론 중 첫째는 정신분석적 이론으로, 이 이론으로 그려진 그림에서 내면, 즉 외현적으로 나타나지 않는 무의식의 세계를 파악할 수 있다. 두 번째는 자기-심리학적 이론으로, 그려진 그림은 자기 자신과 직접 관련된 경험이라는 점에서 출발하여 그림을 해석하는 것이다. 세 번째는 현상학적 이론인데, 이는 검사자에 의해 마련된 기존의 기준 없이 그려진 그림에 나타난 상징을 통해 아동의 심리를 해석할 수 있다. 네 번째는 사회적 이론으로, 그려진 그림을 통해 아동의 사회성에 대한 동기나 자세를 파악할 수 있도록 한다. 그리고 그림을 해석하는 방법으로는 인상주의적 해석방법과 구조적 해석방법으로 구분하여 제시한다. 인상주의적 해석방법은 검사자의 주관적인 판단에 근거하여 그림에서 나타난 심리적 특징에 대하여 해석하는 방법이고, 구조적 해석방법은 그림에서 나타나는 선과 질의 형태, 제시된 종이에서 그려진 그림의 배치, 그리는 순서 등과 같이 각각의 구조적 요소들을 해석하는 것이다

이와 같이 미술치료는 그림 검사에 기초된 이론과 해석방법을 통해 인간의 숨겨진 심리를 다양한 측면에서 해석하여 심리적 원인과 개선점을 발견한다. 이런 사정 과정을 통해 치료 방향을 계획하고 실행해 나간다. 이런 일련의 과정을 담당하고 있는 미술치료사는 그려진 그림을 통해 나타나는 다양한 정보를 정확하게 해석할 수 있어야 한다. 즉, 그림에서 나타나는 정보를 어떻게 해석하는가에 따라 치료 방법에 대한 계획이 달라질 수 있기 때문에, 기본적으로 미술치료사는 다양한 임상을 통한 풍부한 경험이 있어야 한다. 또한 아동이 미술치료에서 계획된 활동을 진행하는 동안 특이한 상황이나 문제점이 보이면 기록해 두었다가 다음 미술치료에 반영하도록 한다. 음악치료와 마찬가지로 미술치료사는 미술치료가 진행되는 동안 역동적 평가를 할 수 있어야 하고, 미술치료에 사용되는 매체와 방법에서 융통적이어야 한다.

미술치료에서 그림 그리기로 실시되는 검사의 장점은 다음과 같이 몇 가지를 제시할 수 있다. 첫째, 그림 그리기는 비언어적 검사로, 언어를 매개로 하여 실시되는 표준화된 심리검사에서 확보할 수 없는 정보를 보완해 줄 수 있다. 둘째, 언어발달이 아직 덜 된 아동에게 실시할 수 있다. 셋째, 그림 그리기 검사는 실시하기 간편하고 경제적이다. 넷째, 그림 그리기는 성인이 말로 표현하기 어려운 심리적 갈등과 분노 등을 표현할 수 있다.

또한, 그림 검사나 미술치료가 실시되는 환경의 구성도 중요하다. 우선 기본적인 환경 구성은 조명, 크기, 소음 정도, 비밀성, 자유성 등이 고려된 공간을 확보하여 물리적 환경을 구성한다. 이와 더불어 시간적 환경과 심리적 환경의 구성에도 주의를 기울여야 한다. 시간적 환경으로는 미술치료의 목표나 대상, 그리고 방법에 따라 시간적 계획이 융통적이고 다양해야 한다. 예를 들어, 치료 시간이 1회 50분으로 정해져 있다 하더라도 환자의 몰입도에 따라 앞뒤로 줄이거나 연장할 수 있는 충분한 여유가 있어야 한다. 환자가 몰입하고 있는데 중간에 정해진 시간 탓에 활동을 중단하게 하는 것은 매우 좋지 않다. 심리적 환경은 미술치료사와 환자의 관계인데, 미술치료사는 환자의 정신적 지원자이며 미술활동에 관련된 기능적 안내자로서 역할을 담당하고, 환자가 전적으로 신뢰할 수 있는 사람이어야 한다.

(3) ADHD를 위한 미술치료 방법

미술치료는 이제까지 살펴본 바와 같이 목적과 방법, 그리고 매체에 따라 매우 다양하게 실시된다. ADHD 아동들에게 미술치료를 실시할 때 무엇보다 중요한 것은 다양한 그림검사를 통하여 아동의 상태를 정확히 판단하여 치료의 목적과 목표 행동을 설정한 후 구체적 진행 순서와 평가에 대한 계획을 세우는 것이다. ADHD의 증상은 매우 다양하며 이질적이기 때문에 정확한 평가 아래 치료 계획을 세울 것을 강조한다. 미술치료는 일대일, 혹은 집단으로도 실시될 수 있으나 ADHD 증상의 특성상 집단의 크기가 커지는 것은 좋지 않다. ADHD의 증상이 정도가 심할 경우에는 우선 일대일로 미술치료를 진행하다가 점점 상태가 호전되었을 때 집단으로 옮겨가는 것이 좋다.

ADHD 아동들을 대상으로 하는 미술치료는 일상생활에 적응이 어렵거나 고립되어 있는 상태를 개선하는 데 적절하다. 또한 ADHD 아동들이 좋아하는 미술활동으로 계획된 미술치료는 주의집중을 향상시키고 과잉행동을 줄일 수 있으며, 내적 불만이 미술활동을 통한 작품으로 표출되면서 충동성이 억제되는 효과가 있다.

특히 ADHD 아동들의 학업과 사회적 기술 향상을 위해서는 집단미술치료가 효과적이다. 집단미술치료의 장점은 서로의 생각과 느낌을 공유하면서 배움의 기회를 제공한다. 그리고 약물치료를 하는 ADHD 아동들의 경우 약물복용 동안의 행동을 관찰하여 의료진에게 정보를 제공할 수 있다(Mooney, 2000; Henley, 1998; Diane, 2002). ADHD 아동들은 미술활동을 통해 치료적 접근도 하지만 인지발달, 소근육 운동, 정서적 안정의 회복, 충동적 행동의 감소 등과 같은 효과도 함께 얻을 수 있다.

ADHD 아동들에게 실시되는 집단 미술치료의 규모와 구성은 ADHD 아동들에게서 보여지는 증상적 특징이 비슷한 아동끼리 소규모의 집단으로 구성하는 것이 좋다. ADHD 아동들을 대상으로 사회적 기술 향상을 위한 집단 미술치료 프로그램의 예를 〈표 Ⅲ-15〉에 제시해 둔다(Diane, 2002).

미술치료는 ADHD의 증상을 개선하고자 하는 것이 주요 목적이라면 미술교육은 ADHD 아동들의 잠재능력을 계발하여 촉진시키는 것이 주요 목적이다. 미술치료와는 그 목적이 다르지만 교육적 입장에서 미술은 ADHD 아동들의 인지발달을 촉진시킬 수 있다.

표 III-15 ADHD 아동의 사회적 기술 향상을 위한 집단 미술치료 프로그램

회기: 주제	내용
1: 집단 및 자기소개	프로그램 규칙 안내, 집단 구성원 소개, 그림 그리기로 자기 소개
2: ADHD에 대한 자신의 생각	그림 그리기로 자신의 느낌을 전달하여 치료자와의 신뢰감 형성하기
3: ADHD 증상과 약물복용에 대한 느낌	두 가지 그림 주제(ADHD 증상, 약물복용)가 제시되고, 하나의 주제를 그린 후 휴식 시간을 제공하며, 이 회기에서는 미술치료집단이 안전한 환경이라는 신뢰가 형성되도록 주의 기울이기
4: ADHD로 방해받는 학교생활	학교에서 적응하지 못했던 압박감에 대하여 그림 그리기로 공유하고 효과적인 자기 옹호 기술 배우기
5: ADHD로 방해받는 가족 및 또래 관계	가족과 또래 관계를 형성하는 데 어려운 이유를 스스로 찾고, 문제점을 해결하는 행동 조절 방법을 모색하도록 유도하기
6: ADHD를 극복하기 위한 전략	ADHD를 극복하기 위한 다양한 전략 제시하기 예) 문제를 확인하고 집중하기 전략, 가족회의 전략 등
7: 쓰레기통 그리기	ADHD에 관한 부정적인 생각을 버리고 희망에 대한 개념 세우기
8: 다리 그리기	ADHD로 인한 부정적 삶에서 긍정적 미래의 삶을 위한 자신의 태도, 행동, 사고를 위한 구체적 노력, 변화점을 스스로 찾도록 유도하기

출처: Diane S.S.(2002). *Art Therapy and ADHD: Diagostic and Therapeutic Approachers*. Jessica Kingdley.

ADHD의 증상을 주요 증상이나 일반적 행동 특징으로 제시할 수 있지만 개개 아동에게 보여지는 행동의 유형은 조금씩 서로 다르다. 그래서, 단순히 일반적으로 제시된 ADHD의 증상에 따른 개별성을 고려하지 않은 채 동일한 치료 방법이나 교수 전략을 적용할 경우 종종 실패라는 결과를 경험할 수 있다. 이런 점이 고려된 매체지원이 순환되는 미술활동은 ADHD 증상과 행동적 특징의 개별성을 간과하지 않는 지원 방법이라 할 수 있다.

다른 치료 방법이나 교과보다 미술활동은 훨씬 더 다양한 재료를 풍부히 제공할 수 있어 매체순환이 쉬운 편이다. 미술활동에서 매체 순환의 장점을 다음과 같이 제시할 수 있다(김미숙, 2005; 김미숙, 오종숙, 2006). 첫째, 매체순환은 단순히 한 매체에서 다른 매체로 이동하는 것을 의미하는 것이 아니라 아동의 문제 해결을 위하여 매체를 매개로 하여 그 방법을 해결할 수 있는 전략을 모색하게 한다. 둘째, 매체순환은 개개인의 맥락을 고려하여 지원되기 때문에 아동의 잠재능력을 최대로 이끌어 낼 수 있다. 셋째, 인지 발달과 다른 영역의 발달도 촉진시킬 수 있다. 넷째, 아동과 매체와의 상호작용을 통해 아동의 자발성과 능동성이 발휘된다. 이는 아동 스스로 미술활동에 몰입하고 새로운 문제에 대한 탐색의 동기가 형성되기 때문이라고 말할 수 있다. 따라서 ADHD 아동들에게 매체순환을 통한 미술활동을 계획할 때에는 ADHD 아동들의 발달 수준, 순환되는 매체 간의 관련성과 연계성, 매체와 ADHD 아동들의 문제행동 사이의 관련성, ADHD 아동들과 매체 간의 상호작용의 정도 등과 같은 요소를 충분히 고려해야 한다.

Vygotsky는 매체가 자극과 반응 사이의 매개 수단으로, 아동이 목표 행동을 쉽게 실행하게 하여 발달을 촉진시킨다고 강조한다. 그리고 사회적 상호작용에 필요한 통제와 감정의 조절을 발휘시켜 사회·정서적 발달을 촉진하며, 능동적인 주의집중을 유지시킬 수 있다고 주장한다(Venger 1977, 1986; Leont'ev, 1994). 따라서 매체지원을 통한 미술활동은 ADHD 아동들에게 나타나는 주 증상인 부주의, 과잉행동, 충동성을 개선하는 데 효과적일 것이다. 또한, 사회

·정서적인 행동에는 물론 지각, 주의집중, 기억, 사고와 추론과 같은 영역의 발달 촉진에 유용하다 할 것이다. 많은 연구자들은 매체순환을 활용한 미술활동을 할 때 〈Ⅲ-16〉에 제시된 사항들을 명심할 것을 당부한다(Zaporozhets, 1977; Venger, 1977, 1986; Elkonin, 1977).

표 Ⅲ-16 매체 제시 시 주의점

- 지원되는 매체는 대상 아동에게 특별한 의미가 있어야 하고, 그 의미를 불러들일 수 있어야 한다.
- 지원되는 매체는 아동이 어떤 과제를 수행하기 전이나 수행하는 동안에 사용하는 물건과 함께 제시되어야 한다.
- 지원되는 매체는 아동의 눈에 띄기 쉬운 곳에 두어야 한다.
- 지원되는 매체는 언어와 행동적 단서를 함께 제공하는 것이 좀 더 효과적이다.
- 지원되는 매체는 아동의 근접 발달 지역 안에서 선택하여 결정해야 한다.
- 아동이 하고 싶어 하는 행동을 가르칠 때 매체가 지원되어야 한다.
- 지원되는 매체는 아동의 발달 수준과 선호도를 파악하여 결정한다.
- 다양한 매체가 지원될 때 아동이 충분히 탐색할 기회를 제공해야 한다.

ADHD 아동들에게 매체가 순환되는 미술 활동을 지원할 때에는 ADHD 아동들의 현재 행동 수준과 목표 행동 간의 간격을 가능한 한 촘촘히 설정하여 잠재능력을 이끌어 낼 수 있도록 해야 한다. 활동이 진행되는 과정 중에 치료사(교사)는 역동적인 평가를 하여 ADHD 아동들의 현재 수준과 목표 행동 간의 간격을 매체순환으로 메워질 수 있는 적절한 안내가 필요하다. 이때 치료사(교사)는 지나친 개입으로 간섭하여 ADHD 아동 스스로 자신의 잠재능력을 발휘할 수 있는 기회를 차단하지 않도록 조심해야 한다.

Chapter 4

놀이치료

놀이는 아동이 가장 좋아하는 활동이다. 이런 활동들을 활용하여 ADHD 아동들의 문제행동을 치료하고자 하는 것이 놀이치료이다. 놀이치료는 일반적으로 아동의 정서적 문제가 놀이에 의해 안정을 되찾도록 하는 것이 주요 목적이다. 즉 놀이치료는 놀이에 치료를 접목시킨 것이다. 놀이는 정서적 문제뿐만 아니라 학습, 대근육 운동과 소근육 운동, 주의집중 능력 등 전반적인 아동의 발달영역에 영향을 미친다.

그렇다면 놀이는 인간이 왜 좋아하고 즐거워하며, 자발적 행동들을 이끌어 내는 것일까라는 의문을 가지게 된다. 그동안 다양한 분야의 연구자들은 다양한 관점으로 놀이에 대하여 설명한다. 이런 설명이 이론이 되었고, 발달적으로 놀이의 단계와 유형을 연구하며 놀이의 효과도 밝혀내게 된 것이다.

특히 움직임이 서투른 아동은 놀이를 통한 움직임으로 신체적 발달을 촉진시킬 수 있다. 아동의 놀이 감각으로 실행되는 움직임을 치료에 접목시키는 것도 매우 좋은 놀이치료의 방법일 것이다. 이런 방법은 신체 기능뿐만 아니라 정서와 사회성 그리고 인지와 같은 전반적인 능력을 발달시키는 데 효과가 있을 것이다. 따라서 여기서는 우선 놀이에 대한 개관적 설명을 짧게 한 후, 그다음으로 놀이치료에 대한 개관, 마지막으로 ADHD 아동들에게 놀이치료가 미치는 효과에 대하여 알아보기로 한다.

1. 놀이에 대한 개관

"인간은 왜 놀이를 할까?"라는 질문에 대한 설명은 어떻게 하면 좋을까? 그리고 어떤 행동을 '놀이'라고 해야 될까? 왜 놀이는 자발적이고 적극적 참여가 일어나는 것일까? 이런 질문에 답을 찾기 위해 많은 연구자들은 놀이에 대한 탐구를 끊임없이 계속하고 있다.

일반적으로 놀이라고 말할 수 있는 기준은 Garvey(1977)와 Rubin과 그의 동료(1983)들에 의해 제시되었는데, 그 내용은 다음과 같다. 첫째, 내재적 동기에 의해 의도적으로 일어나는 자발적인 행동이어야 한다. 둘째, 목적보다 놀이가 더 우선적 위치에 놓여 있어야 한다. 셋째, 즐거움을 요구하는 활동이다. 넷째, 현실을 허구성으로 전환할 수 있는 활동이어야 한다. 다섯째, 모든 활동이 가역적이어야 한다.

이런 기준들에 대해 많은 연구자들의 연구 결과에 의하면, 결론적으로 아동의 놀이는 그저 즐거움, 가역성, 전환성이라는 3가지 기준만 충족시킬 수 있다면 놀이라고 할 수 있다고 주장하기도 한다(Smith & Vollstadt, 1985). 놀이의 기준이 어찌 되었든 인간은 놀이를 하는 동안은 자발적 행동이 일어나며, 그 놀이가 즐거울 때에는 적극적으로 참여한다는 사실에는 모두 동의할 것이다.

일반적으로 놀이에 대한 이론을 설명하고자 할 때 고전적 놀이 이론과 현대적 놀이 이론으로 구분한다. 고전적 놀이 이론은 잉여에너지설, 휴식이론, 반복이론, 연습이론으로 설명하고, 현대적 놀이 이론은 정신분석이론, 인지발달이론, 각성이론, 초의사소통이론, 각본이론으로 설명한다. 이런 모든 이론 각각은 놀이를 설명하는 데 일부는 타당하지만 비판점도 많기 때문에, 상호보완적 관계 안에서 놀이를 설명하는 것이 더 적절하다 할 수 있다.

이와 같은 연구들에 의하면 결과적으로 놀이는 활동 자체가 즐겁고 만족하기 때문에 강제성이 없는 자발적 행위로 일어나며 어떤 목적이나 목표도 없는 것이라고 할 수 있다. 놀이는 사회성, 인지성, 운동성 등과 같은 다양한 형태로 구분되고, 실내 혹은 실외와 같은 장소에 의해, 혹은 놀이에 사용되는 매체들에 의해 구분되기도 한다.

Parten에 의해 구분된 사회적 행동이 포함된 놀이의 유형은 연령적으로 서로 다르게 나타난다(古賀 義 外, 1996). 그 내용은 〈표 Ⅲ-17〉에 제시한다. 운동성으로 구분되는 놀이 유형에는 소근육 활동 놀이, 대근육 활동 놀이, 협응운동 활동 놀이 등이 있다. 놀이를 통하여 즐거움을 얻는 것 이외에도 인지적 발달은 물론 싸움이나 공감을 통한 정서적 교류, 또래 관계의 형성으로 인한 사회성 발달도 순조롭게 진행된다.

표 Ⅲ-17 Parten의 사회성 행동이 포함된 놀이 유형

유형(연령)	방법
비참여 행동 (2, 3세 이하)	• 자신의 신체를 가지고 놀거나 흥미로운 사물이 있을 때만 주의를 할애함 • 이런 행동은 놀이라고 하지 않고, 놀이의 욕구도 없는 행동
혼자놀이 (0, 1세)	• 놀고 싶다는 욕구가 표출되기 시작 • 주변에 있는 또래에 상관없이 장난감을 가지고 혼자하는 단독 놀이 • 연령이 많아지면서 점점 혼자놀이는 점점 줄어듦
방관적 놀이 (2, 3세)	• 주변에 있는 또래의 놀이에 관심을 보이기는 하지만 또래의 놀이에 동참하지 않음
평행놀이 (3세)	• 순간적으로 보면 또래와 사이좋게 노는 것처럼 보이지만 상호작용 없이 개별적으로 놀이를 함 • 평행놀이를 집단 혼자놀이라고도 하는데, 또래와 동일한 장난감을 가지고 놀이를 함 • 한 명이 놀이를 그만두면 주변 또래들도 노는 것을 그만두기 시작함

유형(연령)	방법
연합놀이 (4, 5세)	• 또래와 언어적 상호작용, 혹은 장난감을 주고받으며 함께 놀기 시작 • 사회적 놀이의 시작 • 역할 분담이나 조직은 나타나지 않음
협동놀이 (5, 6세)	• 공동의 목적 아래 놀이를 하거나 경쟁이 시작됨 • 규칙이 정해진 놀이가 시작됨 • 병원놀이나 학교 놀이처럼 놀이가 조직화되고, 역할분담이 이루어져 조직적 놀이라고 부르기도 함.

출처: 古賀 義 外(1996).『発達心理学』. 建博士. p. 146.

2. 놀이치료에 대한 개관

놀이치료란 놀이를 통해 발달 촉진과 정서적, 사회적, 행동적 문제 등을 치료하는 것을 의미한다. 아직 발달이 미숙한 어린 아동은 자신의 의도나 느낌을 언어로 표현하기 어려워한다. 이런 어려움 때문에 어린 아동이 어떤 문제로 심리치료가 요구되는 경우 놀이치료를 선택하는 경우가 많다. 자연스러운 놀이 환경은 아동의 긴장을 쉽게 해소시켜줌으로써 불안이나 두려움이 감소되고 충동성이나 공격적 행동 등의 통세 및 소설을 이끌어 내기 용이하다.

놀이치료의 역사는 매우 오래전부터 정신분석이라는 심리학의 이론에 영향을 받으며 아동의 정신치료적 방법으로 사용되어 왔다. 김광웅 등(2004)이 정리한 놀이치료의 역사를 살펴보면 다음과 같다. 정신분석이론의 대표자인 Freud는 한스의 아버지가 직접 치료한 한스의 사례 연구를 발표하면서 놀이치료의 첫 시작을 알린다. Freud에 이어 Klein은 어린 아동의 경험, 정서, 갈등을 표현할 수 있는 자연스러운 놀이 환경을 통한 해석위주의 놀이치료로 발전시킨다. 그 후 Anna Freud는 아동과 치료자의 긴밀한 관계 형성을 중요시 여기며 상징적이지 않은 놀이도 모두 놀이에 포함시켜 관찰하고, 아동이 놀이에서 얻은 만족스러운 경험은 언어적 상호작용을 이끌어 내는 결과를 가져온다고 강조하며 놀이치료의 이론을 정립한다.

이와 같이 놀이 치료는 어떤 이론에 기초하여 시도하느냐에 따라 그 종류가 다양하다. 이렇게 이론을 토대로 분류된 놀이치료의 유형은 〈표 Ⅲ-18〉에 제시해 둔다.

표 Ⅲ-18 놀이치료의 유형

유형	내용
정신분석적 놀이치료	• 정신분석에 기초하여 아동의 무의식 안에서 억제되어 있던 문제나 갈등을 놀이를 통해 표출하여 해결하는 놀이치료 방법 • 발달을 방해하는 고착, 퇴행, 충동, 억압된 감정, 방어기제 등을 찾아 제거하는 치료 접근 활용 • 안전하고 수용적인 분위기 제공
아동중심 놀이치료	• 치료자의 적극적인 개입을 최소화하고, 아동 스스로 문제를 인식하고 놀이를 통해서 극복하도록 도와주는 놀이치료 방법 • 아동과 치료자의 인간적인 관계가 중요 • 주요 기법에는 격려, 반영, 명료화, 개방식 질문, 침묵이 있음
가족 놀이치료	• 가족 모두가 치료과정에 참여하고, 각자 자신의 생각을 표현하여 가족 간의 관계 회복을 꾀하려는 놀이치료 방법 • 자발적 놀이에서 가족간의 의사소통 유형을 관찰하여 표출된 문제를 해결하고자 치료적 접근을 시도하는 역동적 가족 놀이치료 방법 • 가상놀이에서 부적절한 인지·정서적 조절 능력을 개선하는 전략적 가족 놀이치료 방법
인지행동 놀이치료	• 인지 치료와 행동 치료를 발달적으로 적합하게 적용한 놀이치료 방법 • 인지와 행동은 서로 영향을 주고받는 관계라고 생각하고 잘못된 인지를 치료로 교정해 주는 치료자와 아동의 연결 고리로 놀이를 선택하여 치료가 전개되는 놀이치료 방법 • 치료자의 적극적인 개입이 강조되고, 목표 행동이 분명하고, 적절한 강화가 사용된 목표 기술을 가르침
발달 놀이치료	• 아동 발달 과정에 적절한 놀이로 발달을 촉진하는 놀이치료 방법 • 건강한 심리적 성장을 위해 신체적 접촉에 대한 경험이 많아야 한다는 관점을 토대로 한 놀이치료 방법

출처: 김광웅, 유미숙, 유재령(2004). 『놀이치료학』. 서울: 학지사. / 김정은 역(2006). 『놀이치료의 기초』. 시그마프레스.

놀이치료는 2세~12세의 아동을 대상으로 대개 주 1회, 짧게는 40분, 길게는 50~60분 정도의 시간 동안 실시된다. 놀이치료가 실시되는 환경은 현실 생활에서 분리되어 있는 공간을 따로 마련해 두고 치료 목적에 따라 장난감과 공간 배치를 재구조화한다. 집단의 규모는 아동에게서 보여지는 문제 행동 정도에 따라 일대일 혹은 소집단으로 구성한다(한국심리학회, 2000, 양돈규, 2013).

놀이치료는 실시 전에 아동에 대한 전반적인 사정으로 치료의 목적을 명확하게 세운다. 그리고 나서, 하위목표에 따른 진행 순서와 치료 후 평가 방법을 결정해 두도록 한다. 특히 아동에 대한 추가적인 정보는 아동의 부모 혹은 아동과 긴밀한 관계를 맺고 있는 양육자의 면담과 관찰을 통해 수집한다.

놀이 치료가 시작되는 초기에는 치료 대상인 아동과 치료사 사이의 라포를 형성하는 것이 제일 중요하다. 라포가 형성된 후에는 아동이 하고 싶은 놀이를 진행하면서 치료적 개입을 시도한다. 놀이치료가 실시되는 동안은 억압적이거나 지시적인 분위기를 철저히 차단하고 자연스럽게 아동 자신의 부정적 감정이 표출되고 놀이과정을 통해 긍정적 감정으로 전환될 수 있도록 도와주어야 한다. 놀이치료 과정에 부모의 참여가 필요한 경우에는 놀이에 참여하게 하여 협조를 구할 수 있어야 한다.

3. ADHD와 놀이치료

안동현과 그의 동료들(2015)은 ADHD 아동들에게 실시되는 놀이치료의 효과에 대하여 그리 긍정적인 평가를 내리지 않고 있다. 그들은 ADHD 아동들에게는 놀이치료보다는 인지행동치료가 훨씬 문제행동을 개선하는 데 도움이 될 것이라고 강조하면서도, 요사이 많은 연구 결과 ADHD 아동에게 보여지는 정서적인 면이나 사회적 기술의 측면에서 놀이치료가 효과가 있었다고 밝히고 있다.

특히 ADHD 아동들에게 주로 나타나는 불안감, 우울감, 낮은 자존감 등의 치료는 물론 특히 사회적 기술이 부족한 ADHD 아동들에게 적절한 행동과 문제해결 방법을 찾는 데 놀이치료는 확실히 도움이 된다. 놀이 치료에서 놀이를 이끌어가는 쪽은 놀이치료의 대상자(아동)이고, 치료사는 안내의 역할을 담당한다. 즉 치료사는 아동의 놀이를 간섭이나 지시로 방해하지 않고 잘 지켜보면서 부적응적 행동이나 정서적 문제들이 긍정적 방향으로 이동하도록 안내해야 한다. 이런 놀이치료의 방법은 자기조절 능력을 향상시키는 데도 도움이 될 것으로 생각된다.

염숙경(2009)은 ADHD 아동들을 대상으로 하는 놀이치료 방법으로 의사소통 증진을 위한 놀이, 정서적 조절을 위한 놀이, 스트레스 감소를 위한 놀이, 대인 관계 형성을 위한 놀이, 자아존중감 향상을 위한 놀이, 인지적 문제 해결을 위한 놀이를 제시하고 있다. 놀이에 사용되는 도구는 가족 인형, 가구, 점토, 그림 도구, 모래, 장난감, 인형, 자동차 등 위험하지 않으며 놀이에 사용할 수 있는 사물은 무엇이든 좋다. 또한 치료 대상자의 특성에 따라 필요한 도구를 제한하여 적절하게 준비할 수 있다.

핵심용어

가역성
가족 놀이치료
가족체계
가족화
각본이론
각성이론
간접적 접근
감마아미노뷰티릭산
강박신경증
개별성
개별화 교육 계획
게슈탈트 미술치료
공포증
교수전략
구강건조
구안파신
기능적 행동사정
글루타민산
글리이신
긍정적 행동지원
나움버그 견해
노르트리프틸린
노르에피네프린
뇌신경계
능동성
니코틴
다감각적 방법
데시프라민
덱스메틸페니데이트
덱스트로암페타민
도파민
동물
뚜렛증후군
라포
레복세틴
리스덱삼페타민
모노아민
미술치료
목표 행동
매체순환
메소리다진
메틸페니데이트
미국소아과학회
미국특수교육협의회
반감기
발달 놀이치료
방관적 놀이
벤라팍신
벤제드린
부분강화
부작용
부적강화
부프로피온
불안장애
빗속의 사람
비전형 항우울제
비참여행동
설트랄린
세로토닌
삼환식 항우울제
색채화
선행사건
심리치료
심혈관계
스트라테라
습관성의약품관리법
시탈로프람
아동중심 놀이치료
아미노산
아리피프라졸
아세틸콜린
아토목세틴
암페타민
약물동력학
약물치료
약물학
애토목세틴
역방향 추론
연속강화
연접전막
연접틈새
연합놀이
예술치료
우울증
울만 견해
의료적 측면
이미프라민

이차 강화
인간 중심 미술치료
인지행동치료
일차 강화
음악치료
자기 점검
자기 조절 전략
자율신경계
자화상
전환성
점감법
정신 각성제
정신분석적 미술치료
정적 강화
조울증
중독성
중추신경계
중추신경 자극제
즐거움
직접적 접근
집-나무-사람
처벌
체계성
체내동태학
초의사소통이론
카페인
코카인
크레이머 견해
클로니딘
클로미프라민
클로르프로마진
투사적 그림
통합적인 치료
틱장애
품행장애
평행놀이
페몰린
플루복사민
플루오세틴
피모자이드
할로페리돌
항우울제
향정신성의약품관리법
항콜린성
현상학적 미술치료
협동놀이
혼자놀이
행동주의적 미술치료
행동치료
후속결과

심화질문

1. ADHD 아동에게 약물치료의 효과가 높아지면서 의료적 치료에서는 약물치료는 권하는 경우가 많습니다. ADHD 아동의 부모가 망설이는 이유는 무엇이며, 본인의 경우라면 어떻게 결정할지 생각해 봅시다.
2. ADHD 증상에 사용되는 약물치료의 종류에 대하여 정리해 봅시다.
3. 인지행동치료가 ADHD 증상과 관련된 어떤 행동의 개선에 도움이 되는지 설명해 봅시다.
4. 인지행동치료 중 기능적 행동사정과 긍정적 행동지원에 대하여 설명해 봅시다.
5. 인지행동치료 중 자기조절 전략이 ADHD 증상의 어떤 부분에 영향을 미치는지 설명해 봅시다.
6. ADHD 아동에게 실시되는 음악치료의 효과와 방법에 대하여 설명해 봅시다.
7. ADHD 아동에게 실시되는 미술치료의 효과와 방법, 그리고 매체순환의 중요성에 대하여 설명해 봅시다.
8. ADHD 아동에게 실시되는 놀이치료의 장점과 단점을 비교하여 설명해 봅시다.

스티븐 스필버그(Steven Spielberg, 1946~)와 ADHD

스필버그는 1947년 12월 18일 오하이오주 신시내티에서 태어났다. 그의 아버지는 전기 기술자이면서 컴퓨터 전문가였고, 어머니는 콘서트 피아니스트였다. 스필버그는 9살 때부터 16살 때까지 비교적 오랜 기간 동안 그의 가족과 함께 애리조나주 피닉스 교외에 머물러 살았다.

스필버그의 어린 시절에는 충동성이 강하고 정리정돈을 잘 못하는 ADHD의 성향을 보인 반면에 집중력은 뛰어났다. 가족들로부터 전해지는 일화를 보면 ADHD의 특성을 훨씬 더 잘 파악할 수 있다.

"우리가 인형놀이를 하고 있을 때였는데, 오빠는 마치 라디오에 출연한 사람처럼 노래를 부르고 있었어요. 그런데 갑자기 노래를 멈추더니 조용히 알려 줄 것이 있다고 하면서 접근하더군요. 순간 엄청난 회오리바람이 지나간 것처럼 우리의 몸이 그의 머리 뒤로 나가떨어져 있었어요. 오빠가 우리를 집어던진 거예요. 우리는 넘어진 상태에서 오빠를 뚫어지게 노려보았지요. 그러자 오빠가 이렇게 말하는 거예요. '남이 노래할 때 가만히 앉아 있으면 돌로 변하는 거야. 알아?'라고요"

그의 어머니는 스필버그가 여동생들을 공포에 떨게 하고, 늘 무슨 일을 저지를까 봐 노심초사하게 하는 아들이었다고 회고한다. 그러나 가정용 무비 카메라를 가지게 된 스필버그는 새로운 취미에 빠져들어, 몇 시간이든 상관없이 자기 방에 틀어박힌 채 시나리오를 쓰거나 영화 장면을 그려내기도 했다.

그의 가족들은 스필버그가 원하는 대로 무엇이든 할 수 있도록 허용하였다. 이런 가족의 분위기는 스필버그가 자유분방하게 성장할 수 있도록 하였고, 이런 자유분방함은 독창성으로 이어지게 하였다.

스필버그는 거대한 영화감독이 되었고, 40여 년간 많은 주제와 장르의 영화를 만들었다. 스필버그의 초기 SF, 어드벤처 영화는 현재 할리우드 블록버스터 영화 제작의 원형으로 꼽힌다. 스필버그는 1993년 《쉰들러 리스트》와 1998년 《라이언 일병 구하기》로 아카데미상 감독상을 수상하였다. 타임지는 그를 '20세기의 가장 중요한 인물 100인'에 올렸다.

PART IV

ADHD의 교육

배움이 없는 자유는
늘 위험하며,
자유가 없는 배움은
늘 헛된 일이다.

– J. F. 케네디–

Chapter 1 ADHD 아동과 학교

Chapter 2 ADHD 아동과 학급

Chapter 3 ADHD 아동을 위한 학습 지원

ADHD 증상은 약물치료와 함께 다양한 치료적 접근이 실시된다. 이와 더불어 교육적 지원이 적절하게 이루어진다면 ADHD 증상의 개선 효과가 극대화되고 개선된 행동의 유지 기간도 길어질 것이다. 따라서 교육적 지원은 모든 치료를 보완해 주는 입장에서 아무리 강조해도 모자랄 정도로 중요하다. 많은 연구자들과 교육 관련 전문가들은 ADHD의 증상을 개선하고 유지하는 데 도움이 되는 다양한 교수적 수정과 환경적 재구조화에 대한 실질적 방법들을 제시하며 교육적 자원을 강조하고 있다.

대부분의 사람들은 특별한 이유가 없는 한 빠르면 유아기부터 시작하여 아동기, 청소년기 동안에 주로 학교라는 교육기관에서 많은 시간을 보낸다. 학교는 인간의 신체적, 정서적, 사회적, 인지적 등과 같은 다양한 측면의 발달을 촉진하기 위해 계획된 교육과정을 운영하는 환경이다. 즉, 학교는 인간을 대상으로 전반적인 교육적 지원에 대한 책임이 있는 교육기관이다. 학교에서 지원되는 교육의 대상은 모든 사람이다. 모든 사람의 범주에는 장애를 가진 사람도 포함된다. 장애는 지능, 감각, 정서, 학습 등등 다양한 능력의 문제로 일상생활의 적응이나 학습 곤란을 일으키는 원인이다. 학교에서는 장애를 가진 사람들에게 보편적인 교육 방법으로 수업을 진행하기 어렵기 때문에 수정된 교수적 지원이나 개개인의 독특한 요구를 충족시켜 줄 수 있는 특수교육으로 교육적 지원을 한다.

교육적 지원이 중점적으로 실시되는 우리나라의 교육기관은 연령적 기준에 따라 유치원, 초등학교, 중학교, 고등학교로 구분되어 있고, 이렇게 구분된 학교는 생활과 학습 방법이 크게 다르게 구성된다. 즉 교육기관은 연령적 발달 특성에 따라 집단생활의 규칙이나 수업 내용과 진행 방법, 교사의 역할 등이 다르기 때문에 학생들은 이런 변화에 잘 적응해야 한다. 예를 들면 유치원의 교육 내용은 기초학습을 위한 준비와 집단생활에 필요한 기본적인 적응 방법들이 교육 내용의 핵심이라면, 초등학교에서는 기초학습과 교과학습이 시작되고 집단생활을 위한 학습이 이루어진다. 그리고 중·고등학교에서는 교과담임제에 의한 수업방식과 상급학교 진학을 위한 학습이 중요시된다. 이런 학교의 교육내용과 생활적 차이는 학생들에게 스트레스로 작용되고, 그 스트레스의 크기는 상급 학교로 진학할수록 점점 더 커지게 된다.

모리 코우이찌(森 孝一, 2003)는 학교에서 받는 스트레스를 크게 생물학적 스트레스와 심리적 스트레스로 구분하여 각각에 해당되는 내용을 제시한다. 우선, 학교생활에서 받게 되는 생물학적 스트레스로 구분되는 내용을 제시하면 다음과 같다. 첫째, 학교생활에서 정하여진 규칙과 약속, 그리고 학업 성취 기준으로 억압받으며 구속되어져 있다. 둘째, 학교는 여러 사람이 모여 집단적으로 생활하는 환경으로 말소리, 사물을 사용하는 소리 등과 같이 예상치 못한 소음에 늘 노출되어 있다. 셋째, 개인적 선호도가 무시된 채 흥미 없는 학습을 해야 할 경우가 많다. 넷째, 체육 시간에는 운동장에서, 음악은 기악실에서 등과 같이 수업의 내용에 따라 활동의 환경이 자주 바뀐다. 그다음으로, 학교생활에서 받게 되는 심리적 스트레스로 구분되는 내용을 제시하면 다음과 같다. 첫째, 어떤 문제로 인하여 교사에게 지적당하거나 혼나는 경우가 종종 있다. 둘째, 학교생활에서 또래 친구나 선후배, 교사와의 의사소통이 곤란하다. 셋째, 기초학습 성취에서 늘 실패한다. 넷째, 교실에서 일어나는 사건들에 대한 상황적 파악이 어렵다. 이와 같은 스트레스는 전반적으로 학교생활을 어렵게 하는 요인으로 작용한다.

학교에서 실시되는 교육적 지원은 기본적으로 앞서 설명한 스트레스를 고려하여 학업에 대한 지원과 정서적 지원이 함께 이루어져야 한다. 또한 모든 환경에 적절한 적응 행동으로 집단생활을 잘할 수 있도록 지원하고, 학교 내 사람들과 원만한 관계 형성을 할 수 있는 사회성 기술이나 상호작용 방법도 가르쳐야 한다. 이런 교육적 지원이 개개인에게 잘 정착되기 위해서는 학교가 행정적 지원은 물론 부모교육으로 교육적 지원방법에 대한 이해 증진은 물론 지역사회 및 교육관련 전문기관과의 협력적 체제를 구축해야만 한다. 이렇게 다양한 교육적 지원이 실행되는 학교는 학생 개개인에게도 중요하지만 ADHD 아동들에는 훨씬 더 중요한 영향을 미치는 환경이다.

CHAPTER 1

ADHD 아동과 학교

ADHD 아동들이 학교에 입학하면서 ADHD의 일반적 징후인 부주의, 과잉행동, 충동성에 관련된 행동들이 좀 더 분명하게 보이기 시작한다. 이는 학교에서 마련된 다양한 일과와 주의집중이 필요한 교과 학습, 그리고 학교에서 결정된 규칙과 또래 집단 형성 등과 같이 아동 스스로 자발적이고 능동적으로 참여하여 실행하고 지켜야 할 것이 많아지기 때문이다. 그래서 학령기의 ADHD 아동들은 그들의 증상들로 인하여 학교생활에 방해를 받으면서 학교생활의 적응에 다양한 문제를 훨씬 더 많이 보이게 된다.

기본적으로 학교는 다양한 특성을 가진 아동이 교육을 받는 기관이다. 또한, 인간에게서 발달되어야 하는 중요한 영역들이 급진적으로 성장하는 연령에 비교적 오랜 시간 동안 다양한 교육적 지원이 실시되는 기관이다. 따라서, 학교라는 기관은 인간의 전 생애 가운데 발달의 황금기와 같은 시기를 담당하는 곳으로, 이곳에서 실시되는 다양한 지원은 모든 아동에게 매우 중요한 영향력을 미친다.

그렇다면 학교에서 실시되는 교육은 어떤 유형의 것들이 포함되어 있을까? 안타깝게도 한국의 학교 교육은 기초학습과 교과학습에 집중되어 있는 듯이 보인다. 그러나 학교의 본질적 기능은 전적으로 인지적 발달을 촉진하는 교육은 물론 정신 건강, 인성 교육, 사회적 기술, 삶을 살아내기 위한 다양한 적응 기술 등 인간이 독립적으로 살아가기에 필요한 많은 요소를 학습하는 곳이다. 그래서 학업적 측면만 강조하는 학교는 좋은 학교라고 할 수 없고, 그런 학교에서 ADHD 아동들이 적응한다는 것은 매우 어려운 일임은 물론 좀 더 많은 문제를 발생하기 쉬운 환경이 될 것이다.

ADHD 아동들은 치료도 중요하지만 학교라는 사회의 공동체에서 다양한 문화를 경험하고 독립적 인간으로 살아가기 위한 다양한 지식을 배우는 것 또한 매우 중요한 일이다. ADHD 아동들이 학교에 적응을 잘하기 위해서는 학교가 분위기를 조성해 주고, 학업 성취, 교육과정, 문제 행동과 같은 다양한 측면이 고려되어진 절차와 계획 및 전문적 지식 등이 마련되어 있어야 한다. 이런 과정들이 원활하게 진행되기 위해서는 지역사회는 물론 국가적으로도 다양한 행·재정적 지원과 법적 보호도 잘 정비되어 있어야 한다. 따라서 여기서는 학교에서 ADHD 아동들과 같은 독특한 문제를 가진 아동에게 이루어지는 학교 교육의 지원을 보장하는 법적 제도와 ADHD 아동들을 위한 학교의 행정적 지원에 대하여 구체적으로 살펴보기로 한다.

1. ADHD 아동을 위한 관련법

ADHD 아동들을 포함한 독특한 요구를 가진 장애인의 여러 가지 권리를 보호하기 위한 법률이 마련되어 있는 나라도 있고 그렇지 못한 나라도 있을 것이다. 여러 나라 중에서 미국, 일본, 한국이라는 세 나라를 비교해 보았을 때, 미국과 일본은 분명한 법률 조항으로 ADHD의 교육적 지원을 보장하고 있으나,

한국은 아직 그렇지 못한 실정이다.

법적 보호는 ADHD 아동들이 받을 수 있는 지원을 분명히 규정하여 어떤 환경에서도 제외됨 없이 적절한 교육의 권리가 보장되기 때문에 매우 중요한 장치라고 할 수 있다. 따라서 여기서는 우선, 장애에 대하여 구체적인 법들이 잘 마련되어 있는 미국의 법적 보호 제도를 살펴보고, 그다음으로 일본의 법, 마지막으로 한국의 경우를 살펴보기로 한다.

1) ADHD와 관련된 미국의 법

미국의 경우 독특한 요구를 필요로 하는 장애아동을 위하여 장애인교육법(Individual With Disabilities Education Improvement Act, 이하 IDEA), 낙제아동방지법(The No Child Left Behind Act, 이하 NCLB), 초·중등교육법(The Elementary and Secondary Education Act, 이하 ESEA), 재활법 504조(Section 504 of the Rehabilitation Act of 1973), 미국장애인법(Americans With Disabilities Act, 이하 ADA) 등이 마련되어 있다. 미국에서 장애인을 위해 마련된 법의 영향 관계는 〈그림 Ⅳ-1〉과 같다.

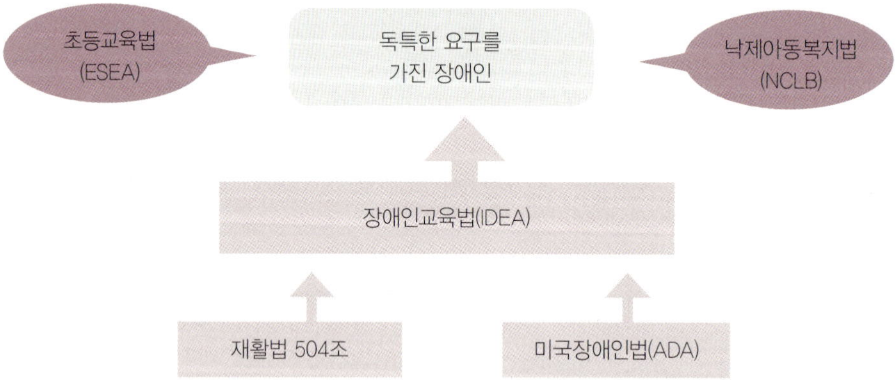

그림 Ⅳ-1 미국의 장애인 관련법의 영향 관계도

(1) IDEA

IDEA는 1975년 PL 94–142가 제정된 이래 계속하여 개정되어, 현재는 13범주의 장애를 인정하고 있다. 13범주 안에 포함된 장애는 학습장애, 언어장애, 정신지체, 정서장애, 기타 건강장애, 자폐증, 청각장애, 지체장애, 시각장애, 외상성 뇌손상, 발달지연, 중복장애, 농-맹이고, ADHD는 기타 건강장애에 포함되어 있다. IDEA에는 개별화 교육 계획과 절차적으로 안전한 보호는 물론 최소 제한된 환경, 지속적인 대안적 배치, 부모의 적극적 참여를 위한 권리 보장에 대한 기술과 함께 ADHD에 대한 법적 보호를 규정하고 있다(U. S. Department of Education, 1999). ADHD는 기타 건강장애 안에 포함되면서 출현율이 매우 증가하고 있다(U. S. Department of Education, 2008). IDEA에 제시된 13개의 범주와 보장 내용은 〈그림 Ⅳ–2〉에 정리해 둔다.

장애인교육법(IDEA)

[13개 범주의 장애]
학습장애, 언어장애, 정신지체, 정서장애, 기타 건강장애(ADHD), 자폐증,
청각장애, 지체장애, 시각장애, 외상성 뇌손상, 발달지연, 중복장애, 농–맹

[보장 내용]
개별화 교육 계획, 최소 제한된 환경, 부모 권리 보장, 반응–대–중재,
지속적인 대안적 배치, 기능적 행동사정과 긍정적 행동지원 등

그림 Ⅳ–2 IDEA에 공시된 13개의 범주와 보장 내용

IEDA의 규정은 모든 장애인은 물론 ADHD 아동의 다양한 문제를 해결하기 적절한 규정이다. 특히 개별화 교육 계획과 지속적인 대안적 배치는 ADHD의 교육적 지원을 계획할 때 좀 더 많은 도움이 된다. 개별화 교육 계획은 장애아동 개개인의 독특한 문제에 대한 사정에서 배치, 그리고 교육 방법 및 학습 목

표, 관련 공학 서비스, 교육 계획을 마친 후 평가까지 전반적인 모든 조정과 지원 계획이 포함된다. 개별화 교육 계획은 ADHD 아동의 교육적 지원을 조정하고 목표 행동을 획득하게 하는 데 매우 적절하다. 또한 ADHD 증상의 정도나 개선에 따라 대안적인 교육환경에 대한 계획은 최소 제한된 환경에서 비슷한 연령의 또래와 동일한 경험을 공유하게 한다는 점에서 매우 의미 있는 일이다. 이 외에도 부모의 참여는 개별화 교육 계획이 진행되는 전 과정에 포함되어 그 권리를 법적으로 보장하고 있고, 교육 방법이나 내용 및 배치 환경을 결정할 때 동의서를 요청함으로써 모든 교육에 참여권을 보장하고 있다.

교육은 교육 기관(학교, 교사), 교육 대상자(당사자), 부모라는 세 구성원의 균형과 협력이 절대적으로 필요하다. 이 세 구성원 모두가 교육에 대한 전체적인 절차와 내용을 잘 이해하고 있다면 교육의 효과를 극대화시킬 수 있는 가능성이 훨씬 더 높아지는 것이다.

반응-대-중재(Response-to-Intervention, 이하 RTI)는 IDEA-2004, 2006에서 강조되어, 기초학습에 어려움을 보이는 아동을 증거-기반 중재를 통해 확인하여 계획된 교육을 제공하여 기초학습의 실패를 줄이고자 하는 절차이다(O'Conner, 2007; Fuchs & Deshler, 2007; Hollenbeck, 2007). RTI는 학업 실패가 예측되는 일반학급의 모든 학생에게 학습적 지원으로 학업 실패를 예방하는 차원에서 마련된 절차이다. 이때 RTI가 실행되는 모든 학생의 범주에는 ADHD 아동들과 경도장애로 예측되는 학생과 학습장애도 포함된다(Division for Learning Disabilities, 2007; Yell, et al., 2006). RTI의 교수 절차 및 방법은 〈표 Ⅳ-1〉에 제시해 둔다.

이와 같이 IDEA의 규정은 ADHD 아동들에게는 매우 적격한 지원의 방법을 보장하고 있다. 미국의 모든 주는 이런 국가법에 의해 교육적 지원을 적절히 실시하여 ADHD 아동들이 교육권을 보장하고 있는 것이다.

표 IV-1 RTI의 교수 절차 및 방법

절차	방법
단계 1: 일반교육과정의 교수에 의한 성취 수준 평가	• 학생의 약 80%가 단계 1의 교수 지원에 해당 • 단계 1에서 적절한 반응을 보이지 못하여 학습 성취 수준이 낮으면 단계 2로 이동
단계 2: 좀 더 집중적인 증거-기반 교수 지원 실시	• 학생의 10~15%가 단계 2에 해당 • 소규모의 교수 집단의 크기 • 기초학습에 좀 더 전문적인 교수전략을 실시할 수 있는 교사에 의해 지원 • 단계 2에서도 학습 성취 수준이 현저히 떨어지면 단계 3으로 이동
단계3: 소집단이나 일대일로 좀 더 전략적인 증거-기반 교수 지원 실시	• 학생의 5~10%가 단계 3의 교수 지원에 해당 • 2단계보다 좀 더 소규모 집단이나 일대일로 집중적인 교수 실시 • 단계 3에서도 학습 성취 수준이 향상되지 않는다면 특수교육 지원의 대상자가 아닌지 의심하여 진단 절차에 의뢰

출처: Lerner. J. W., & Johns, B.(2012). *Learning Disabilities and Related Mild Disabilities: Characteristics, Teaching Strategies, and New Directions.* Wadsworth Cengage Learning. pp. 39-41.

(2) NCLB

NCLB은 2001년 부시 대통령 행정부에 의해 시작되었다. 이 법은 미국 전 지역에 있는 공립학교의 학생들이 기초학습의 성취 수준이 매우 낮게 나타나는 교육적 현실을 직시하여 질 높은 교육을 제공하여 기초학습의 성취 수준을 향상시키기 위한 목적으로 제정된다. 법의 이런 목적은 아동에게 이루어지는 교육적 지원이 공정하고 평등성을 보장하며 질 높은 교육의 기회 제공을 보장하고, 특히 읽기와 수학을 향상시키는 것을 필요조건으로 한다(Lerner & Johns, 2012; Wright & Wright, 2009). NCLB를 위해 계획된 시험 절차는 ADHD나 학습장애와 같이 독특한 문제를 가진 학생들에게는 불리할 수밖에 없다. ADHD나 학습장애를 가진 학생을 위하여 시험 방법의 수정으로 특별한 배려를 하지 않는 한, 그 결과는 실패할 것이다. 이는 낙제나 자퇴, 퇴학으로 이어지게 하는

부정적 결과를 초래할 수 있다(Johns, 2003)

(3) ESEA

ESEA법은 1965년에 제정되었고 현재 오바마 행정부에 의해 계속 이어지고 있는 법이다(Duncan, 2009). 이 법은 초·중등학교의 교육의 질과 기회를 보장하고 향상시키는 것을 주요 목적으로 하고 특히 저소득층 아동의 기초학업 성취 수준의 향상을 중요시 여긴다(김미숙, 2014). 오바마에 의해 계속되는 ESEA법은 상급학교의 진학과 취업을 준비하기 위한 기준을 분명히 제시하여 지원한다(Lerner & Johns, 2012). 이 법은 다양한 교육 프로그램의 개발과 학부모에게 학교를 선택할 수 있는 권한, 교사의 질적 개선 등을 강화하고 있어 ADHD 아동들에게 보여지는 독특한 문제에 대한 교육적 지원과 교사의 전문성은 물론 부모의 능동적 참여로 아동의 교육권을 보장할 수 있다.

(4) 재활법 504조

재활법 504조는 교육법이 아니라 사회로부터의 차별을 보호해 주는 법으로 1973년에 제정되어 ADHD 증상이 있는 사람들에게 적용되고 있다. 재활법 504조는 IDEA에 적용되지 않아 법적 보호를 받지 못하는 가벼운 문제를 가진 사람들에게 확대 적용할 수 있다. 많은 ADHD 아동들이 이 법으로 인하여 확장된 지원을 받을 권리가 보장된다. Smith와 그의 동료들(2002)은 특히 ADHD의 증상을 보이거나, IDEA 지원을 받기 위해 평가에 의뢰하였으나 평가를 받지 못하거나, 평가를 받았으나 서비스에 적격하지 않다고 결정되었을 경우 재활법 504조의 규정 아래 다양한 지원 및 보호를 받을 수 있다고 강조한다.

2) ADHD와 관련된 일본의 법

일본은 「특별지원교육」이라는 용어로 독특한 요구를 가진 사람들에게 다양한 지원을 실시하고 있다. 일본의 문부과학성(文部科学省, 한국의 교육부에 해당)은 2000년 「특수교육과」를 「특별지원교육과」로 명칭을 변경하였다. 명칭변경을 한 이유는 거시적으로는 완전통합이라는 세계적 흐름에 발맞추어 간 것이고, 미시적으로는 좀 더 다양해진 개개인의 독특한 욕구에 대한 가장 적절한 지원 방법을 실천하겠다는 의지이다. 앞서 밝힌 이유는 표면적인 이유라면 실질적인 이유는 고령화 사회로 진입하면서 요람에서 무덤까지의 「전 생애 학습화」라는 개념 아래 노인의 문제도 함께 해결하고자 하는 의도를 엿볼 수 있는 과감한 변화라고 말할 수 있다(김미숙, 2003).

일본도 학습장애, ADHD, 고기능자폐증과 같은 경도발달장애가 일반학교에 완전통합되어 교육을 받고 있다. 2001년에서 2002년 사이 문부과학성에 조사에 의하면 일반학교에 통합되어 있는 학습장애는 4.5%, ADHD는 2.5%, 고기능자폐증은 0.8%의 출현율을 보였다고 보고한다(김미숙, 2005, 文部科学省, 2002).

일본은 특수교육지원이라는 용어의 변화와 더불어 장애에 대한 고유 병리와 학교에서 실시할 수 있는 구체적 지도 등과 같이 개인적이고 구체적인 과제는 물론 학교의 역할과 기능, 새로운 교육적 요구에 대처하기 위한 체제적 마련 등에 관련된 법률을 제정한다. 제정된 법률의 주요 목적은 장애 아동의 자립적 생활과 지역 사회에 참여하는 것이고 이를 위해 교육, 복지, 의료 등과 같이 다양한 측면에서 적절한 지원을 제공하는 것이다(石塚 謙二, 2003). 이런 목적 아래 교육현장에서는 「특별지원교육계획」, 「특별지원교육코디네이터」, 「특별지원연합위원회」 등이 제도적으로 조직해야 할 필수조건이다. 일본이 ADHD 아동들을 지원하기 위한 교육지원 체계도는 〈그림 Ⅳ-3〉에 제시한다.

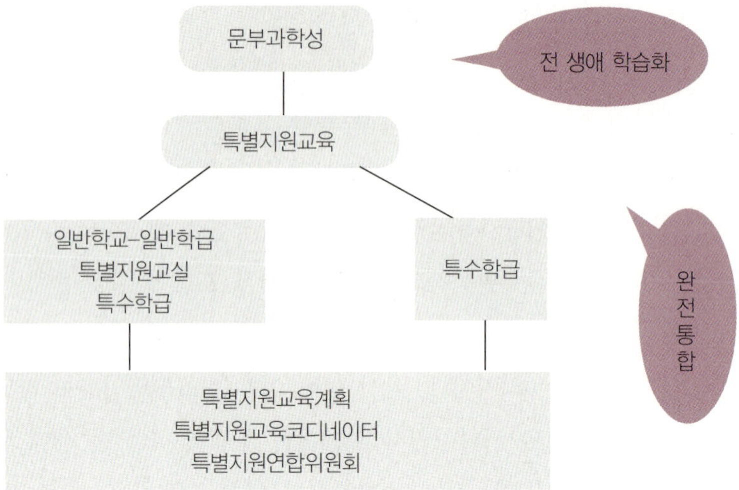

그림 IV-3 ADHD 아동을 지원하기 위한 일본의 교육지원 체계도

일본의 이런 체계적 구조화 아래 마련된 학교의 행정적 제도와 학교 현장에서의 실천 정도 등과 같은 구체적인 내용은 이 장에 기술된 '2. ADHD 아동을 위한 학교의 행정적 지원의 2) ADHD 아동을 위한 일본의 학교 행정'에서 살펴보기로 한다.

이와 같은 일본의 제도적 마련은 ADHD의 증상으로 인하여 학교생활이나 지역사회에서 곤란을 겪지 않도록 겹겹의 대책을 마련한 것이다. 집단 안에서 개개인의 독특성을 중시하려는 노력은 일본의 제도에서 예측할 수 있다.

3) ADHD와 관련된 한국의 법

한국은 장애아동이 「교육받을 권리」를 헌법과 교육기본법에 명시하고 있고, 장애아동의 교육권에 대한 보장은 「장애인 등에 대한 특수교육법」에 명시되어 있다. 「장애인 등에 대한 특수교육법」은 1977년에 제정된 「특수교육진흥법」이 전면 개정되어 2007년에 공포되었다. 한국은 그동안 특수교육 관련법으로 교육적 환경에서 적절한 교육을 받지 못했던 장애아동에 대한 교육권을 확보하면서 물리적 환경을 확대하는 것에서 질적 개선과 개별적 독특한 요구에 적절한 교육적 지원을 보장하기 위해 변화하고 있다.

법률이 바뀌며 변화된 구체적인 내용은 다음과 같다. 「특수교육진흥법」은 공립 특수학교와 특수학급의 설치로 물리적 환경을 확대하고 장애아동의 교육권을 보장한다. 이후 1994년 개정된 「특수교육진흥법」은 특수교육에 대한 기회를 좀 더 확대하고 무상교육, 의무교육과 같은 실질적인 권리 보장에 관한 법률을 마련한다. 법명을 바꾸며 새롭게 거듭 개정된 「장애인 등에 대한 특수교육법」은 특수교육 지원 대상자를 확대하고, 의무교육이 유치원과 고등학교 과정까지 확대되고, 조기발견체제를 확립하고, 특수교육지원센터의 설치 및 운영 관련 지침 마련하고, 통합교육의 지원을 원칙화하고, 학급당 학생 수를 줄이는 등 좀 더 실질적인 보장을 확고히 하였다고 할 수 있다(김미숙, 김향지, 2011).

한국의 법에도 독특한 요구가 있는 아동의 진단명, 즉 지적 장애, 학습장애, 정서·행동장애, 청각장애, 시각장애 등으로 고시하여 기본 교육권을 보장하고 있다. 그러나 우리나라의 ADHD 아동은 학습장애나 정서·행동장애로 진단되는 경우도 있지만, 그렇지 않은 경우에는 적절한 교육적 지원이 이루어지지 않고 있다. 다만, 최근 들어 학교 내 문제가 많이 발생하면서 학생들의 정신건강의 문제가 이슈화되고 있어, 이로 인해 국가적 차원에서 문제 해결을 시도하는 가운데 ADHD의 증상을 보이는 아동이 많다는 것을 알게 되면서 관심이 점점 증폭되고 있는 실정이다.

2. ADHD 아동을 위한 학교의 행정적 지원

ADHD 아동들을 위한 학교 환경은 가능한 최소 제한된 환경에서 또래와 함께 학교생활을 할 수 있도록 해야 한다. 이러 환경에서는 ADHD 아동들의 증상에 따라 융통성 있게 환경을 옮겨 다닐 수 있다면 ADHD 아동들의 독특한 요구를 좀 더 적절하게 충족시켜 줄 것이다. 각 나라에서 마련된 법은 ADHD 아동들을 비롯하여 다양한 장애군에 속하는 아동이 분리된 환경보다 통합적 환경에서 일반교육과정 주도 아래 이루어지는 학교생활을 하도록 보장하고 있다. 이런 이유 때문에 일반교육환경에 포함된 장애아동이 급격히 많아지고 있다. 일반교육에 포함된 장애아동이 전반적인 학교생활에 잘 적응시키기 위해서는 적절한 교수적 수정과 환경적 수정이 요구된다.

이와 같은 교육적 환경의 변화는 학교 환경을 바꾸게 하고, 행정 및 제도적으로 뒷받침할 수 있는 규정을 마련하고, 교사 교육을 실시하는 등 다양한 측면에서 세심한 배려로 주의를 기울이게 한다. 또한 아동의 특정 문제로 결정된 환경적 배치도 고정된 배치가 아니라 그 문제의 개선 정도에 따라 쉽게 이동할 수 있는 대안적 배치를 고려하게 한다.

실질적으로 ADHD 아동들이 포함된 일반학급의 교실은 이들을 위한 환경의 재구조화와 교실 안에서의 ADHD 아동의 배치에 대한 지침 등을 마련하고 안내한다. 즉, ADHD를 위한 학교 환경에서 고려해야 할 사항들이 생각보다는 세심해야 하고 많다는 의미이다. 그러나 우리나라의 경우, ADHD 아동들이 통합환경에 포함되어 있지만 그들을 위한 적절한 교육적 지원이 실시되고 있지 않은 실정이다.

ADHD 아동들에게 실시되는 학교의 행정적 지원은 기본적으로 국가에서 제정된 교육법의 법률에 근거한다. 전 세계의 여러 나라는 자국의 현실에 맞춰 행·재정적으로 실현 가능한 범위에서 장애아동과 ADHD와 같은 경도장애의 교육권을 보장하고자 학교의 환경은 물론 행정적 절차를 매우 엄격히 규정하고 있다. 미국의 경우는 「IDEA」로, 일본의 경우 「특별지원교육」으로 학교의 행정적 지원 방법을 규정하고 있다. 따라서, 좀 더 현실적으로 발전된 지원이 실행되고 있는 미국이나 일본의 예를 소개하고, 한국의 현실도 살펴보기로 한다.

1) ADHD 아동을 위한 미국의 학교 행정

미국은 앞에서 기술한 것처럼 다양한 관련법으로 ADHD 아동들의 교육적 지원을 보장하고 있고, 그 내용 중에서 개별화 교육 계획(Individualized Education Program, 이하 IEP)은 핵심적 규정이다. IEP는 교육대상 아동의 개개인에 대한 독특한 욕구에 대한 진술, 그동안의 교육적 중재과정 물론 진단과정, 교육 계획, 관련 보조공학 지원, 교육 후 평가에 대한 일련의 절차가 모두 포함되어 있다. 그리고 IEP에는 부모의 권리와 교육 대상 당사자의 권리도 잘 보장되어 있다.

IDEA는 IEP와 더불어 적절한 무상 공교육, 최소 제한 환경이라는 핵심적 항목으로 ADHD 아동들의 교육권을 보장하고 있다. IDEA는 출생에서 21세에 이르기까지 모든 학생에게 적용되며, 13개의 범주의 장애 중 하나 이상의 장애에 해당되어야 한다. 미국의 각 주에 있는 교육관련 기관은 IDEA의 규정 아래 특별할 요구를 가진 모든 학생에게 적절한 교육을 지원하도록 규정하고 있다(Reid & Johnson, 2012).

IDEA가 21세까지 아동을 보호한다면 IDEA에서 제외되는 사람이나 문제는 재활법 504조와 미국장애인법(Americans With Disabilities Act, ADA)으로 보호받는다. 따라서, 이런 법들에 의해 ADHD 아동은 학교에서 실행되는 행정적 지원을 보장받고 있는 것이다. 미국에서 ADHD 아동들을 위한 학교의 행정적 지원을 보장하기 위한 다양한 법은 앞서 설명한 '1. ADHD 아동을 위한 관련 법에서 1) ADHD와 관련된 미국의 법'을 참고하라.

2) ADHD 아동을 위한 일본의 학교 행정

일본의 경우 2000년 특별지원교육으로 명칭을 바꾸면서 중요하게 검토한 사항 중의 하나는 ADHD에 대한 지원 내용이다. 그 내용의 핵심은 다음과 같다.

모든 초·중등학교에 특별지원교육의 지원 절차를 마련하여 장애아동을 포함한 모든 학생이 도움을 필요로 할 때 지원하도록 하는 것이다.

이 절차에서 가장 중요한 것은 일반학급에 포함된 학습장애 아동이나 ADHD 아동들을 위한 적절한 지원을 계획하는 것이다. 특히, 특별지원교실을 탄력적으로 운영하여 개개인의 독특한 요구에 적절한 지원을 받을 수 있도록 하는 것이다(文部科学省, 2004). 따라서, 일본의 특별지원교실은 특수학급이 담당하였던 기능을 승계하여 지원의 내용이나 방법, 지원 시간 등을 더욱더 개인적 요구에 따라 다양하고 역동적으로 실행할 수 있도록 하는 교실을 의미한다(上野 一彦 外, 2005).

일본 문부과학성(2002)의 조사에 의하면 일반학급에 포함되어 있으면서 특별지원교육이 필요한 ADHD 아동은 약 2.5%라고 보고한다. 이런 아동의 교육을 보장하기 위해 학교 안에 교내위원회 특별지원교육코디네이터가 마련되어 있다(김미숙, 2003). 이는 체제적 준비뿐만 아니라 실질적으로 운영될 수 있는 인적 자원도 함께 갖추고 있다는 의미이다. 현재까지 특별지원교육코디네이터는 일본 전 지역의 모든 학교에 마련되어 있지는 않지만 빠른 속도로 확산되고 있다. 특별지원교육코디네이터를 아직 마련하지 못한 학교는 이런 업무를 대신할 다른 인적 자원, 즉 학교에서 경험이 많고 관련 전문지식을 갖춘 교사가 대신 이 역할을 담당하고 있다.

일본에서 새로운 용어로 시작된 특별지원교육이 원활하게 잘 실행되기 위해서는 학교 내에 교내위원회 특별지원교육코디네이터를 두고 부가적으로 외부 전문가의 협력 체계와 순회상담의 체제를 갖추도록 하고 있다. 이와 같이 마련된 4개의 체제는 각각에게 맡겨진 고유의 역할로 독특한 요구를 필요로 하는 아동에게 적절한 교육을 지원한다. 이렇게 일본이 겹겹의 체제를 마련해 둔 것은 아동에게 나타나는 다양한 문제를 특정 교사 한 명이 단독으로 할 수 없을 경우가 많기 때문에, 이런 문제가 발생할 경우 다학문적 접근으로 보다 더 전문적이고 적절한 교육적 지원에 최선을 다하겠다는 의지라고 해석된다. 이런 체제의 역할은 〈

표 Ⅳ-2〉에 제시해 둔다. 일본은 2007년부터 이런 체제가 전국의 모든 초· 중등학교에 설치되어 특별지원교육이 잘 진행되도록 강하게 강조하고 있다.

표 IV-2 특별지원교육을 위해 필요한 4체제의 역할

체제	역할
교내위원회	• 교내의 특별지원교육으로 진행하는 전반적인 방법에 대하여 기획하기 • 지원할 아동의 현재 상태 파악하기 • 아동에게 실시되는 전반적인 지원에 관한 전교직원의 이해 구하기 • 전문가팀에 의한 판단의 필요성 유무 검토하기 • 아동을 직접적으로 지원하는 직원의 교내 체제 마련하기 • 안내책자 배포나 연수회를 통해 특별지원교육에 관한 보호자와 지역사회가 이해할 수 있는 기회 제공하기 • 특정 문제의 신속한 대처를 위하여 교내위원회 개최 여부 결정하기 • 교내위원회의 권한을 명확히 하고, 결정사항은 학교 방침으로 전교직원이 숙지할 수 있도록 안내하기 • 구성원은 학교 상황에 따라 다양하나, 일반적으로 교장, 특별지원교육코디네이터, 교육상담이나 생활지도 담당자, 특수교사, 일반학급 담임교사, 양호교사, 학교 상담교사, 기타 해당 학생 지도에 필요한 교사를 포함하여 구성하기
특별교육지원 코디네이터	• 교직원, 학교, 보호자, 외부기관과의 원활한 연계와 의견 조율하기 • 교내위원회의 구성원으로서 정보 수집 및 준비하기 • 학급 담임교사의 지원과 교내 연수 기획 및 운영하기 • 외부 관계기관과의 연락 및 조정의 역할을 담당하여 관련 기관에 관한 정보 수집 및 정리하기 • 전문기관에 상담할 때 연결하고 정보 수집과 조정하기 • 전문가팀과 순회교사와 연계하기 • 보호자에 대한 상담 창구로서 역할하기 • 특별지원교육에 대한 충분한 이해와 대상아동에 대한 사정이나 지원 방법에 대한 지식 및 기능에 대한 능력 갖추기
전문가팀	• 교내위원회나 교육센터 등에 두기 • 초·중등학교를 위한 상담기관으로 교육, 의료, 심리, 언어, 행정 등의 전문가로 구성하기 • 학교에서 의뢰된 아동의 상태를 판단하여 적절한 교육제도나 구체적인 배려나 지원 방법으로 해당 학교를 지도하고 지원하기 • 교내연수, 지역사회 연수 지원하기 • 전문가팀은 도나 시 단위와 같은 행정구역 단위로 설치하기

체제	역할
순회상담	• 학생의 구체적인 지원 방법을 전문가, 학교와 함께 협의하기 • 필요한 경우 심리검사 등을 활용하여 사정 실시하기 • 실질적으로 해당 학생을 지도하는 경우도 있음 • 전문가팀의 구성원이고, 교육센터의 직원, 특별지원교육의 경험이 풍부한 초·중학교의 교사, 특수학교의 교사 등이 순회상담 담당

출처: 上野 一彦 外(2002). LD & AD/HD. 学習障害と注意缺陥/多動性障害.安田生命社會事業団.

3) ADHD 아동을 위한 한국의 학교 행정

2007년 개정된 「장애인 등에 대한 특수교육법」은 기존의 다른 어떤 교육법보다 민주적인 법으로 평가되어 무상교육과 의무교육과 같은 실질적인 권리를 보장하려는 절차적 제도를 강화시켰다고 할 수 있다(김원경 외, 2008). 이 법의 제15조에 제시된 특수교육대상자는 시각장애, 청각장애, 정신지체, 지체장애, 정서·행동장애, 자폐성장애, 의사소통장애, 학습장애, 건강장애, 발달지체, 그 밖에 대통령령으로 정하는 장애로 규정되어 있고, 이들은 소정의 절차에 따라 특수교육을 필요로 하는 사람으로 진단·평가된 사람이라고 제시한다. ADHD에 관한 용어가 법률조항에 따로 제시되어 있지는 않지만 보통 정서·행동장애와 학습장애, 자폐성과 중복적 경향이 많아 특수교육의 지원이 이루어지고 있지만, 중복장애 없이 ADHD의 문제만을 보일 경우에는 그 지원의 폭이 상당히 축소된다.

그러나 우리나라의 경우 아동 및 청소년의 정신건강 문제에 대한 관심이 높아지면서 보건복지부에 마련된 정신건강증진센터의 활동으로, 그 사업이 확장되면서 ADHD 등 행동 문제에 상당하는 건수는 2011년 전체 상담 건수의 절반을 훌쩍 넘어 62.3%로 나타나고 있다(안동현 외, 2015). 이런 경향은 2006년에 개정된 「학교 보건법」의 영향으로 정서 및 행동 문제를 검사하면서 학교에 개입하여 시작되었는데, 이런 검사가 2013년부터는 초등학교 1학년과 4학년, 중학교

1학년, 고등학교 1학년을 대상으로 정기적으로 실시되고 있다(안동현 외, 2015). 학교에서 실시되는 정서 및 행동 특성 검사에는 ADHD를 판별할 수 있는 척도가 포함되어 있어 ADHD 선별에 도움을 제공하고 있다.

우리나라의 경우 학교 사회와 지역 사회에서 청소년의 문제 행동이 급증되면서 사회적으로 그 심각성을 인식하고 있고, 이들에 대한 지원 방법을 모색하기 위한 일환으로 ADHD 아동들의 문제에 대한 지원 방법이 모색되고 있다. 이는 ADHD 아동들은 학교 교육에서 사각지대에 놓여 있다는 것을 의미한다. ADHD는 다른 장애아동처럼 독특한 요구로 인하여 전반적인 학교생활에 적응이 힘들기 때문에 적절한 지원절차가 마련되어야 할 것이다.

ADHD 아동에게 실시하는 적절한 지원 계획을 위해
다양한 분야의 전문가들의 협력이 필요하다.

세계의 다양한 학교와 교육이야기

■ 레지오 에밀리아 학교

조기 아동 교육이 실행될 수 있는 가장 좋은 예는 레지오 에밀리아 학교이다. 이 학교는 이탈리아 북쪽에 위치한 레지오 에밀리아라는 마을에서 제2차 세계대전으로 폐허가 된 학교를 개혁하면서 시작되었다. 첫 시작은 취학 전 학교(유치원 과정)로 1963년에 문을 열었다. 취학 전 학교의 중요 특징은 아동 중심 접근적 교육과정을 마련한 것이다. 즉, 레지오 에밀리아 학교에서 교사들은 교육과정의 전개 방법을 아동으로부터 오는 신호에서 찾아 시작한다.

일반적으로 아동이 관심을 가지는 자유놀이로 시작되는 발현적 교육과정은 모든 과정이 존중되고, 각각의 상황이나 문제, 사건들이 연결되고, 아동 스스로 깊이 생각하고, 갈망하는 것으로 교사의 주목을 이끌어 낸다. 놀이의 결과물로 나타나는 아동의 작품들은 신뢰와 흥미, 그리고 발견의 학습 환경에서 창작된 것들이다. 레지오 에밀리아 학교는 어떤 학습이 순환되는 과정에서 가장 핵심적 상황은 아동이 자연스럽게 놀이를 진행하는 것이다.

■ 발도르프 교육

발달적으로 적절할 조기 아동교육의 또 다른 예는 상상력과 창의성의 학습을 중요하게 생각하는 발도르프 교육이다. 발도르프 교육은 예술적 발달, 문화적 풍부, 아동의 상상력과 창의적 세계를 매우 존중해 줄 것을 강조한다.

발도르프 교육가들은 "아동들의 초기 장점을 잃어버리게 6, 7세 전에 읽기를 배우는 아동들이 있다. 그러면 그들 중 많은 아동이 읽기에 대한 흥미를 잃게 될 것이고 고통스럽게 될 것이다."라고 말한다. 그리고 그들은 놀이를 통해 학습하고 상상력을 풍요롭게 하는 교육은 이런 읽기의 문제를 해결해 줄 것이라고 강조한다.

■ 로즈빌 지역 공동체 취학 전 학교(RCP)

캘리포니아 로즈빌에 있는 로즈빌 지역 공동체 취학 전 학교(RCP)는 놀이를 통한 교육을 중요하게 여기는 비영리 단체, 부모참여 지역 공동체 학교이다. 이 학교의 규칙은 "달리기, 뛰기, 파기, 탐구, 말하기, 만들기, 분해하기, 붓기, 외치기, 보기, 두드리기, 색칠하기, 타기, 상상하기, 노래 부르기, 의문가지기, 측정하기, 생각하기, 놀기, 혼자되기, 시험하기, 실험하기, 표현하기, 공상하기"이다. 이 학교의 공간은 놀이 활동에 관련된 환경으로 완벽히 재구조화되어 있다.

출처: 김미숙 역(2012). 『가장 좋은 학교』. 창지사.

CHAPTER 2

ADHD 아동과 학급

ADHD 아동들에게 실시되는 교육이 효과적인 결과를 이끌어 내려면 가장 먼저 학급을 어떻게 운영하여 관리하고, 어떻게 탄력적 배치를 할 것인가를 세심하게 고민해야 한다. 그다음으로 학급에서 교사에 의해 이루어지는 교수적 내용과 교수 전략과 같은 구체적 방법을 계획해야 한다. 이런 모든 과정에 거시적인 행·재정적 지원을 담당하는 것은 국가와 학교라면 역동적으로 직접 실천하고 운영이 일어나는 장소는 학급이라 할 수 있다. 따라서, 학급은 ADHD 아동을 포함하여 모든 아동에게 가장 중요한 교육 환경이다.

IDEA는 ADHD 아동들의 교육 환경인 학급을 운영하고 관리하기 위해 최소 제한된 환경(Least Restrictive Environment, 이하 LRE)과 지속되는 대안적 배치라는 두 가지의 핵심적 지침을 규정한다. 이런 규정은 ADHD 아동들과 같이 독특한 요구를 가진 아동이 포함된 교육 환경의 배치나 구성, 교육 내용과 방법의 계획과 같은 실제 현장의 고민을 덜어주고, 실질적인 실천으로 이끌어 내는 출발점이 된다.

LRE는 ADHD 아동들은 물론 장애를 가진 아동에게 최적의 교육적 환경을 제공하기 위해 마련된 규정이다. 완전통합교육이라는 교육환경은 모든 아동이 어떤 환경에서도 제외되지 않고 일반교육과정 주도 아래 교육을 받게 하려는 지원방법이다. LRE에서 운영되는 일반교육과정은 보편적 설계에 의해 ADHD 아동에게 적절한 교수적 수정과 일반교사와 특수교사와의 협력적 관계 아래 개별화 교육이 계획될 수 있어야 한다.

지속되는 대안적 배치는 ADHD 아동들과 같이 독특한 요구를 가진 아동이 그들의 요구를 충족시키기 위해 다양한 교육 환경을 마련하고, 아동의 수준과 개선 정도에 따라 가장 적절한 교육 환경으로 이동적 배치를 가능하게 하는 것이다. 즉, 이로써 적절한 교수적 지원이 보장된 환경을 제공하는 것이다. Zigmond(2003, 2007)가 지속되는 대안적 배치가 필요한 이유를 다음과 같이 제안한다. 첫째, 독특한 요구를 가진 아동에게는 집단 규모가 작을수록 효과적인데, 이런 아동에게는 집중적인 교수가 필요할 때가 많기 때문이다. 둘째, 일반교사와 특수교사가 협력적 관계 아래 계획된 개별화된 교수가 지원되어야 하기 때문이다. 셋째, 개별화 교수와 집중적인 교수를 실행하기에는 일반학급 환경이 적절하지 않을 수도 있기 때문이다. 넷째, 가장 효과적인 교육 환경을 하나만 꼭 집어 말할 수 없고 아동의 상황에 따라 적절한 환경이 그때그때 달라질 수 있기 때문이다.

이와 같이 ADHD 아동들과 같이 독특한 요구를 지닌 아동을 위한 교육적 환경을 선택하여 결정하는 것은 매우 중요한 작업이다. 적절한 교육 환경에서 협력 교수가 적용하여 팀 접근을 시도하고 사회적 기술을 익히고 상호작용이 형성되도록 하는 것, 그리고 그 교실에서 적절한 행동을 익히도록 하여 집단에 있는 아동에게 사회적 수용이 일어나도록 지원할 수 있다(김미숙, 2014). 이렇게 교육 환경과 교수적 수정은 긴밀하게 상호보완적 관계에 놓여 있다고 할 수 있다. 따라서 여기서는 우선, ADHD 아동을 위한 학급 배치는 어떻게 해야 하는지를 알아보고, 그다음으로 교실 환경에 관하여 살펴보기로 한다.

1. ADHD 아동을 위한 학급 배치

ADHD 아동들의 대부분은 통합환경인 일반학급에 포함되어 있다. 그러나 IDEA의 지속되는 대안적 배치라는 규정에 따라 ADHD 아동들은 필요에 따라 적절한 교육 환경으로 이동이 가능하다. 일반적으로 대안적 배치에 포함되는 교육 환경은 일반학급, 학습도움실, 특수학급, 특수학교, 기숙제 시설, 가정 혹은 병원 환경이다. 이런 환경 가운데 최소 제한된 환경은 일반학급이고, 최대로 제한된 환경은 기숙제 시설과 가정 근거 혹은 병원 환경이다. 미국의 경우, 대안적 배치가 포함된 환경에서 최소 제한 환경의 정도에 따른 단계는 〈그림 Ⅳ-4〉와 같다.

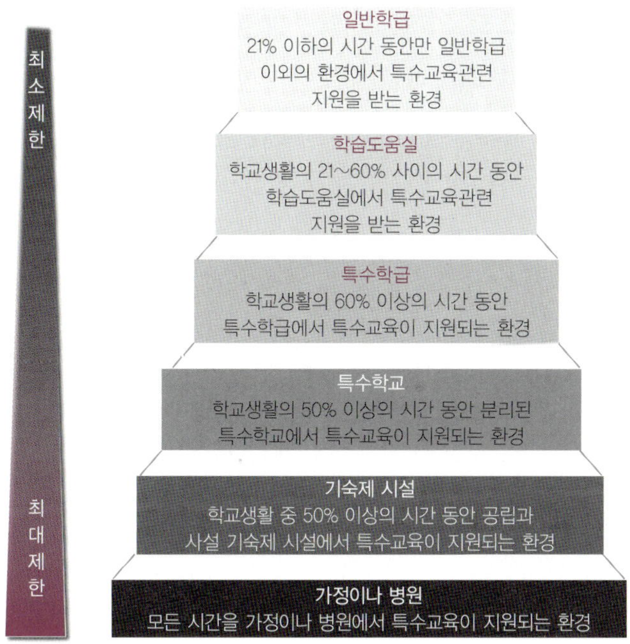

그림 Ⅳ-4 대안적 배치와 최소 제한 환경과의 관계(미국 기준)

출처: Lerner, J. W. & Johns, B.(2012). *Learning Disabilities and Related Mild Disabilities: Characteristics, Teaching Strategies, and New Directions.* Wadsworth Cengage Learning. p. 114.

ADHD 아동들의 교육적 환경은 주로 일반학급, 학습도움실, 특수학급이다. ADHD 아동이 일반학급에서 보내는 평균 시간은 63.1%이고, ADHD 아동의 약 80%가 일반학급에서 보내는 시간은 28.3%이다(Schnoes, et al., 2006). 이는 그 외의 시간은 학습도움실이나 특수학급에서 보내는 시간이라는 의미이다.

Lerner와 Jonns(2012)는 ADHD 아동들이 포함되는 각각의 교육적 환경에서 실시되는 지원의 방법에 대하여 다음과 같이 설명한다. 일반학급에서는 일반교사의 주도 아래 일반교육과정으로 교육적 지원이 이루어진다. 특수교사나 전문가의 지원은 ADHD 아동에게 직접 실행되기보다는 일반교사에게 지원 방법이나 교수 방법을 안내하는 것으로 이루어진다. 이런 지원 방법을 실시하는 이유는 ADHD 아동을 단순히 물리적으로 좋은 환경에 배치한 것만으로 학습적 성취와 사회적 수용이 전적으로 일어나지 않기 때문이다. 따라서 이 환경에서는 잘 계획된 교수 계획과 일반교사와 특수교사의 협력적 관계는 매우 중요하다. 학습도움실은 ADHD 아동에게서 보이는 증상들이 일반학급의 수업을 방해할 정도로 심하거나 특별한 지원이 필요할 때 적절한 지원이 집중적으로 이루어지는 환경이다. ADHD 아동이 전적으로 학습도움실에서 지원받기보다는 일반학급과 병행하여 지원을 받는 경우가 많다. 특수학급은 특수교사에 의해 ADHD 아동에게서 보여지는 심각한 증상의 개선을 위해 좀 더 전략적이면서 집중적인 지원을 하는 것이다. 특수학급에 보내지는 ADHD 아동은 일반학급에서 최소의 시간을 보내고 대부분의 시간을 특수학급에서 보내는 경우가 많다.

ADHD 아동들의 경우는 최대로 제한된 환경인 특수학교, 기숙제 시설, 가정 혹은 병원과 같은 환경에 포함되는 경우는 매우 드물다. ADHD 아동들은 약물치료와 기타 다른 치료와 함께 적절한 교육적 지원이 제공된다면 최소 제한된 환경에서 충분히 적응할 수 있을 것으로 판단된다. 그리고 ADHD 아동들은 단 하나의 교육적 환경에서 모든 시간을 보내는 것보다는 아동의 상태나 증상에 따라, 혹은 교과에 따라 일반학급, 학습도움실, 특수학급 중에서 적절한 교육적 환경을 융통적으로 선택하여 이동하는 것이 좋다. 미국의 교육 환경 중

학습도움실이 일본에서는 통급지도교실로 마련되어 있으나, 한국은 아직까지 이런 유형의 교실은 마련되어 있지 않다. 한국에서 ADHD 아동들이 도움을 받을 수 있는 최소 제한된 환경으로는 일반학급과 특수학급이다.

이상에서 살펴본 바와 같이 ADHD 아동들을 위한 학급은 미국에서는 지속적 대안적 배치라는 규정 아래 아동에게 적절한 교육적 환경을 제시하고 있고, 일본은 특별지원교육이라는 규정 아래 교육적 지원을 실시하고 있다. 그러나 한국은 ADHD 아동들만을 위한 학급이 제대로 마련되어 있지 않은 실정이다. 다만, ADHD 증상이 학습장애나 정서·행동장애와 중복적으로 나타나 학습장애나 정서·행동장애로 진단이 내려지는 경우가 많은데, 그런 경우, 학습장애는 일반적으로 일반학교, 특수학급의 교육환경에서, 정서·행동장애는 그 증상의 정도에 따라 일반학교, 특수학급, 특수학교의 교육환경에 배치된다. 실질적으로 한국의 교육 현장은 ADHD 아동들에게 적절한 교육을 지원할 수 있는 환경은 갖추고 있다고는 말할 수 없을 것이다.

교육적 환경의 선택은 장애인 당사자와 부모에 의해 결정된다. ADHD 아동들이 특수교육 대상자로 분류되면 우리나라에서는 장애인차별금지 및 권리 구제 등에 관한 법률에 의한 교육 조항에 따라 교육 환경을 보장받을 수 있다. 따라서 장애아동이 일반학교에 입학하겠다고 하면 어떤 이유에서는 거부할 권리가 없는 것이다. 또한 학교 측에서 함부로 전학을 시킬 수도 없다. 그 내용을 〈표 Ⅳ-3〉에 제시해 둔다.

과거에 비하여 한국은 장애아동이 배치될 수 있는 물리적 환경은 다양하게 마련되어 있다고 할 수 있다. 그러나 「장애인 등에 대한 특수교육법」에 의해 분류되지 않는 경도장애나 ADHD 아동 등과 같이 독특한 요구를 가진 아동이 적절한 교육적 지원을 받을 수 있는 환경은 매우 미흡한 편이다. 따라서 일반교육에 포함된 ADHD 아동은 교육 내용이나 시험 방법 등에 늘 불리할 수밖에 없다.

표 IV-3 장애인차별금지 및 권리 구제 등에 관한 법률에 의한 교육 조항

대한민국 장애인차별금지 및 권리 구제 등에 관한 법률
법률 제12035호, 시행: 2014. 2. 14, 타법개정: 2013. 8. 13.
저자: 대한민국 국회

제2절 교육
제13조(차별금지)
① 교육책임자는 장애인의 입학 지원 및 입학을 거부할 수 없고, 전학을 강요할 수 없으며, 「영유아보육법」에 따른 어린이집, 「유아교육법」 및 「초·중등교육법」에 따른 각급 학교는 장애인이 당해 교육기관으로 전학하는 것을 거절하여서는 아니 된다. 〈개정 2011.6.7〉
② 제1항에 따른 교육기관의 장은 「장애인 등에 대한 특수교육법」 제17조를 준수하여야 한다. 〈개정 2010.5.11.〉
③ 교육책임자는 당해 교육기관에 재학 중인 장애인 및 그 보호자가 제14조 제1항 각 호의 편의 제공을 요청할 때 정당한 사유 없이 이를 거절하여서는 아니 된다.
④ 교육책임자는 특정 수업이나 실험·실습, 현장견학, 수학여행 등 학습을 포함한 모든 교내외 활동에서 장애를 이유로 장애인의 참여를 제한, 배제, 거부하여서는 아니 된다.
⑤ 교육책임자는 취업 및 진로교육, 정보제공에 있어서 장애인의 능력과 특성에 맞는 진로교육 및 정보를 제공하여야 한다.
⑥ 교육책임자 및 교직원은 교육기관에 재학 중인 장애인 및 장애인 관련자, 특수교육 교원, 특수교육보조원, 장애인 관련 업무 담당자를 모욕하거나 비하하여서는 아니 된다.
⑦ 교육책임자는 장애인의 입학 지원 시 장애인 아닌 지원자와 달리 추가 서류, 별도의 양식에 의한 지원 서류 등을 요구하거나, 장애인만을 대상으로 한 별도의 면접이나 신체검사, 추가시험 등(이하 "추가서류 등"이라 한다)을 요구하여서는 아니 된다. 다만, 추가서류 등의 요구가 장애인의 특성을 고려한 교육시행을 목적으로 함이 명백한 경우에는 그러하지 아니하다.
⑧ 국가 및 지방자치단체는 장애인에게 「장애인 등에 대한 특수교육법」 제3조 제1항에 따른 교육을 실시하는 경우, 정당한 사유 없이 해당 교육과정에 정한 학업시수를 위반하여서는 아니 된다. 〈개정 2010.5.11.〉

일본은 ADHD 아동들을 위한 학급 배치에 따른 교육적 환경을 일반학급, 특수학급, 통급지도교실(通級指導敎室)로 구분하여 마련하고 있다. 일반학급과 특수학급은 상호 협력적 관계를 맺고 있다. 통급지도교실은 ADHD 아동이 평상시에는 일반학급에서 또래와 함께 수업을 받지만 특별한 요구를 필요할 때 정하여진 시간 동안 이동하여 교육적 지원을 받는다. 문부과학성의 조사에 의하면 통급지도교실은 2012년에 일본의 공립 초·중학교에 10%가 넘게 설치된 것

으로 보고되고 있다. 모리 코우이찌(森 孝一, 2003)는 일본의 교육 환경인 일반학급, 특수학급, 통급지도교실의 장점과 단점을 제시하고 있고, 그 내용은 〈그림 Ⅳ-5〉와 같다.

ADHD 아동들을 위한 학급환경은 미국, 일본, 한국, 세 나라 모두 일반학급이 주가 되고 아동의 요구에 따라 적절한 교육이 필요하면 특수학급에서 교육적 지원을 받고 있다. 미국과 일본은 ADHD 아동을 포함한 모든 학생이 독특한 요구가 있을 때 도움이 될 수 있는 교육적 환경이 마련되어 있으나 한국은 현재 그런 환경을 마련하지 못하고 있다. 준비된 학급 환경이 어느 정도인가에 상관없이 ADHD 아동의 상황에 적절하고 탄력적으로 환경의 이동이 이루어져야 하고, 대안적 배치가 연속되기 위해서는 일반교사와 특수교사의 협력적 관계는 필수적 요소이다.

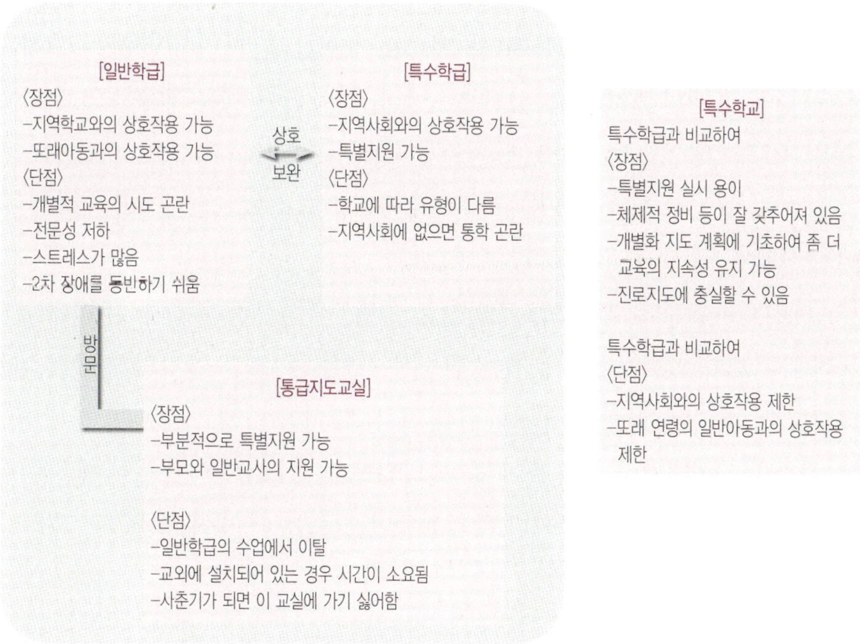

그림 Ⅳ-5 일본의 일반학급, 특수학급, 통급지도교실의 장점과 단점

출처: 森 孝一(2003).LD·ADHD·高機能自閉症就学 & 学習支援.明治圖書. pp. 37-38.

2. ADHD 아동을 위한 교실 환경

ADHD 아동들을 포함한 모든 아동은 하루 중 교실에서 보내는 시간이 가장 많다. 특히 ADHD 아동들에게 나타나는 여러 가지 증상은 교실 환경에 영향을 많이 받는다. 소음이 많은 교실, 산만한 또래 친구와 짝이 되었을 때, 교실의 물건들이 잘 정리정돈이 되지 않았을 때, 게시판이나 환경정리가 어수선함은 ADHD 아동에게 방해가 되는 환경이다. 따라서 ADHD 아동들을 위한 긍정적 환경을 위한 재구조화 방법, 일반학급에 포함된 ADHD 아동을 적절하게 지원하는 구체적인 방법, ADHD의 자리를 어떻게, 어느 위치에 배치해야 좋은지에 대하여 살펴보기로 한다.

ADHD 아동들을 위한 긍정적 환경은 교실에서의 일과가 제시되고 분명한 목표가 수립되어 있고, 환경은 연령에 적절한 심미적 요소를 갖추고 있어야 한다. 긍정적 환경에 있는 아동은 늘 서로를 배려한다. 따라서 교사는 교실 환경은 성공의 경험이 풍부할 수 있도록 구성하고 학급에 있는 친구들의 문화와 관습을 서로 이해하고 존중하도록 가르친다(Lerner & Jonns, 2012). ADHD 아동들을 위한 긍정적 환경에 포함될 수 있는 구성 요소 중 몇 가지를 〈표 Ⅳ-4〉에 제시한다.

ADHD 아동들은 부주의, 주의집중 결핍, 주의산만과 같이 주의에 관련된 능력에 문제가 많다. 이런 문제는 환경적 요인, 즉 교실 안팎의 청각적 자극이나 시각적 자극에 의해 일어나기 쉽다. 교실은 여러 학생들이 모여 함께 생활하는 공간으로 이런저런 자극들이 늘 따라다닌다. ADHD 아동들에게는 이런 자극이 주어진 과제를 완성하거나 주의집중이 필요할 때 방해요인으로 작용된다.

표 IV-4 ADHD 아동을 위한 긍정적 환경 구성 요소

구성 요소	구체적 내용
일과 알림	• 일주일 시간표와 하루 일과가 안내된 게시판을 학생들이 지나다니면서 쉽게 볼 수 있는 곳에 붙여 둔다. • 글자로 적힌 일과 알림 게시판을 알아보기 쉽게 그림 단서와 함께 제공한다. • 변경된 하루 일과는 학생들에게 미리 알려 준비시킨다.
구성 요소	구체적 내용
교실에서 명확한 목표 행동 수립	• 교실에서의 목표 행동은 명확하고 일관되게 수립한다. • 교실에서의 목표 행동은 구성원 모두에게 공정해야 한다. • 규칙 제시는 간단 명료하고 기억할 수 있게 제시한다. • 읽기에 어려움이 있는 학생들을 위해 그림 단서를 함께 제공한다. • 교실에서의 목표 행동이나 규칙을 잘 실행했을 때 보상을 즉시 제공한다.
배려와 성공이 보장된 환경	• 다양한 학습 기술을 성공적으로 활용하도록 배려한다. • 교사는 학생을 잘 이해하고 격려하는 사람이라는 것을 보여준다. • 교사는 학생과의 긍정적인 관계 형성을 위하여 노력하는 사람이라는 것을 보여준다. • 학생들의 강점을 파악하여 알려줌으로써 동기를 유발시킨다.
긍정적 모델 제시	• 교사의 행동은 70% 이상이 긍정적이어야 한다(Johns & Carr, 2009). • 교사의 칭찬은 학생이 특별히 요구되는 행동을 했을 때 한다. • 교사는 학생들의 잘못된 행동에 벌을 주기보다는 바른 행동의 재교육 기회로 활용한다.
다양한 문화와 배경 이해 및 존중	• 교실에 있는 학생들의 다양한 문화와 배경을 이해하고 존중할 수 있도록 다양한 수업을 구성하여 지도한다.
심미적 환경 구성	• 교실은 학생들이 좋아하는 환경으로 꾸미도록 한다. • 교실의 조명 밝기에 주의를 기울인다. • 교실 안에 학생들이 좋아할 만한 특별한 공간(흔들의자, 안락의자, 화분 가꾸기)을 만들어 둔다.

출처: Lerner, J. W. & Johns, B.(2012). *Learning Disabilities and Related Mild Disabilities: Characteristics, Teaching Strategies, and New Directions.* Wadsworth Cengage Learning. pp. 187-188.

그렇다면 수업 중에 필요한 자극들 이외에 필요없는 자극들에 어떻게 대처해야 할까? 수업 중에 교사가 설명하는 말소리나 발표를 하고 대답을 하는 학생들의 소리를 제외하고 다른 소리는 교실의 소음에 해당한다. 수업시간에는 수업에 관련된 소리 자극 이외에의 소리는 ADHD 아동의 주의를 흐트러뜨려 놓기 좋은 자극이다. 따라서 교사는 이런 자극을 통제하여 주의집중시키는 다양한 방법을 모색해 두는 것이 좋다. 교실 소음에 교사가 대처하는 사례를 아래에 제시한다(김미숙, 2010)

> 중략… 나는 십대들은 자신들이 하고 싶은 이야기를 하기에도 시간이 부족하다는 것을 알고 있다. 그들은 정말 다른 사람과 함께 있고 싶어 하고, 수다를 떨고 싶어 하는 지극히 사회적 동물이다. 이런 그들의 특성에 대한 교사인 나의 해결책은 수업의 시작과 마지막에 그들이 함께 이야기를 나눌 시간을 주는 것이었다… 물론, 이렇게 잡담을 나눌 시간을 제공하여도 꼭 수업시간에 떠드는 학생이 늘 있게 마련이다. 가장 신경 쓰이는 상황은 두 아이가 쉴 새 없이 소곤거리는 일이다. 이때에는 두 아이를 불러내어 따로 주의를 준다… 또 다른 방법으로는 목표 행동을 수업 중 잡담하지 않는 것으로 결정하는 것이다. 그리고 자기 점검이나 자기 관리 방법을 적용하는 것이다... 무엇보다도 수업 중에는 교사가 학생을 존중해 주어야 하고, 이런 존중이 학생에게 충분히 전달될 때 수업 중 소음이 잠잠해질 것이다…

일반적으로 교실 내 ADHD 아동이 앉는 자리 배치는 여러 가지로 교실 생활에 영향을 미칠 수 있으니 신중해야 한다. ADHD 아동의 자리를 배치할 때 고려해야 할 점을 제시하면 다음과 같다. 첫째, ADHD 아동의 교실 내 자리 배치는 교사가 통제하기 쉽도록 가까운 거리에 위치해야 한다. 둘째, ADHD 아동이 또래 친구와 짝을 이루어야 할 경우에는 침착하고 ADHD 아동에게 좋은 모델이 될 수 있는 친구와 함께 앉히는 것이 좋다. 셋째, ADHD 아동의 자리는 창문이나 출입구로부터 떨어져서 외부의 소음이 차단되게 하여 주의산만이 일어나지 않도록 주의를 기울여야 한다.

특히 ADHD 아동의 일반적 징후에 따라 자리 배치나 교실 환경의 재구조화에 세심한 배려가 필요하다. ADHD 증상 중 부주의가 심한 아동을 위해서는 아동의 개별성을 고려해야 한다. 교실 내 환경에 다양한 시각적 자극이 필요한 아동에게는 시각적 자극이 될 수 있는 사물을 주의집중이 될 수 있는 장소에 두도록 한다. 반면에, 너무 많은 시각적 자극에 주의가 산만해지는 아동을 위해서는 수업 중 단서 제공에 반드시 필요한 시각적 자극은 제외하고 모두 없애도록 한다. 충동성을 보이는 ADHD 아동을 위해서는 교실 내 사물 간의 간격(예, 책상 사이 간격)을 충분히 떨어뜨려 놓고, 수업 시간의 규칙 등이 적힌 안내문을 아동이 잘 볼 수 있는 장소에 게시해 두도록 한다. 그리고 과잉행동을 보이는 ADHD 아동을 위해서는 침착하고 편안한 조명의 밝기와 정적 공간과 동적 공간을 구분하여 배치하고, 그 공간에서 자신의 행동을 통제하고 조절할 수 있도록 하면 도움이 될 것이다(이영나, 우주영, 2008, 이승호, 이영나, 2010).

교실 환경의 구조화와 더불어 교실에서 지켜야 할 질서나 규칙에 대한 안내를 충분히 설명하는 것도 필요하다. 교실 환경은 물리적 환경만이 중요한 것이 아니라 사회적 환경과 정신적 환경의 재구조화도 중요하다. 사회적 환경은 교사와 학생과의 상호작용, 또래 친구들 간의 상호작용으로 구조화되는데, 서로를 이해하고 존중하려는 마음이 기본적으로 형성되어 있어야 좋을 것이다. 정신적 환경은 교실 내에 있는 학생들이 정서적으로 안정되고 자신의 의도를 충분히 밝힐 수 있고 자신이 존중받고 있다는 생각이 들어야 좋은 환경이다. 결국, 교실 내의 긍정적인 물리적 환경, 사회적 환경, 정신적 환경은 ADHD 아동의 증상을 개선하는 것이고, ADHD 아동의 문제 행동이 감소되어 교실에서의 부적응은 줄어들고 풍부한 성공적 경험이 긍정적인 사고와 자아 존중감을 향상시킬 것이다.

CHAPTER 3

ADHD 아동을 위한 학습 지원

학습이란 인간이 살아가는 전 생애를 거쳐 일어나는 것으로 새로운 지식을 습득하고 익히는 과정이다. 인간은 인생 초기부터 새로운 것들을 계속하여 경험하고 습득하면서 학습이 일어난다. 예를 들어, 불은 뜨거워, 얼음은 차가워, 동생하고 싸우면 엄마에게 혼나, 아이스크림은 달콤해 등과 같이 모든 경험이 학습의 연속인 것이다. 다시 설명하면, 학습은 특정 결과를 산출하기 위한 작용이므로 새로운 지식, 기능, 행동 방식을 획득하는 과정으로도 중요한 것이다. 이렇게 획득된 결과는 새롭게 발생한 다른 상황에 전이되어 적용된다.

학습은 궁극적으로 행동을 변화시켜 환경에 적응시키는 것으로, 지식(정보)을 습득하고 기억하여 숙달하는 과정 등의 일련의 과정을 거친다. 이렇게 학습을 통해 얻어진 경험의 결과들은 인간이 살아가면서 필요한 순간마다 적절히 인출하여 적용하면서 능동적으로 사용한다. 학습에는 변별학습, 지각학습, 운동학습, 언어학습, 개념학습 등 그 유형도 매우 다양하다. 이와 같은 학습은 사람에 따라 시간, 속도, 양 등에서 차이를 보이며, 학습자에게 주어진 환경이나 동기 등에 의해 영향을 받는다.

인간의 전 생애를 걸쳐 일어나는 학습은 우리가 생각하는 것보다는 훨씬 더 길고 중요한 시기에 학교라는 장소에서 계획된 교육과정으로 다양한 지식을 습득하고 활용하면서 성인이 된다. ADHD 아동도 다른 아동과 동일하게 일정 연령이 되면 학습을 위해 학교에 입학하게 된다. 그러나 ADHD 아동들에게는 학교가 어려운 경험을 산더미처럼 해야 할 전쟁터와 같다. 또래와의 관계 형성에서 시작하여 학교에서 정하여진 규칙과 질서를 익혀야 하고, 교과를 통한 지식 습득과 그 결과를 평가하는 시험을 치러야 하는 등 숙지해야 하고 실행해야 할 일이 너무 많아지게 된다. ADHD 아동들이 이런 모든 학교의 일과에 잘 적응하는 것은 매우 힘든 일이다. 이런 이유 때문에 ADHD 아동들에게는 학교에서 잘 적응할 수 있는 적절한 학습 지원이 요구된다.

대부분의 학교는 교과학습 위주로 일정을 계획하고 운영한다. 교과학습은 ADHD 아동들에게 매우 힘들고 좌절을 많이 경험하게 하는 과정이다. 따라서 ADHD 아동을 위한 학습 지원 방법을 계획할 때 우선적으로 교과학습의 지원을 어떻게 할 것인가에 대하여 고민해야 한다. 이를 위해 ADHD 아동들의 독특한 요구가 무엇인지 파악하고 이해하는 것에서 출발하여 학습 내용, 속도, 양, 매체, 환경 등의 수정이 이루어져야 한다. 그리고 사회적 기술, 행동과 정서적 측면, 운동 발달적 측면 등에 대한 지원 방법도 모색하여 학교생활에 잘 적응할 수 있도록 지원해야 한다.

ADHD로 진단이 내려지면 약물치료와 또 다른 적절한 치료 방법들이 적용된다. 이런 방법들과 함께 ADHD 아동들에게 적절한 학습 지원방법을 모색해야만 한다. 다양한 측면에서 이루어지는 학습 지원은 ADHD의 증상을 개선시켜 학교생활은 물론 일상생활에서 성공적인 적응의 결과를 가져 올 것이다. 여기서는 학교에서 이루어지는 교수적 수정과 다양한 중재 방법 및 교수 전략과 함께 교사의 역할에 대하여 살펴보기로 한다.

1. 교수적 수정

학교에서의 교수적 수정은 보편적인 설계에 의해 계획된 일반교육과정이 적용으로는 학습자의 성취 수준을 최대로 이끌어 낼 수 없을 때 이루어진다. ADHD 아동들은 물론 독특한 요구나 문제로 인하여 일반교육과정으로 운영되는 수업에 참여하기 어려운 학습자에게 적절한 교육적 수정은 수업의 참여를 높이고 학업 성취를 달성시킬 수 있다. 이런 교수적 수정에는 물리적 환경은 물론 교수 방법, 교수 내용, 평가 방법, 집단 구성 등으로 이루어진다.

교수적 수정의 첫 단계는 해당 학습자의 상태에 대한 정보를 다양한 측면에서 확보하여 정확히 파악하는 것이다. ADHD 아동들에게서 보여지는 ADHD의 증상의 유형, 심각성 정도와 약물치료와 함께 병행되고 있는 다른 치료들에 대한 정보를 수집하여 아동의 현재 상태를 파악한다. 그다음으로 학교에서 수정될 수 있는 교수적 방법이 무엇인지 확인하고, 아동에 따른 적절한 교수 계획이 세워져야 할 것이다. 여기서는 ADHD 아동들을 위한 교과학습 수정, ADHD 증상에 적절한 지원, 개별화 교육 계획 작성 및 실천에 대하여 살펴보기로 한다.

1) 교과 학습을 위한 수정

ADHD 아동들은 다른 아동에 비해 학년별로 실시되는 교육과정에서 약 1년에서 2년 정도 학업적 성취가 늦어지는 경우가 많다. 이런 아동에게 적절한 교육적 지원이 실시되지 않으면 누적적 학습 결손으로 인하여 결과적으로 학교에서 실패하게 된다.

학습을 잘 따라가지 못하는 아동의 학습 지원을 위해 가장 먼저 초·중·고등학교에서 준비되어 있는 교육과정의 학습 목표와 내용이 아동에게 적절한지 검토해야 한다. 그다음으로 학생의 학습 준비 상태, 학습 속도, 학습 양 등과 같은 개인적 특성에 대하여 파악해야 할 것이다. 이 두 가지의 조사에 의해 교육 과정이 조정되어 ADHD 아동들에게 적절한 교수 계획이 마련되어야 한다.

ADHD 아동들을 위하여 학교에서 중점적으로 개선해야 할 점으로 다음과 같은 것을 생각해 볼 수 있다. 첫째, 계획된 수업 시간을 줄이고 교육 내용을 바꾼다. 수업 시간을 줄이는 것은 1교시로 결정된 시간을 줄이거나, 주당 교과 배당 시간을 조절하는 것이고, 교육 내용은 아동의 현재 수준을 파악하여 내용, 전달 방법, 속도, 양과 같은 수업 진도 계획을 수정하여 마련하는 것이다. 둘째, 통합적 학습을 할 수 있도록 교수 방법이나 내용을 조정한다. 교과별로 구분하여 수업을 진행하는 것이 아니라 통합교과로 수업을 진행하면서 직접 체험에 의해 학습할 수 있도록 운영계획을 바꾸는 것이다. 셋째, 유치원, 초등학교, 중·고등학교 별로 중점적 학습내용을 확고히 한다. 예를 들면 유치원은 놀이 중심으로 즐겁게 집단생활에 참여시켜 풍부한 경험을 할 수 있도록 하고, 초등학교에서는 읽고, 쓰기, 셈하기의 기초학습을 확고히 확립시키고, 중·고등학교에서는 상급학교의 진학과 사회생활에 필요한 기본적 소양 및 지식을 함양하도록 한다.

일반적으로 학습에는 일정한 원리와 단계를 알아야 한다. 학습의 원리에는 문제해결을 위한 학습, 체계적 학습, 관찰학습, 적성 처리 상호작용(Aptitude Treatment Interaction, ATI), 교사 기대 효과가 포함된다. 학습 원리에 대한 구체적인 설명은 〈표 Ⅳ-5〉에 제시해 둔다. 또한, 학습은 단계적 기술에 의해 이루어지는 것으로 현재 아동의 학습 단계가 어디인가를 판단하여 그에 적절한 지도를 실시하는 체계적 특징이 있다(上野 一彦, 花態 曉, 2006).

표 Ⅳ-5 학습 원리

원리	내용
문제해결 학습	문제가 되는 상황을 정확히 파악하고, 해결을 위한 가설을 세우고 문제해결을 진행하는 학습
체계적 학습	일정한 순서가 결정되어 있는 문제는 결정된 순서로 진행하도록 하는 학습
관찰학습	어떤 아동이 타인의 행동을 관찰하고 그 행동을 모방하여 자신의 것으로 만드는 학습
적성 처리 상호작용	동일한 수업 방법이나 교재 등을 활용하는 경우 학습자의 강·약점, 선호도 등과 같은 적성의 차이로 그 효과가 달라지는 상태
교사 기대 효과	객관적인 평가와는 일치하지 않지만 교사가 기대에 따라 아동의 성적이 좋아진다든지 나빠지는 것으로, 이는 교사의 기대에 따른 효과가 아동에게 나타난다는 것

출처: 上野 一彦, 花態 曉 (2006). 輕度發達障害の教育- LD·ADHD·高機能 PDDへの特別支援.日本文化科学社. p.63.

학습의 단계는 학습하는 내용에 관한 지식이나 기술을 전혀 할 수 없는 단계에서 적용하는 단계까지 익숙해가는 체계적인 과정을 의미한다. 학습 단계는 모든 아동에게 동일하게 적용되기 때문에 건너뛸 수 없고, 각각의 단계로 이동하는 데 요구되는 시간이 개개 아동에 따라 서로 다르다. 학습단계는 〈표 Ⅳ-6〉에 제시해 둔다. 학습 지도는 학습자가 어느 단계에 있는지 파악하고 다음 단계로 진행할 수 있도록 교수를 계획되어야 한다.

표 Ⅳ-6 학습 단계

단계	하위 수준	내용	예시
단계 1 노출	수준 1: 입문	지식이나 기술이 전혀 없는 학습목표에 대하여 구체적으로 설명하고 안내	구구법의 원리에 대한 전체적 설명과 2단에 대한 안내

단계	하위 수준	내용	예시
단계 2 이해	수준 2: 연습	안내된 학습목표를 충분히 반복하여 연습함	구구법 2단을 암송이나 적기를 통해 반복 연습하여 암기
	수준 3: 숙달	학습목표의 자연스러운 실행	약간의 도움으로 구구법 2단 암기
단계 3 독립	수준 4: 유지	학습목표를 정확하게, 그리고 안정적으로 실행 가능	혼자서 구구법 암송하기
	수준 5: 일반화	학습목표를 활용하여 다른 상황에 활용 가능	구구법 2단이 활용된 수학문제 해결 가능
단계 4 적용	수준 6: 응용	학습목표가 내면화되어 확장 가능	구구법의 2단의 원리를 완벽히 이해하여 나머지 구구단을 이해하고 해결할 문제에 적용

출처: 上野 一彦, 花態 曉 (2006). 輕度發達障害の教育- LD·ADHD·高機能PDDへの特別支援.日本文化科学社., p.65.

이상에서 살펴본 바와 같이 학습에는 일반적인 원리와 단계가 있어, 이에 따른 차별화된 교수 계획은 ADHD 아동들에게는 효과적일 것이다. ADHD 아동들을 위한 일반적인 학습 지도의 원리를 제시하면 다음과 같다.

첫째, ADHD 아동들에게서 보이는 개인차가 고려된 지도 계획을 마련한다. 동일한 연령, 그리고 유사한 증상을 보이는 ADHD 아동이라 하더라고 학습 준비도의 상태, 학습 방법과 경험, 학습 속도, 선호도가 서로 다르다는 것을 명심하고, 학습시킬 ADHD 아동에 대한 파악을 정확하고 세심하게 해야 한다(서석진 외, 2011).

둘째, 교사는 명확한 체계가 갖추어진 지도로 ADHD 아동이 능동적으로 학습에 참여하도록 한다. 교사는 특정 ADHD 아동에게 특별히 지도할 학습 내용의 목적이 분명하도록 지도 계획을 세우고, ADHD 아동에게 학습 계획을 명확히 제시하고 체계적인 단계로 지도한다. 이런 교사의 지도는 ADHD 아동이 학습에 자발적이면서 적극적으로 참여하게 하여, 학생의 반응 기회를 확보하게 할 수 있다. 교사는 학습 단계를 가능한 작은 세부 단계로 촘촘히 세우고, 긍정적 학습 결과에 즉시 보상을 하도록 한다. 또한 학습 내용은 교사가 시범 보여 ADHD 아동이 관찰할 수 있는 기회를 제공한다(上野 一彦, 花態 曉, 2006).

셋째, 일반 학급에서 포함된 ADHD 아동에게 학습지도를 할 때에는 설명, 환경, 보상, 매체, 내용, 강화에 주의를 기울여 지원하도록 한다. 일반학급에서 학습지도가 어려울 경우 개별적인 지도, 학습도움실, 특수학급 순으로 이동하면서 필요한 부분의 특별한 교수가 집중적으로 실시될 수 있도록 하는 것과 같이 교육 환경에 탄력적 배치 체계를 마련해 둔다(上野 一彦, 花態 曉, 2006).

일반학급은 보편적으로 교과 중심으로 수업이 진행된다. ADHD 아동들은 특히 읽고, 쓰기, 셈하기의 기초학습과 더불어 교과 학습에 특별한 지도 계획이 필요하다. ADHD 아동이 교과 수업에서 나타나는 문제와 이를 위한 교수적 수정은 〈표 Ⅳ-7〉에 제시해 둔다. ADHD 아동들은 교과 수업에서 교사의 설명을 알아듣지 못하는데, 특히 수학교과에서는 필요한 개념이나 기술들의 적용이 매우 서툴다. 자기 통제와 조절이 힘겨운 ADHD 아동은 교사의 지시나 규칙이 많은 실과와 가정과 같은 생활 과목을 힘들어하고, 체육이나 음악, 미술과 같은 기능교과에서는 수업의 준비나 정리에 시간이 많이 걸리고 활동 결과가 서툴고 균형이 맞지 않는 결과물을 제출하는 경우가 많다.

모든 교과는 전체적으로 ADHD 아동들의 발달 정도에 따라 지도 방법도 달라져야 한다. 일반적으로 유치원에 있는 아동을 위해서는 신체적 움직임이나 구체적 사물을 감각적으로 조작하는 활동을 활용하여, 초등학교 저학년에서는 과거의 경험을 조합하거나 지각을 활용하거나 개념 형성에 도움이 되는 지도 방법을 사용하는 것이 좋다(上野 一彦, 花態 曉, 2006). 초등학교 고학년에는 사고를 확장하고 기존의 지식을 독립적으로 적용할 수 있는 지도 방법으로, 중 · 고등학교에서는 기존의 지식을 활용하여 새로운 문제에 응용할 수 있는 지도 방법을 활용한다. 특히 ADHD 아동들은 행동의 통제와 조절, 그리고 작업 기억 등에 문제가 많기 때문에 이를 개선하면서 지도하는 것이 좋다. 또한 학습 목표에 관한 의식이 없고, 문제해결 능력이 부족하기 때문에 주의를 기울여야 한다.

학교의 교과수업에서는 교과별 숙제가 뒤따른다. ADHD 아동들은 여러 가지 이유로 숙제를 완성하지 못하여 제출하지 못하는 경우가 많다. 숙제를 제출하지 못하면 교사에게 지적을 받기도 하고 경우에 따라서는 교과 평가에 반영되기도 한다. 그리고 복습을 위한 숙제가 많기 때문에 교실에서 진행된 수업 내용을 확실히 자신의 것을 만들지 못할 수도 있다(서석진 외, 2011). 따라서 ADHD 아동의 숙제는 양을 줄이고 알림장을 통해 잊지 않도록 한다.

표 IV-7 기초 학습 및 교과 수정

기초 학습 및 교과	수정 내용
읽기 · 쓰기 · 국어	• 토론, 사전 지식, 경험 등을 읽기와 연계하기 • 읽기 목적을 설정하고 읽기 전에 예측할 수 있는 기회 부여하기 • 상상력, 시각화, 그래픽조직자 활용하기 • 청각적, 시각적 인지 처리 및 기억 능력 향상 전략 적용하기 • 다감각적 방법에 의한 교수전략 활용하기
셈하기 · 산수 · 수학	• 심리과정을 통한 문제 원인을 확인하고 그에 따른 교수적 수정 필요 예) 기억, 주의력, 수 계열, 시지각, 공간조직, 언어 문제 등 확인 • 자기점검 및 초인지 교수 전략 활용하기 • 직접 교수법 • 「구체적–반구체적–추상적」 학습으로 진행하기 • 충분한 조기 수 기술 지도 예) 분류와 묶음, 순서, 수 세기, 수 인지
실과 · 가정과 같은 생활과목	• 간단하면서 명시적으로 지시하기 • 충분히 연습할 기회와 시간 제공하기 • 규칙 이해를 위해 상세한 설명과 시각화된 안내문 제공하기 • 학습자가 좋아하는 교재도구를 활용할 수 있는 수업 내용 구성하기 • 관찰 및 조사의 기회를 부여하거나 다양한 관련 자료 제공하기
음악 · 체육과 같은 기능 교과	• 복잡한 기능을 세목으로 구분하여 제시하기 • 연습의 기회를 충분히 제공하기 • 결과물의 완성도를 높이기 위해 교사가 적극적으로 개입하기

출처: 안동현 외(2015). 『ADHD의 통합적 이해』. pp. 315-318. 학지사. / 上野 一彦, 花態 曉(2006). 『輕度發達障害の教育- LD·ADHD·高機能PDDへの特別支援』.日本文化科学社. p. 65.

2) ADHD 증상에 적절한 지원

ADHD의 주요 증상은 부주의, 충동성, 과잉행동이다. 이 세 가지 증상은 PART II에 설명되어 있는 것처럼 그 행동 특징이 다르다. 각각의 증상 별로 적절한 지원 방법을 살펴보기로 하자.

(1) 부주의

부주의는 ADHD 아동들에게 나타나는 주증상이다. 부주의가 나타나는 ADHD 아동들은 잘못된 주의 기울이기로 인하여 학습에 잦은 실수와 실패를 경험한다. 예를 들면, 수업 중 교사의 말에 주의를 기울여야 하는데, 교실 밖에서 나는 자동차 소리 혹은 친구가 떨어뜨린 연필 소리에 쉽게 주의를 이동하는 것이다. 이런 아동은 일반적으로 주의집중 시간이 짧으며 주의가 산만해지기 쉽다.

부주의를 보이는 ADHD 아동에게는 주의를 기울이고 집중시켜 유지하는 능력을 길러줘야 한다. 주의를 기울이게 되면 진행되는 수업에 흥미를 느끼게 되고 그다음 단계인 주의집중이 일어나게 되어 문제 해결을 위한 다양한 방법을 시도해 볼 것이다. 이때 문제 해결에 임하는 태도는 천천히, 신중히, 깊게 생각하고, 자신이 생각한 답이 정확한지 다시 한 번 검토해 볼 수 있도록 지원해야 한다. 그리고 마지막 단계인 주의집중이 유지되면 오랜 시간 동안 과제에 집중하여 주어진 문제를 해결하여 과제를 완성할 것이다. 주의집중을 유지하는 능력은 필요한 정보를 수용하고 제시된 과제를 완성시키기 위해서는 반드시 필요한 능력이다(Lerner & Johns, 2012).

주의력을 증가시킬 수 있는 교수 전략 중 Lerner와 Johns(2012)가 제시한 몇 가지를 소개하면 다음과 같다. 첫째, 주의집중이 요구되는 수업내용에 "이것은 중요해요! 별표해 둘까요!"라는 언어적 강조의 사용으로 주의를 환기시키고 집중시키는 것처럼 주의를 집중시킬 수 있는 다양한 전략이 마련되어야 한다. 둘째, 제시하고자 하는 정보에 시각적 단서를 보완하여 주의를 집중시킨다. 셋째, 수업 중에 제시된 과제들이 ADHD 아동의 흥미를 유발시킬 수 있을 만큼 새롭고 재미있어야 한다.

(2) 과잉행동

ADHD 아동들의 과잉행동은 수업 중에 교사는 물론 학급 친구들에게도 방해가 되는 일이다. 이런 학생들을 위해서는 일단 교실 분위기를 차분하고 안정되게 구성하고 마음을 가라앉게 하는 사물이나 음악을 틀어주는 것도 좋을 것이다(안동현 외, 2015). 또한 ADHD 아동들을 위해 공부할 수 있는 공간과 자신의 개인 사물을 둘 수 있는 공간을 따로 마련해 주어 정리정돈이 늘 잘 되게 신경 쓰고, 활동할 수 있는 공간을 마련해 주어 자신의 행동 통제 조절이 어려울 때 사용하게 하는 것도 좋은 방법이 될 수 있다(이영나, 우주영, 2008).

과잉행동을 관리하기 위한 교수전략으로 Lerner와 Johns(2012)는 다음과 같은 구체적인 방법을 제시한다. 첫째, 교실 내를 정하여진 시간 동안 마음대로 돌아다닐 수 있는 기회를 제공한다. 둘째, 제시된 과제를 한 장소에서 완성하게 하지 말고, 마치 버스정류장처럼 영역을 정하여 순회하면서 과제를 완성할 수 있도록 과제영역의 구성을 환경적으로 구조화한다. 물론 이때 순회 과제는 과제를 완성까지 몇 개의 단계로 구분하고, 그에 적용되는 규칙을 상세히 안내한다. 셋째, 교실에서 움직일 수 있는 기회를 많이 제공하라. 예를 들어 완성된 과제를 자신의 사물함이나 과제 제출함에 가져다 놓을 수 있도록 하든지, 음료수나 필기도구를 가져올 수 있도록 허락하는 것이 좋다. 무조건 과잉행동을 보인다고 앉아 있게 하는 것은 역효과를 발생시킬 수 있다. 넷째, 공학적 접근, 즉 컴퓨터를 사용하여 수업을 진행하도록 해 보라. 작문과제는 컴퓨터로, 수학 계산은 계산기를 활용하거나, 컴퓨터의 게임을 이용하여 수업을 진행하는 것도 하나의 방법이다.

과잉행동과 같이 행동을 관리하는 또 다른 전략으로는 행동계약법, 프리

맥 원리, 타임 아웃, 자기-교수법 등이 있다. 이들 방법 중 과잉행동을 보이는 ADHD 아동에게 적절한 방법을 잘 선택하여 사용하는 것이 좋고, 교사가 일방적으로 결정하는 것보다는 당사자에게 사용할 방법을 잘 이해하도록 안내하고 서로 간의 약속 아래 진행되었을 때 좀 더 효과적일 것이다.

(3) 충동성

충동성을 보이는 ADHD 아동들은 주변 사람들을 많이 당혹스럽게 한다. 이들은 언어 혹은 행동으로 충동성을 표현하는데, 이런 행동에는 공격적이고 반항적 특성이 포함되어 있다. 충동성은 특히 자신이 해결할 수 없는 과제를 제시하거나 상대의 의도를 잘못 이해하거나 사고가 신중하지 못하였을 때 자주 나타난다.

충동성을 관리하기 위한 교수 전략으로는 첫째, 교육과정을 수정하는 작은 변화로 주의를 환기시키기, 둘째, 기다리는 행동을 가르쳐 주기, 셋째, 시간 관리하는 방법을 가르치는 것이다(Lerner & Johns, 2012). 교육과정의 수정에 의한 작은 변화는 ADHD 아동의 주의를 집중시킨다. 특히 활동적이고 동기 유발시킬 수 있는 자극 제시는 더욱 효과적이다. 기다리는 행동은 충동적 행동을 하고 싶을 때 대안적 행동 방법으로 가르쳐 충동성을 관리하게 하는 것이다. 이런 방법은 수업 중에 불쑥 일어나 큰소리로 말하거나, 순서를 기다리지 못하고 뛰쳐나가는 일탈 행동을 감소시킬 수 있을 것이다.

충동적 행동을 보이는 ADHD 학생은 중 몇몇은 수동 공격적 행동(passive aggressive behavior)을 보이기도 한다. Long와 Long(2002)은 수동 공격적 행동이 수동적이고 공격적인 행동을 합친 상태로 다른 사람에 순응하는 것처럼 보이나 공격적인 행동도 교묘하게 나타내는 것이라고 말한다. 그들에 의하면 수동 공격적 행동은 대인관계에서 좀 더 공격적이고 파괴적일 수 있고, 분노의 표현은 직접적이지 않고 잘 숨겨져 있어 분명히 눈에 띄지는 않지만 평생 따라다닐 수 있다고 강조한다. 이런 행동에 대한 교수 전략으로는 자신의 수동 공격적 행동에 대하여 인지하고 이해하도록 하고, 수동 공격적 행동을 보이는 아동에게 어떤 과제나 학습을 부탁하지 말고 대신에 한 번 지시하여 잘하였을 때 즉시 보상하는 방법이 있다(Lerner & Johns, 2012).

3) 개별화 교육 계획 작성 및 실천

인간의 발달에는 보편적으로 개인차를 보인다. 개인차에는 개인 간 차와 개인 내 차로 구분할 수 있다. 개인 간 차는 어떤 사람을 다른 사람과 비교하였을 나타나는 차이이고, 개인 내 차는 어떤 사람이 가진 특징이나 능력 간에 나타나는 차이를 의미한다. 개별화 교육 계획은 이런 개인차를 고려한 사정, 평가가 모두 포함된 것이다.

일반 학급에서는 주로 보편적 교육 설계에 따른 일반교육과정으로 교육을 받을 수 있는 학생과 그렇지 못한 학생이 포함되어 있다. 일반교육과정으로 교육 지원을 받을 수 없는 아동은 그들만의 독특한 요구를 가지고 있기 때문에, 그에 적절한 교수 계획이 필요하다. 이런 필요에 가장 적절한 방법은 개별화 교육 계획을 작성하는 것이다.

개별화 교육 계획은 독특한 요구를 가진 장애 아동을 위하여 그들의 장애 유형이나 특징을 고려하여 교육 목표, 교육 방법, 교육 내용, 평가 계획, 관련 서비스 등이 모두 포함된 교육 계획을 수립하고 실행하는 것이다(국립특수교육원, 2009). 개별화 교육 계획은 많은 나라에서 법적으로 보호되고 있다. 미국은 「장애아교육법」에 개별화 교육 계획에 대한 법률을 제정하여, 이 법에 따라 작성하고 운영하도록 제시하고 있다. 일본의 경우도 문부과학성의 특별지원교육 지침에 따라 개별화 교육 계획을 작성하고 운영하도록 하고 있다(김미숙, 김향지, 2011). 한국은 1994년 「특수교육 진흥법」이 일부 개정되면서 개별화 교육 계획이라는 용어가 등장하였고, 「장애인 등에 대한 특수교육법」에는 좀 더 구체적인 규정이 제시되어 있다. 그 내용은 개별화 교육 계획 작성의 책임은 학교의 장에게 있으며, 작성은 개별화 교육 지원팀에 의해 특수교사가 개별화 교육 계획의 업무를 지원하고 조정한다는 법적 규정을 제정하고, 실질적으로 이를 작성하는 실무는 특수교사에게 있다고 규정하고 있다(국립특수교육원, 2009).

(1) 개별화 교육 계획의 단계

개별화 교육 계획은 모두 3단계 6수준으로 구성되어 있다. 각각의 단계와 수준은 모두 법적 규정에 따라 계획되고 실행되어야 한다. 개별화 교육 계획의 단계와 내용은 〈그림 Ⅳ-6〉과 같다.

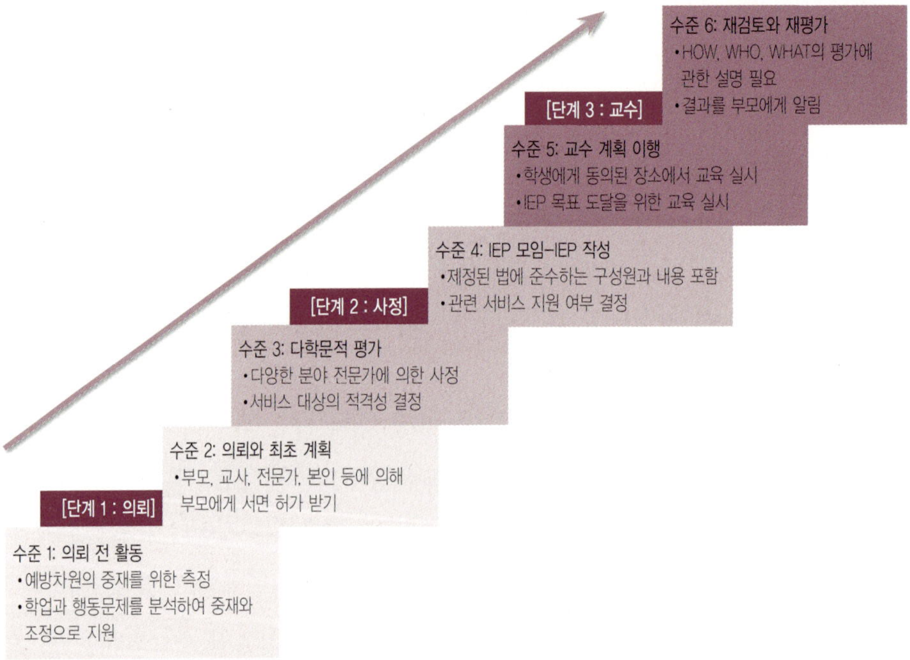

그림 Ⅳ-6 개별화 교육 계획의 단계와 내용

출처: Lerner, J. W. & B. Johns(2012). *Learning Disabilities and Related Mild Disabilities: Characteristics, Teaching Strategies, and New Directions.* Wadsworth Cengage Learning. pp. 49-54.

개별화 교육 계획에 참석자는 아동의 부모, 일반교사, 특수교사, 학교장, 관련 지원 전문가, 경우에 따라서는 아동 당사자도 포함된다. 개별화 교육 계획의 수준 2의 서면 허가는 사정 의뢰에 관한 동의서를 작성하는 것이고, 수준 4의 관련 서비스 지원은 보조공학적 지원 여부의 결정을 의미하고, 수준 6에서는 개별화 교육 계획의 모든 단계를 실시한 결과를 부모에게 알리는 과정이 포함된다.

(2) 개별화 교육 계획의 구성 요소

개별화 교육 계획에 포함되는 구체적인 구성 요소는 다음과 같다. 대상 아동의 인적 사항, 현행 학습 수준, 장기 목표와 단기 목표, 일반교육과정의 참여, 특수교육 관련 서비스, 개별화 교육 운영 위원회, 평가, 개별화 교육 계획 작성 시기, 개별화 교육 프로그램의 수정, 개별화 교육의 시작과 종료일, 교육 장소, 교육 횟수, 교육 기간에 대한 내용이 포함된다(김미숙, 김향지, 2015). 개별화 교육 계획에 이렇게 많은 구성 요소가 포함되어 있어 대상 아동의 상태는 물론 교육의 진행 방법과 아동의 목표 달성 정도 등의 모든 상황을 파악할 수 있다.

그리고 개별화 교육 계획은 부모의 권리를 강화시켰기 때문에 아동의 전반적인 교육에 대한 적극적 참여는 물론 모든 계획의 절차에 따른 작성과 실행에는 부모에게 동의를 요청해야 한다. 개별화 교육 계획의 작성 양식과 규정된 양은 따로 없고, 단지 구성 요소를 포함하여 작성하고 계획에 따라 실행해야 한다.

(3) 개별화 교육 계획의 고려점

Lerner와 Johns(2012)는 개별화 교육 계획을 작성할 때 다음과 같은 점들을 고려하여야 한다고 강조한다. 첫째, 개별화 교육 계획의 대상 아동이 사용하는 언어를 고려하여야 한다. 이는 미국도 이민자들이 많고, 현재 한국의 경우도 다문화 사회가 형성되고 있어 그들의 언어를 고려한 개별화 교육 계획이 작성되어야 한다는 것이다. 예를 들어, 이민 온 후 학교에 입학한 아동을 위하여 타국의 언어가 익숙해질 때까지 몇몇 교과는 자국어로 수업을 진행하는 것이다. 둘째, 보조공학과 교수공학을 적극적으로 활용하여야 한다. 이는 독특한 요구를 가진 아동의 약점을 보완하려는 교수 계획보다는 강점을 활용한 교수 계획을 작성하라는 의미이다. 예를 들어, 철자법 오류가 많이 발생하는 아동에게 컴퓨터 철자 검사법을 활용하게 하거나, 단어를 찾기 힘들어하는 아동에게는 단어-예측 프로그램을 사용할 수 있도록 하는 것이다. 따라서 보조공학이나 교수공학을 활용하여 아동의 단점을 적극적으로 보완하면 실패로 인한 스트레스가 줄어드는 것은 물론 훨씬 더 많은 과제를 달성할 수 있을 것이다.

개별화 교육 계획을 작성할 때 명심해야 할 것은, 의심되는 아동을 바로 사정에 의뢰하는 것이 아니라 교사가 할 수 있는 중재를 최선을 다해 시도해 보고, 이런 모든 시도가 실패했을 때 사정에 의뢰해야 된다. 또한 개별화 교육 계획은 반드시 학기 시작 일부터 30일 이내에 작성되고, 최소 1년에 한 번은 검토해야 한다. 아동이 상급학년이나 상급학교로 전이되어 담임교사가 바뀔 경우, 아동의 개별화 교육 계획 문서는 부모의 동의를 얻은 후 승계하는 것이 전이된 학년의 담임교사가 개별화 교육 계획을 작성하는 데 도움이 될 것이다.

(4) ADHD 아동과 개별화 교육 계획

ADHD 아동들에게 개별화 교육 계획은 반드시 필요한 작업이다. ADHD 아동에게서 보여지는 일반적 증상은 개개인에 따라 약간씩 다른 행동적 특징을 보이고, 이런 특징은 학업적 문제를 일으키는 원인이 된다. 즉, 학업적 문제를 개선하기 위해서는 ADHD의 주증상과 이로 인한 행동적 문제를 개선하는 것이 우선일 것이다. 그렇다면 ADHD 아동들에게서 보여지는 주증상과 행동적 특징을 파악하고 그에 따른 적절한 치료 방법 혹은 교육 방법이 계획되어야 하고, 모든 계획이 실행된 후에는 개선 정도를 파악할 수 있는 평가가 이루어져야 한다. 이런 모든 절차가 개별화 교육 계획 안의 구성 요소로서 포함되어 있다.

개별화 교육 계획의 구성 요소가 ADHD 아동에게 적절함은 물론 일반교육

과정으로 교육적 지원을 제대로 수행할 수 없을 경우 개별화 교육 계획만큼 적절한 교육적 지원이 없을 것이다. 다만 ADHD 아동들은 특수학급보다는 일반학급에 포함된 경우가 많이 때문에 작성된 개별화 교육 계획에 대한 내용과 진행 절차를 일반교사가 모두 숙지하고 실행할 수 있어야 한다. 계획을 실행하는 과정 중에 어려움이 발생하면 특수교사나 관련 전문가가 언제든 지원할 수 있는 체제가 확립되어 있어야 한다.

ADHD 아동들의 특성과 적절한 교육적 지원을 위해 개별화 교육 계획은 그만큼 중요한 역할을 담당하고 있는 것이다. 개개 아동별 개별화 교육 계획을 작성하는 것이 그리 쉬운 작업은 아니다. 그렇기 때문에 일반교사와 특수교사와의 협력이 반드시 필요하고, 이를 위하여 ADHD 아동을 맡게 된 교사에게는 충분한 시간과 인적 자원이 필요하다. 또한 전문가의 협조가 필요할 경우 언제든 요청할 수 있는 학교 외부 기관과의 협력적 체제도 구축되어 있어야 한다. 즉, 한 명의 ADHD 아동을 위해 개별화 교육 계획이 작성되려면 이를 뒷받침해 줄 수 있는 행·재정적 지원 방법 또한 마련되어 있을 때 ADHD 아동을 위한 개별화 교육 계획이 훨씬 더 많은 효과를 이끌어 낼 수 있을 것이다.

2. 중재 방법 및 교수 전략

ADHD 아동들의 증상을 개선하기 위하여 치료 방법을 선택하는 것처럼 중재 방법의 선택과 교수 전략의 적용도 늘 고민거리이다. ADHD 아동들에게 가장 좋은 중재는 ADHD 아동이 가장 많은 시간을 보내는 환경에서 이루어지는 것이 좋다. 그리고 ADHD 아동의 증상을 개선하기 위한 적절한 교수 전략의 실행은 아동과 밀접한 관계에 놓여 있는 사람이 해야 더 효과적이다.

많은 연구자들은 ADHD 아동들에게 중재하기 가장 좋은 환경으로 학교를 제시하고 있다(Reid & Johnson, 2012, Wolraich & DuPaul, 2010). 학교는

ADHD 아동들이 학령기 연령 동안에 가장 많은 시간을 보내고 다양한 사람을 만나는 장소이다. 그런데 불행하게도 상당수의 ADHD 아동들은 학교를 싫어한다. 그 이유는 학교에서 이루어지는 학업에서의 실패, 또래 관계 형성에서의 실패 등으로 학교는 좌절의 장소, 반복되는 실패의 공간, 분노의 환경으로 인식되기 때문이다. 물론 학교는 ADHD 아동뿐만 아니라 아무런 문제를 보이지 않는 아동에게도 혐오의 대상이 되는 경우가 종종 있다.

학교에서 보내는 시간이 많은 아동에게 학교가 문제 환경으로 인식되는 이유를 상반되는 두 가지 입장에서 생각해 볼 수 있다. 두 가지 입장 중 하나는 아동 자신의 문제이고, 또 다른 하나는 학교의 문제이다. 아동 자신의 문제는 내재적 원인으로 독특한 요구를 가지면서 학교에서 보편적으로 실시되는 모든 활동에 성공적으로 적응을 못 하는 경우이다. 학교의 문제는 학교에서 계획된 모든 활동이 독특한 요구를 가진 아동에게 적절하지 못한 계획으로 진행되는 활동이 많다는 것이다.

ADHD의 증상을 보이는 아동의 중재를 위한 기반 문제를 연구하는 연구자들은 학교를 중심으로 한 기반 중재를 계획할 것을 추천한다(Reid et al., 1994; Pfiffiner et al., 2006). 학교 기반 중재가 강조되는 이유를 다음과 같은 몇 가지 점에서 생각해 볼 수 있다. 첫째, 학령기 아동은 많은 시간을 학교에서 보낸다. 둘째, 아동의 내재적 원인을 해결하기 위해 의료적, 치료적 접근이 우선되어야 하는데, 이런 접근들은 학교에서 실시되는 모든 활동에 영향력이 크다. 셋째, 학교는 학업적 측면을 중심으로 교육적 지원이 이루어지는 것처럼 보이나 학업 이외의 부분, 사회적, 정서적, 신체적 등과 같은 인간 능력의 전반적 영역에 발달을 촉진하는 데 관여한다. 넷째, 생태학적 관점에서 학교가 중심적 역할을 하여 다양한 환경의 협력 체제를 구성하기 쉽다. 이런 이유로 학교를 기반으로 한 중재는 ADHD 아동에게 매우 효과적인 것이다.

ADHD 아동들을 위한 학교 기반의 중재가 하드웨어적 지원이라면 교수전략은 소프트웨어적 지원 방법이다. 교수 전략은 ADHD 아동들에게서 보여지는 문제 행동을 개선하여 학업적 문제를 해결하고 그밖에 다양한 문제들도 함께 해결하는 것이 주요 목적이다. 학교 기반 중재 같이 하드웨어적 지원이 잘 구성되어 있다 하더라도 교수 전략과 같은 소프트웨어가 없다는 ADHD 아동의 증상은 제대로 개선되지 않을 것이다. 따라서 여기서는 먼저 중재방법으로 학교 기반 중재의 구성과 그 내용에 관하여 설명하고, 그다음으로 ADHD 증상들의 개선을 위한 구체적 교수 전략을 제시하기로 한다.

1) 학교 기반 중재 방법

ADHD 아동들에게는 가장 적절한 교육적 지원이 실시되어야 하는 학교가 적응하기 어려운 환경이 되는 경우가 많다. 이는 학교에서 일반교육과정에 의한 교수 활동과 학생에 대한 기대가 ADHD 아동들에게는 부담으로 작용하기 때문이다. Reid와 Johnson(2012)은 ADHD 아동들에게 학교의 기대가 장애가 되는 이유를 다음과 같이 제시한다. 첫째, 주의집중에 문제가 있는 ADHD 아동에게 오랜 시간 한 장소에서 움직이지 않은 채 해결해야 하는 과제가 너무 많다. 둘째, ADHD 아동이 좋아하지 않는, 즉 동기유발이 되지 않는 유형의 과제가 많다. 셋째, ADHD 아동은 사회인지가 부족한 경우가 많은데, 이는 교사와 또래와의 원활한 관계 형성 및 유지를 방해한다. 넷째, ADHD 아동에 대한 교사의 이해가 부족할 때가 많다.

이런 문제들은 ADHD 아동들이 학교에서 잘 적응하지 못하게 만드는 원인으로도 작용하지만 그들이 받고 있는 다양한 치료의 효과를 감소시키는 요인이 될 수도 있다. 따라서 ADHD 증상을 개선하기 위해서 학교는 매우 중요한 환경이고, 학교에서 다양한 중재들이 실시된다면 ADHD 아동들의 많은 문제를 좀 더 수월하게 해결할 수 있을 것이다.

(1) 학교 기반 중재의 효과

ADHD 아동들의 상당수는 일반학급에 포함되어 있기 때문에 ADHD 아동의 증상을 파악하고, 학교의 문제들을 수정하여 전반적으로 적절한 지원이 실시되어야 한다. 학교의 역할을 강조하는 이유는 앞의 내용에서도 강조하였지만 ADHD 아동들이 학교에서 보내는 많은 시간과 대부분의 교육적 지원이 학교 중심으로 이루어지고 있으며, ADHD 아동들의 약물치료나 추가되는 다양한 치료의 효과는 학교와 긴밀하게 연관되어 나타나기 때문이다. Mark와 George(2010)는 그의 저서를 통해 ADHD 아동 위한 학교 기반 중재의 효과를 다양한 연구 결과로 소개하고 있는데, 그 내용은 〈표 Ⅳ-8〉에 요약·정리하여 제시한다(강경숙 외, 2013).

표 Ⅳ-8 ADHD 아동을 위한 학교 기반 중재 효과의 연구 결과

연구자(연도)	연구 내용 및 결과
DuPaul & Eckert (1977)	• 1971~1995년, 63개의 ADHD 학생과 학교 기반 중재 연구 결과의 메타분석 • 학교 기반 중재가 교실 행동 개선의 효과는 있으나 학업 성취의 효과는 적음 • 유관강화조절과 학업중재 전략이 행동 개선의 효과는 동일하고, 두 가지 방법 모두 인지행동중재보다 효과적이라고 밝힘
Trout et al. (2007)	• 1963~2004년, ADHD 아동의 학업 수행과 비약물치료의 중재 효과에 대한 41편의 연구 결과 분석 • 후속사건중심, 또래 교수, 자기관리의 중재 유형 간 효과는 중등도 범위 • 분석의 제한점: 다른 유형의 실험 설계로 인한 연구로 효과 크기 해석 곤란
Fabiano et al. (2007)	• 행동수정과 약물치료가 교실 규칙 위반 빈도와 과제 완성률 빈도에 관한 실험 연구 분석 • 교실에서 ADHD 아동에 대한 여러 강도의 행동 수정과 약물의 단일 중재와 결합한 중재가 효과적이라고 밝힘
Van der Oord et al.(2008)	• 1985~2006년 사이 심리사회중재에 관한 26편 저서 내용 분석 • ADHD와 사회적 행동에 대한 교사평정 결과는 중등도의 효과를 보이나 학업 성취에 대한 평균 효과 크기는 적다고 밝힘
Fabiano et al. (2009)	• 1976~2008 사이 행동 중재에 관한 174편의 연구 결과 분석 • 실험 설계에 따라 중등도 이상의 효과 • 교사가 평정한 행동에 대한 효과는 중등도이나 학업성취도의 효과는 작다고 밝힘

출처: 강경숙, 박혜성, 박남희 역(2013). 『ADHD 진단 및 중재』. 학지사. pp. 246-249.

학교 기반 중재에 관한 연구결과들을 분석하여 얻어낸 결론은 교실 중재, 유관강화조절, 학업중재 전략들이 모두 ADHD 행동의 개선에는 효과가 있었으나 학업적 성취에 영향을 미치지 못했다는 것이다(Wolraich & DuPaul, 2010). 이런 연구 결과 분석에 의해 학업적 성취를 향상시킬 수 있는 방법이 필요하다는 것을 예측할 수 있다. 학업적 성취의 문제를 개선하지 못한 채 상급학교로 이동하면 누적적 학습결손으로 인하여 또 다른 문제 행동을 일으킬 수 있는 요인으로 작용된다. 따라서 행동 개선을 위한 학교 기반 중재와 더불어 학업적 성취 향상을 위한 다양한 교수 전략이 개발되어 적용되어야 할 것이다.

(2) 학교 기반 중재의 방법

ADHD 아동들의 증상을 개선하기 위해서는 약물치료와 더불어 다양한 치료가 접목되어 실시된다. 이와 더불어 학교 기반 중재가 실시된다면 ADHD 증상의 개선은 훨씬 더 효과적일 것이다. 즉 다양한 중재가 함께 실시되면 서로 상호보완적 영향을 미치며 더 효과적이라는 것이다. 대체적으로 학령기 ADHD 아동들은 약물치료, 다양한 방법의 치료적 접근, 학교 기반 중재라는 3가지 이상의 개선 방법을 사용한다. 이런 방법을 다중 중재 혹은 결합 중재라고 한다. 약물치료를 통한 ADHD의 주증상 개선과 학교 기반 중재로 학업적 문제와 행동적 문제를 개선한다면 적대적 행동이나 반항적 행동과 같은 문제행동이 감소할 것이고, 주의력 문제도 개선되면서 과제 완성도는 더 많이 높아질 것이다. 다중 중재의 핵심인 학교 기반 중재 방법의 모형은 〈그림 Ⅳ-7〉에 제시해 둔다.

〈그림 Ⅳ-7〉의 학교 기반 중재의 모형에 제시된 각 구성 요소들 중, 국가 및 지역사회의 역할, 약물치료를 위한 의료기관, 전문적 지원을 위한 협력기관에 대한 구체적 설명은 각각 PART I, PART III에, 교수전략은 이어지는 '2) ADHD를 위한 교수전략'에 설명되었으니 참고하라. 여기서는 〈그림 Ⅳ-7〉의 중앙에 제시된 상자 안의 학교 기반 중재에 대하여 좀 더 살펴보기로 한다.

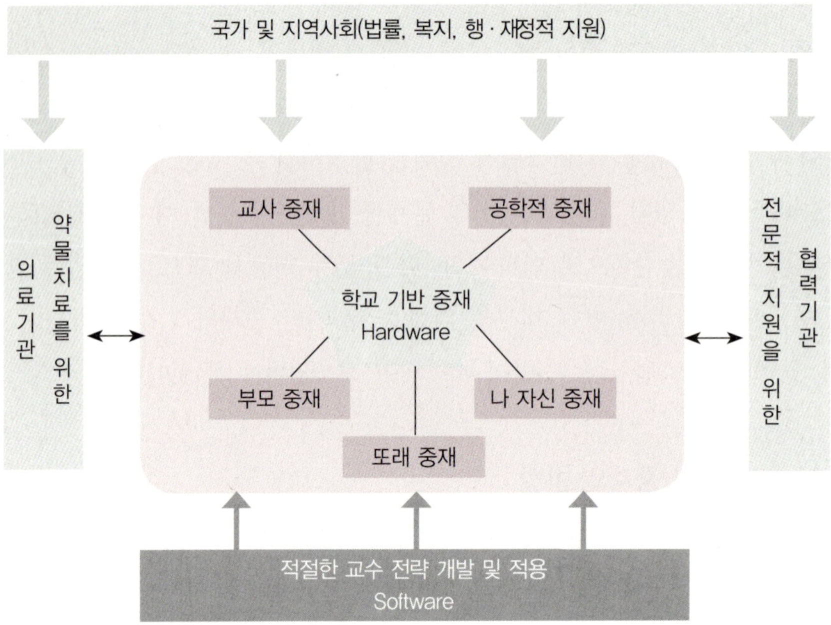

그림 Ⅳ-7 학교 기반 중재 방법의 모형

출처: 강경숙, 박혜성, 박남희 역(2013). 『ADHD 진단 및 중재』. 학지사. p. 244, 252. / 송현종, 양승갑 역(2014). 『ADHD 학생의 이해와 지도』. 학지사. pp. 127-128.

학교 기반 중재는 ADHD 아동들에게서 보이는 전반적인 문제를 개선하는 것을 목적으로 실시된다. 특히 행동, 학업, 심리 영역의 개선을 주요 목표로 하고, 약물치료로 인한 약물투여 및 관리도 병행된다. 이런 중재는 교사, 부모, 또래 친구, ADHD 아동 당사자의 협력이 필요하다.

학교 기반 중재에서 가장 많은 중재를 실시하는 사람은 교사이다. 교사는 주로 행동관리와 교수전략을 활용하여 ADHD 아동의 학업과 행동 개선에 노력을 기울인다. 교사는 적극적으로 교수개입을 하고, ADHD 아동의 긍정적 행동에 대한 보상을 제공하며, 시각적 단서를 제공하여 과제를 완성할 수 있도록 지원하고, 하나의 활동에서 다른 활동으로 전이될 때 계획을 세우고, ADHD 아동에게 적절한 학습 목표를 수립하여 ADHD 아동에게 알리는 등과 같은 방법을 사용하여 중재한다(Paine et al., 1983). 이와 같이 학교 기반 중재에서 중요한 역할은 교사가 담당하는데, ADHD 아동을 맡게 된 담임교사는 아동에 대한 이해와 중재에 대한 전문적 능력이 부족한 경우가 많다. 이를 해결하기 위해 연수를 활용한 중재에 대한 교육을 실시하는 것은 물론 특수교사나 전문가와의 협력적 관계를 잘 형성하는 것도 좋은 방법이다.

학교 기반 중재에서 교사 못지않게 중요한 역할을 담당하는 사람은 부모이다. 부모는 자녀의 전반적인 학교생활에 직접적으로 참여하여 관여하지는 않는다. 하지만 필요할 때 학교에서 직접 참여하여 중재를 도와줄 수도 있고, 담임교사에 의해 중재되고 있는 행동이나 학습 목표가 가정에서도 계속 실행되게 하는 중요한 역할을 담당한다(Wolraich & DuPaul, 2010). 또한 ADHD 아동이 가정에서 보여지는 변화된 행동이나 잘 유지되고 있는 행동, 숙제하는 자녀의 자세, 약물투여에 관한 정보 등을 담임교사에게 제공하여 실시되는 중재에 참고될 수 있도록 한다. 이를 위해 교사와 부모의 의사소통이 원활해야 하고 신뢰관계가 형성되어 있어야 한다. ADHD 아동들의 전반적인 문제의 개선에는 교사와 부모의 역할이 반반으로 균형이 잘 이루어졌을 때 그 효과가 커질 것이다.

학교 기반 중재에 또 다른 지원 역할을 담당하는 것이 또래 친구들이다. 또래 중재자들은 교실에서 실시되는 다양한 활동에서 괸칠 학습의 모델자로서 역할을 담당하고 또래 교수자로서의 역할을 담당한다(DuPaul & Eckert, 1997; Cunningham & Cunningham, 2006). Vigotsky의 인지발달이론에 의하면 지원대상 아동보다 조금 더 우수한 또래나 성인이 상호작용에서 교수자로서 역할을 담당하면 인지발달이 촉진된다고 강조한다. 성인보다는 또래와의 상호작용은 언어적 선택이나 이해 정도를 ADHD 아동의 눈높이에 맞출 수 있어 더 효과적이라 할 수 있다.

나 자신 당사자 중재는 주로 자기 조절 전략으로 문제 행동을 개선할 때 중요한 역할을 담당한다. 또한 교사나 부모에 의해 중재가 실시될 때 ADHD 아동 당사자에게 동의를 구하고 협력하고 노력할 것이라는 능동적 의지를 불러일으킨 중재는 성공할 확률이 좀 더 높다.

그리고 공학적 중재는 매개적 수단으로 활용할 수 있다. 매개적 수단으로 공학을 활용하는 예로는 목표 행동의 달성이나 제시된 과제가 완성되었을 때 컴퓨터를 활용하여 게임을 하게 하거나 노래를 듣게 해 주거나, 스마트폰은 사용할 수 있게 하는 등 보상의 수단으로 활용될 수 있다. 물론 이 경우는 ADHD 아동이 이 보상매체를 좋아해야 효과가 있다. 또 다른 매개적 수단으로 공학적 접근은 ADHD 아동의 약점을 보완해 주는 것이다.

이상에서 살펴본 바와 같이 학교 기반 중재는 중재자가 누군가에 따라 그 역할이나 방법에 조금씩 차이가 있다. 중재자로서의 역할을 잘 실행하기 위해서는 우선, ADHD 아동에 대한 이해가 충분해야 하고, 그다음으로 중재에 대한 구체적 방법과 절차에 익숙해져야 한다. 중재자와 상호작용하는 양이나 질에 따라 ADHD 증상의 개선 정도가 결정된다. 따라서 중재자 역할을 위한 교육, 중재 방법을 위한 연수 등을 실시하여 중재자의 능력을 신장시키는 것도 좋은 방법이다.

(3) 학교 기반 중재를 실시할 때의 주의점

학교 기반 중재를 계획하고 실시할 때에는 지켜야 할 원칙과 주의사항이 있다. Wolraich와 DuPaul(2010)은 학교 기반 중재 계획을 설계할 때 지켜야 할 원칙을 다음과 같이 제안했다. 첫째, 학교 기반 중재는 문제 행동을 개선하여 목표 행동으로 반응을 보일 수 있는 적절한 자극을 제공해야 한다. 그리고 문제 행동이 심해지거나 또 다른 문제 행동을 발생시킬 수 있는 변인들을 통제해야 한다. 둘째, ADHD 아동의 중재에 관련된 모든 중재자와 함께 모여 학교 기반 중재를 계획하고 실행해야 한다. 이는 계획에서의 변인을 최소화시키고, 중재 과정에 발생되는 새로운 문제에 대하여 협력하여 소통함으로써 신속하게 대처할 수 있어야 하기 때문이다. 셋째, 문제 행동을 개선하려 할 때 문제 행동에 대한 정확한 평가를 한 후, 그에 적절한 중재 방법을 사용해야 한다. 이를 위한 대표적인 중재 방법으로는 기능적 행동사정과 긍정적 행동지원이 있다. 넷째, 학교 기반 중재가 실시되는 과정 중에 역동적 평가가 이루어져, 필요한 경우 중재 방법이나 계획이 수정될 수 있어야 한다. 예상치 못한 상황을 예측하여 탄력적인 대안 중재를 계획해 두거나, 새로운 문제에 당황하지 않고 중재 방법을 수정할 수 있는 능력이 중재자에게 있어야 한다.

ADHD 증상과 그에 따른 행동 특징은 서로 다르기 때문에 이런 사항들이 고려된 학교 기반 중재가 계획되고 실시되어야 한다. Reid와 Johnson(2012)은 학교 기반 중재 실시 시 주의할 내용을 다음과 같이 제시한다. 첫째, 학교 기반 중재의 계획은 아동 개개인에게 적절하게 개별화되어야 하고, 학급에서 제일 방해되는 문제 행동을 목표 행동으로 설정해야 한다. 둘째, 효과적인 치료방법은 아동의 성숙과 함께 변경시키지 말고 장기적으로 실시해도 된다. 셋째, 학교 기반 중재에는 ADHD 증상의 개선 정도에 대한 평가가 계획되어 있어야 한다. 넷째, 학교 기반 중재는 실행되는 과정에서 필요에 따라 계획이 수정될 수 있다. 다섯째, ADHD 아동의 치료자들은 서로 소통하여 협력적 관계 아래 중재나 치료가 연계되어야 한다. 여섯째, 학교에서는 학교 기반 중재를 실시하는 교사의 개인적 차이를 고려하여 적절한 중재 방법을 실시할 수 있도록 해야 한다. 일곱째, 학교 기반 중재에 대한 책임 구분을 분명히 하여 새로운 문제나 변화에 대처할 수 있어야 한다.

2) ADHD 증상들을 위한 교수 전략

ADHD 아동들은 증상에 따라 다양한 행동적 특징을 보이기 때문에 이들의 요구를 충족시킬 수 있는 차별화된 교수적 접근이 필요하다. 교사는 ADHD 아동의 독특한 요구에 적절한 교수 전략을 선택할 때 지나치게 하나의 교수 전략에만 집중하여 실시하지 말고 다양한 교수 전략을 적용하도록 해야 한다.

ADHD 아동들의 학습을 위한 차별화된 교수적 접근에는 인지처리과정을 활용한 학습, 직접교수, 협력교수, 숙달학습, 협동학습, 정신치료학적 교수 등이 있다. 일반학급에 포함된 ADHD 아동을 위한 교수 전략은 또래 교수, 호혜적 교수, 학습전략 교수 등이 있다. 이들 교수법 및 학습법과 교수 전략은 〈표 Ⅳ-9〉에 제시해 둔다.

표 Ⅳ-9 교수·학습법 및 교수전략

교수·학습법·교수전략	방법
인지처리과정 학습	• 인지처리과정의 영역에서 강점과 약점의 유형을 확인하여 기초 학습 수행과 연결되는 학습 방법 모색 • 서로 다른 독특한 인지처리 영역(Schultz, 2009: Flannagan et al., 2006): 유동성 지능, 결정적 지능, 단기 기억, 시각적 처리, 청각적 처리, 장기 기억, 수행 처리 속도
직접교수	• 구조화되고 통제된 교육과정으로 기초 학습 기술 가르치기 • 특징: – 기초 학습 기술을 교사가 지시하고 통제하여 가르치기 – 교수적 진행은 일정한 순서에 따라 체계화시키기 – 구조화된 자료를 활용하고, 학생에게 명확한 목표 진술 – 기초 학습 기술 숙달을 위한 충분한 시간 제공 – 학생의 수행 정도에 대한 역동적인 평가와 즉시 보상 제공
협력교수	• 일반교사, 특수교사, 관련 전문가 중 2명 이상의 교사가 동일 아동을 대상으로 교수의 계획·실행·평가의 일련의 과정을 함께 실시 • 유형: 교사와 보조자 팀, 스테이션교수, 병행교수, 대안교수
협동학습	• 이질적인 학습 집단으로 공동목표의 설정과 결정된 개개인의 역할의 상호작용으로 책임감을 가지고 공동 목표를 달성하는 학습 • 유형: 팀별 성취 과제 분담 학습, 협동학습, 지그소(Jigsaw) 모형, 팀 보조 개별학습, 집단조사
또래 교수 전략	• 한 사람은 교수자 역할, 다른 한 학생은 학습자 역할로 활동이나 학습을 진행하는 것 • 유형: 동일 연령 또래 교수, 교차 연령 또래 교수, 학급 전제 또래 교수

교수 · 학습법 · 교수전략	방법
호혜적 교수 전략	• 학생과 교사 사이의 사회적 상호작용 문답으로 가르치는 방법 • 4단계로 진행 – 1단계: 교사와 학생이 학습할 자료를 각자 조용히 읽기 – 2단계: 교사가 설명한 후 학생들이 요약, 질문, 분류, 예측 전략 사용 – 3단계: 모든 학생이 서로 다른 자료를 읽고 한 사람씩 발표하기 – 4단계: 개별적으로 요약, 질문, 분류, 예측하기
학습전략 교수	• 공부 방법, 사전 지식과 새로운 지식의 통합 방법, 기억 방법, 예측 및 추론 방법 가르치기 • 학생 자신이 학습에 대한 책임을 지도록 함

출처: Lerner, J. W. & Johns, B.(2012). *Learning Disabilities and Related Mild Disabilities: Characteristics, Teaching Strategies, and New Directions.* Wadsworth Cengage Learning. p. 146, pp. 161-164.

ADHD 아동들에게 적용되는 교수 전략에서 교사는 늘 아동이 학습 목표나 목표 행동을 익힐 수 있도록 충분한 반복의 기회와 시간을 제공해야 한다. 그리고 목표 학습이나 목표 행동의 난이도나 사용되는 언어를 고려하여 아동이 부담이나 불편함이 없어야 하고, 성공의 기회를 많이 제공하여 자기-존중감을 확립시키고, 학생이 흥미로워하는 내용으로 동기 유발이 되도록 배려해야 한다.

일반학급에서 적용되는 일반교육과정은 ADHD 아동들을 위하여 기본적인 내용을 없애지 않으면서 수정할 수 있어야 한다. 일반교육과정에서 할 수 있는 수정의 예를 들면 ADHD 아동이 흥미를 가질 수 있는 자료를 포함하거나, 구어와 쓰기 활동에 시각적 정보를 제공하거나, 필기시험 대신 구두시험을 볼 수 있도록 배려하는 것이다. 또한 ADHD 아동이 일반학급에서 잘 적응하기 위하여 요구되는 행동을 가르치는 것도 좋을 것이다. 예를 들어, 친구들과 긍정적 상호작용을 하는 방법이나 학급 규칙을 상세히 알려주어 지키도록 안내하는 등과 같이 적절한 교실 행동을 가르치는 것이다.

ADHD 아동들에게 수업에서 능동적인 학습을 촉구시키면 아동의 사전 경험을 파악하여 수업 준비가 잘 될 수 있도록 하고 성공을 위한 수업의 구조화와 문제해결 방법을 질문하여 학습방법을 익히도록 지원해야 한다. 이런 과정은 ADHD 아동들에게 너무 쉽지도 않고 너무 어렵지도 않게 근접발달영역 안에서 비계설정이 잘 계획되어 ADHD 아동들의 능동성을 이끌어 낼 수 있도록 해야 한다.

ADHD 아동들의 부주의, 과잉행동, 충동성과 같은 주증상에 관련된 교수전략은 기본적으로 마련되어 있어야 한다. 이에 관련된 교수 전략은 〈표 Ⅳ-10〉에 제시해 둔다. 이와 더불어 행동에 대한 구체적 전략과 학습을 위한 학습 전략 교수 또한 중요하다. 행동전략은 행동심리학의 이론을 토대로, 학습 전략 교수는 인지심리학을 토대로 마련된 방법이다. Lerner와 Johns(2012)는 행동전략과 학습 전략 교수에 대하여 다음과 같은 구체적인 방법을 제시한다.

우선 일반학급에서 사용할 수 있는 행동전략은 다음과 같다. 첫째, 목표 행동(학습)을 분명히 정의하여 과제를 구조화하고, 관리 가능한 단계로 세분화한다. 둘째, 순서가 있는 체계화된 구조로 행동(학습)자료를 제시하고, 아동은 한 번에 한 단계의 과제만 습득하고, 완전히 몸에 익힐 수 있도록 반복의 기회를 많이 부여하여 종국적으로 일반화시키도록 한다. 셋째, 제시되는 과제에 관한 상세하고 충분한 설명과 함께 다양한 예를 제시하고, 과제에 관련된 많은 질문을 하도록 한다. 넷째, 교사는 아동의 과제를 완성하는 과정에 대한 역동적인 평가를 통해 즉시 피드백을 주어 수정을 거치면서 과제를 완성할 수 있도록 지원한다. 다섯째, 아동의 학습과정을 통해 교수 방법이나 내용을 늘 검토하여 평가하면서 필요할 때 교수를 수정하여 변경하고, 아동에게 적절하도록 조정할 수 있어야 한다.

그다음으로 일반학급에서 사용할 수 있는 인지심리학에 기초한 교수전략이다. 첫째, 학습은 경험의 누적적 과정으로 이루어지는 것으로 사전 지식과 새로운 정보를 연결하도록 한다. 둘째, 해결할 문제를 제시할 때 난이도를 조정하여

표 IV-10 부주의, 과잉행동, 충동성을 위한 교수 전략

주증상	교수 전략
부주의	• 주의산만에 관련된 교수 전략 – 좌석 배치는 교사 가까이, 소음이 심한 장소를 피하기 – 산만한 또래는 피하고, 좋은 행동으로 모범적인 또래와 짝 지어 주기 – 하루 일과나 과제는 간단하고 분명하게 제시하기 • 주의집중 향상을 위한 교수 전략 – 과제나 숙제의 양은 적게, 그리고 간단하게 제시하기 – 반복과 같은 연습은 한꺼번에 몰아서 하지 말고 나누어서 하기 – 연습을 위한 과제는 동일하게 반복되는 과제로 제시하지 않고, 새로움이 추가된 과제로 제시하여 흥미 유지시키기 • 경청하기 위한 교수 전략 – 수업 중 내용 설명은 짧은 문장으로 간단하고 분명하게 말하기 – 청지각을 활용하여 주의 환기시키기 예) "이것, 중요해요!", "잘 들어 보세요!" 등과 같은 언어를 활용하거나 교탁 위의 알림 종으로 소리 자극 제공 – 시각적 단서, 즉 그림, 도표, 슬라이드 등을 제공하기
과잉 행동	• 수업 시간 중에 특정 활동으로 움직일 수 있게 허용하기 – 연필깍기나 과제 제출하기, 학습자료 얻기 등과 같은 활동으로 이동 허락 – 문제 행동의 대안으로 의자에서 일어나기, 움직이기 등을 허락 – 단계별로 과제를 나누고 교실 공간에 단계별 과제 영역을 마련하여 순회하면서 과제를 완성할 수 있도록 재구조화하기 • 환경 구조, 교수 매체, 규칙을 조정하기 – 아동에게 무리한 규칙이나 환경 구조는 조정하여 주고, 조정된 규칙이나 교실 환경을 사용하는 방법을 분명하게 알려 숙지시키기 – 과제에 따라 사용 가능한 매체를 제공하고, 과목별 색깔 폴더를 마련하여 아동이 쉽게 정리 정돈이 가능하도록 배려하기 – 숙제를 위한 알림장 활용
충동성	• 교육과정 수정하기 – 동기 유발을 시킬 수 있는 내용으로 수업 계획하기 – 활동적으로 교육 과정을 수정하여 다양한 자극 제시하기 • 순서 지키기를 위한 교수 전략 – 순서를 기다리는 동안 아동이 할 수 있는 대안적 활동 제시해 주기 – 과제 해결을 위하여 교사의 도움을 기다리는 동안 아동 스스로 할 수 있는 과제 해결 방법 가르쳐 주기 • 시간 관리를 위한 교수 전략 – 하루 중에 반드시 준수해야 할 일과를 계획하고 지키도록 하기 – 과제에 필요한 시간 관리를 위해 과제 목록을 조직화하는 방법 알려주기

출처: Lerner, J. W. & Johns, B.(2012). *Learning Disabilities and Related Mild Disabilities: Characteristics, Teaching Strategies, and New Directions.* Wadsworth Cengage Learning. pp. 216-217.

아동에게 적절한 어려움이 유지되도록 한다. 그렇다고 너무 어렵다면 아동은 문제해결을 포기할 수 있으니 도전하려는 동기유발이 될 수 있는 한도에서 난이도를 조정한다. 셋째, 교사는 아동에게 문제 해결 방법을 꼭 집어 알려주는 것이 아니라 마치 길을 안내하는 것처럼 아동 스스로 해결할 수 있도록 다양한 단서를 제공한다. 넷째, 목표 행동이나 지식들이 연습과 반복으로 완전히 익혀 자동화되도록 한다. 자동화의 과정에서 동일한 방법이나 행동을 무조건 반복시킨다면 아동이 지겨워하여 목표 행동의 습득을 포기할 수 있다. 이런 문제를 해결하기 위해서는 다양한 매체나 방법을 제공하여 아동이 자동화 과정을 즐길 수 있도록 배려한다.

이상에서 살펴본 것 이외의 교수전략으로는 기억을 위한 교수 전략, 도제식 교수, 그래픽 조직자 등이 있다. 기억을 위한 교수 전략으로는 Mastropieri와 Scruggs(2010)가 다음과 같은 것들을 제시한다. 첫째, 장기기억으로 정보 전이를 위해 잊기 전에 수용된 정보를 반복 연습할 수 있는 충분한 기회와 시간을 제공한다. 둘째, 제시된 정보의 양을 작게 쪼개어 묶어 집단화하고, 제시되는 정보는 단순화하고 다른 정보와 연결하여 조직화시킨다. 셋째, 비슷한 정보끼리 묶어 주거나, 핵심내용이 유사한 것끼리 묶어 주거나, 완전히 익힌 주제어를 활용하여 다른 학습과 연결해 준다. 도제식 교수는 어떤 영역의 전문적 지식을 가진 성인과 함께 실제적 환경에서 함께 체험하면서 익혀가는 것으로, 이는 직접 몸에 익히는 체험과 경험을 통해 학습되기 때문에 특정 지식의 일반화가 용이하다. 그래픽 조직자는 학습할 정보에 대한 관계를 쉽게 이해할 수 있도록 시각적으로 표현하는 방법이다. 그래픽 조직자에는 벤다이어그램, 단어망, 개념맵, 마인드 맵 등이 있다.

3. 교사의 역할

ADHD 아동들이 학교생활을 하는 동안 교사의 역할은 매우 다양하다. 교사는 ADHD 아동을 위한 기본적인 학교생활, 특별히 준비되는 수업 계획과 지도, ADHD 아동과의 관계 형성, 행동 관리, 약물투여 및 관리, 특수교사와의 협력, 협력 기관과의 소통, 부모와의 소통, 의사와의 소통 등 매우 많은 일들을 해야 한다.

교사는 ADHD 아동이 자신의 학급에 들어온다면 너무나 많은 일을 처리해야 하니 부담스러울 수도 있을 것이다. 그럼에도 불구하고 교사는 자신의 학급에 포함된 다양한 아동의 학업과 생활에 잘 적응하도록 적극적으로 도와야 한다. 따라서 ADHD 아동들도 어떤 이유에서든 모든 지원에 제외되어서는 안 된다. 여기서는 ADHD 아동을 담당하는 교사에게 주어지는 기본적 역할과 특수교사와의 협력적 관계 형성과 다양한 측면에서의 소통적 역할에 대하여 중점적으로 알아보기로 한다. 교사가 해야 할 구체적인 역할을 그림으로 제시하면 〈그림 Ⅳ-8〉과 같다.

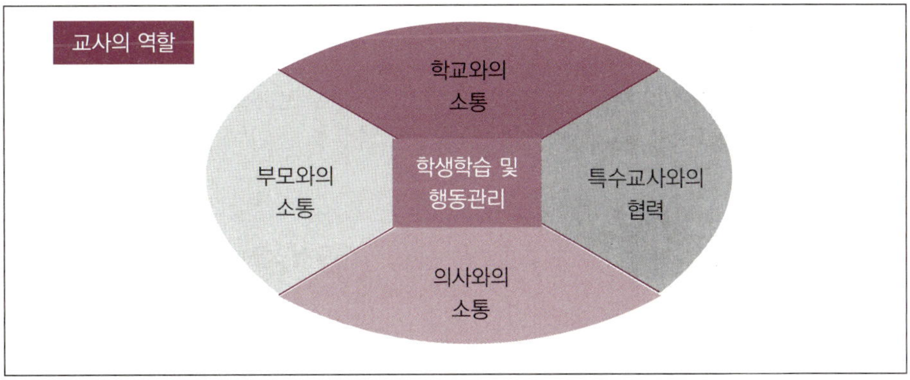

그림 Ⅳ-8 교사의 역할도

1) 담임교사로서의 기본적 역할

ADHD 아동들은 물론 학급에 포함된 모든 아동을 위해 교사가 아래에 제시된 역할을 한다면 학급 운영이 원활해지고 좋은 학급을 만들 수 있을 것이다. 특히, 교사는 자신이 담당하게 될 아동들과 신뢰 관계를 형성하는 것이 무엇보다 중요하다. 교사와 학생과의 관계는 학급을 운영하고 수업의 진행을 원활하게 하며, 학기 초에 학급의 규칙을 상세히 그리고 분명하게 알리고, 학급 구성원끼리 관계를 잘 형성하는 것이 좋다. 따라서, 여기서는 학급 및 수업관리, 특수교사와의 협력 방법, 부모와 의사와의 소통의 중요성에 대하여 자세히 살펴보기로 한다.

(1) 학급 및 수업 관리

교사가 수업을 원활하게 진행하기 위해 수업 중 제시되는 다양한 과제를 위한 중재 방법을 모색해 두고, 완성된 과제들을 분류 폴더로 만들어 교사나 학생이 필요할 때 언제든 찾아볼 수 있도록 정리해 둔다. 물론 완성된 과제를 학생 스스로 자신의 폴더에 정리할 수 있도록 학기 초에 안내한다.

특히 ADHD 아동들의 수업자료를 위해 포트폴리오로 만들어 놓는다면 ADHD 아동의 수업 과정을 검토하여 다음 학습 목표를 세우거나 평가를 할 때 활용하기 쉽다. 또한 이런 포트폴리오는 상급 학년으로 전이되거나 담임교사가 바뀔 때 중요한 정보를 제공하는 출처가 된다. 포트폴리오는 학생에 대한 여러 가지 측면을 보관해 두는 교사의 장기 기억 저장소로 활용될 것이다.

또한 교사는 학교의 수업과 관련하여 제시되는 숙제와 평가에도 주의를 기울여야 한다. 수업과 관련이 깊고 적절한 숙제는 중요한 수업 목표들 중 몇 가지를 성취할 수 있게 도와준다. 다만 ADHD 아동에게 숙제를 제시할 때에는 잊어버리지 않도록 알림장을 이용하여 부모들이 검토할 수 있도록 하고, 짧은 시간 내에 숙제가 완성되도록 양을 조정해 준다. 숙제의 내용도 ADHD 아동이 혼자서도 잘할 수 있는 내용으로 조정해 주고 부모의 도움이 필요한 경우 알림장을 이용하여 반드시 안내하도록 한다.

ADHD 아동의 경우 학업 성취도 평가는 개별화 교육 계획에 제시된 평가로 실시하는 것이 좋다. ADHD 아동은 다른 아동과 동일한 시험으로는 자신의 능력을 제대로 발휘하지 못할 수도 있고, 그들의 증상으로 인하여 실패할 수도 있다. 또한, 상대평가보다는 향상 정도나 학습 목표의 달성 정도를 기술해 주는 절대평가가 좋다

(2) 학생과의 관계 형성

교사와 학생과의 관계는 학급 관리와 수업 진행에 매우 중요한 역할을 담당한다. 학생과의 관계 형성을 위해 교사는 면담을 활용하여 학생의 개인 정보, 즉 가족관계나 친구관계 등을 파악하여 학생에 대하여 좀 더 이해하도록 한다. 또한 문제 행동을 보인 경우 그 원인을 파악하기 위해 대화를 나누어 보거나, 학생의 일반적인 관심사들에 관하여 대화를 나누는 등의 관심으로 교사와 학생의 간격을 줄이는 것이 좋다.

이런 관계형성을 토대로 모색되는 지원 방법은 해당 아동에게 훨씬 더 적절할 것이고, 학생은 교사를 신뢰할 수 있게 될 것이다. 또한 학생들이 학업적 실패를 경험하지 않도록 훌륭한 촉진 방법을 모색해야 한다. 일반적으로 아동은 스스로 생각했던 것이나, 자신이 해야 한다고 생각했던 것을 교사에게 듣는다면, 교사가 자신에 대해 잘 알고 있다고 생각하는 것은 물론 자신의 생각과 동일하기 때문에 동기 부여가 훨씬 잘 될 것이다. 그리고 그 일들에 대한 아동의 태도는 적극적이고 자발적일 것이다.

이런 과정에서 어려움에 부딪혔을 때 교사는 적절한 안내를 할 수 있도록 다양한 교수 전략을 준비하고 있어야 한다. 교사의 개입은 수업의 유형과 집단의 특징, 그리고 독특한 요구를 가진 아동이 포함되어 있는 것에 따라 달라야 한다. 교사의 개입은 역동적이어야 하지만, 이런 개입 방법이 참견이나 질책이 되

지 않도록 주의하고 몰입할 수 있도록 안내하는 역할을 해야 한다. 그리고 교사가 잊지 말아야 할 것은 수업 진행 중 과제 결과에 대한 칭찬과 같은 작은 보상으로 피드백을 즉시 제공하여 동기 유발이 지속될 수 있도록 지원해야 한다는 것이다.

학교는 여러 사람이 모여 생활하는 공동체로서 질서 있는 환경을 유지하기 위하여 준수해야 할 규칙이 많다. 이런 규칙에 대하여 ADHD 아동이 확실하게 숙지할 수 있도록 상세하고 분명하게 안내하도록 한다. ADHD 아동을 위해서는 언어적 지시가 아니라 시각적 단서가 포함된 안내문을 게시판에 공지하는 하는 것도 좋을 방법일 것이다.

학교는 기본적으로 학생을 교육하려는 특별한 목적을 위해서 존재하는 기관으로서 학생을 귀찮은 방해물 정도로 취급해서도 절대 안 된다. 교사들이 자주 실수를 범하는 것은 아동 각자에게 적절하지 못한 평가 제도로 아동의 순위를 정하고, 어떤 아동을 교무실로 불러 놓고도 아무 이유도 말해주지 않은 채 그냥 기다리게 하거나, 학교의 출석과 수업에 대한 태도는 주로 처벌 위주로 만들어 놓고, 그의 규칙에 따라 아동을 판단한다(김미숙, 2010). 이런 교사의 생각은 그저 자신이 맡고 있는 아동을 부정적인 존재라고 생각하고 있는 것이다. 교사가 이런 제도를 준수하며 아동을 다룰 경우, 교사와의 관계는 물론 학급의 구성원들 간의 상호존중은 절대 일어나지도 않을 것이다.

학교에서 아동들과 관계된 모든 교직원들이 늘 아동들을 존중하는 행동으로 모범을 보여야 하며, 존중의 개념이 모든 학교생활 속에 녹아들도록 노력해야 한다. 학교의 정책과 프로그램은 아동을 존중하는 자세로 선입견을 버리고 출발선에서 시작해야 한다. 그리고 교수와 사정의 실제에서는 아동의 다양한 문화적 배경을 고려하고 각기 다른 학습에 대한 접근 방식을 배려해야 한다. 그리고 학생들을 학교의 의사 결정 구조에 참여시켜야 그들의 관점이 학교 운영에 반영될 것이다(김미숙, 2010).

이상에서 살펴본 바와 같이 교사는 학생과의 관계를 형성하는 데 있어 다양한 면을 배려하고 조심스럽게 접근해야 할 것이다. 학교생활은 일차적으로 교사와 학생과의 관계가 신뢰를 토대로 형성된 원활한 관계여야 하고, 이차적으로 친구들과 서로 존중을 토대로 행복한 관계가 형성되어 있어야 한다. 학교의 구성원들의 관계가 어떻게 형성되었는가는 학교의 전체 생활을 좌우할 것이다.

2) 특수교사와의 협력 방법

ADHD 아동이 포함된 일반학급 담임교사는 반드시 특수교사와 협력적 체제를 마련하여야 하고, 특수교사는 언제든 일반교사를 지원할 수 있어야 한다. 협력이란 개인 혹은 집단을 위하여 함께 작업하는 상호작용의 형태이다. 성공적인 협력을 위해서는 공통의 목표, 자발적인 참여, 참여자 사이의 수평적 관계, 의사결정과 결과에 대한 공동 책임, 자료 공유와 같은 요소들이 필요하다(Friend & Cook, 2010).

한 명의 교사가 한 명의 학생을 전적으로 책임지고 가르친다는 것은 매우 위험한 일이라고 생각한다. 이는 교사에게도 자신이 잘할 수 있는 일과 그렇지 못한 일, 그리고 학생들에게도 다양한 강점과 약점이 있는데 우연히도 교사와 학생의 연결에서 이런 특징이 딱 낮아떨어지면 좋지만 그렇지 못할 경우에는 난감한 상황에 부딪치게 된다. 이런 경우 담당교사가 못하는 일을 도와 협력해 줄 교사가 필요하다.

그리고 학교 내 교사들로 어떤 문제를 해결하지 못하는 경우 관련 전문가를 초빙하여 도움을 받아야 한다. 전문가들은 그룹의 시간을 절약해 주고 생산적인 방향을 적절히 결정해 줄 수 있을 것이다. 좋은 학교의 교사들은 동료들과 개인적으로나 직업적으로나 존중하며 서로 다름의 차이에 대하여 인식하여 돈독한 관계를 형성한다(김미숙, 2010). ADHD 아동이 포함된 일반학급의 일반교사와 특수교사의 요구는 유의미한 차이를 보인다. 이런 요구에 대해 Lerner와 Johns(2012)는 〈표 Ⅳ-11〉과 같이 제시한다.

표 IV-11 ADHD 아동이 포함된 학급의 일반교사의 요구와 특수교사의 요구

일반교사의 요구	특수교사의 요구
• 개별화 교육 계획에 참여 • 학급의 크기 줄여주기 • ADHD 아동의 교육 계획 수립을 위한 충분한 시간 보장해 주기 • 보조자나 자원 봉사자의 지원 요청 • 특수교사와의 협력 체제 구축 • 관련 전문가의 지원 요청 • ADHD 아동과 같은 특별한 요구를 가진 아동에 대한 전문적 지식 함양을 위한 연수나 워크숍 기회 요청 • 대안적 배치가 지속될 수 있는 환경 체제	• 개별화 교육 계획에 참여 • 독특한 요구를 가진 학생들을 분류하고 사정하고 교육 계획 수립하기 • 교수 계획과 실행에 있어 일반교사와 협력하기 • 표준화된 검사 방법과 대안적 평가 방법에 대하여 숙지하기 • 부모와 상담하고 연수회 마련하기 • 특수교육적 요구를 충족시키 위한 전문적 지식과 기술적 능력을 갖추고 있어야 함 • 대인관계 능력이 뛰어나야 함

출처: Lerner, J. W. & Johns, B.(2012). *Learning Disabilities and Related Mild Disabilities: Characteristics, Teaching Strategies, and New Directions.* Wadsworth Cengage Learning. pp. 121-123.

3) 부모와 의사와의 소통의 중요성

ADHD 아동을 담당하는 교사들은 부모와 의사와의 소통이 원활해야 한다. 그 이유 중 하나는 ADHD 아동이 약물치료를 병행하는 경우가 많기 때문에 약물투여 및 관리에 있어서 문제나 증상의 변화를 의사와 부모에게 알릴 필요가 있다. 또 다른 이유로는 학교에서 이루어지고 있는 학습이나 행동의 일반화를 위해 부모에게 학습 방법이나 행동관리 방법을 알려 협력을 구해야 되기 때문이다.

의사와의 소통 체계를 확립해 두는 것의 장점은 ADHD 아동의 증상에 대한 이해와 행동에 관한 평가와 진단을 정확하게 할 수 있고, 적절한 치료 계획이나 교육적 방법을 모색하는 데 도움이 된다는 것이다. 이런 장점을 활용하기 위해서는 학교에서 교사가 정보와 아동에 대한 보고를 할 수 있는 제도를 마련하고, 의사와의 협력을 잘 구축하기 위해 지역사회 기반체계가 마련되면 좋을 것

이다(Wolraich & DuPaul, 2010).

종종 어떤 학교는 부모를 학교 일에 사사건건 간섭하는 사람으로 간주하여 귀찮은 존재로 여기기도 한다. 그러나 많은 교육자들은 이런 생각은 잘못된 생각이라고 지적한다. 부모는 자신의 자녀에 대해 누구보다 잘 알고 있고, 학교에서 실시되는 모든 수업과 활동과 지역사회와의 관계에 있어서 매개자이자 지원자의 역할을 담당할 수 있다고 제안한다. 따라서, 학생들은 학교의 제일 중요한 고객이며, 부모들은 그다음으로 중요한 고객인 것이다(김미숙, 2010).

ADHD 아동을 담당하는 교사에게 있어서 담당하는 아동의 부모와 소통하는 것은 매우 중요한 일이다. 교사는 부모와의 소통을 위해 최선의 방법은 무엇이고 기간과 횟수에 대한 결정을 하여 일 년 동안 의사소통이 이루어지도록 해야 한다(Bos et al., 1999; Knopf & Swick, 2008).

Reid와 Johnson(2012)은 교사가 부모와의 소통에 대한 전반적인 계획을 결정하면, 계획된 사항들을 잘 지켜 유지되도록 하고, 소통의 내용은 물론 언어의 사용에도 신중을 기할 것을 당부한다. 종종 부모들을 교사들을 신뢰하지 않는 경우가 있다. 자신의 과거 학교생활에서 교사에 대한 부정적인 감정은 자신의 자녀를 담당하는 교사에게도 이어질 수 있다. 그런 경우 교사의 작은 실수에서 부모와의 관계가 허물어질 수 있으니 신중해야 할 것이다.

핵심용어

고등학교
교사
교사기대효과
교수적 수정
교수 전략
교수적 지원
교육과정
결합중재
개념맵
개별화 교육 계획
개인 간 차
개인 내 차
개인차
기능적 행동사정
기숙제 시설
기타 건강장애
그래픽 조직자
긍정적 행동지원
낙제아동방지법(NCLB)
누적적 학습 결손
다중 중재
단어망
또래 교수
마인드 맵
무상교육
문부과학성
문제해결 학습
물리적 환경
미국장애인법(ADA)
반응-대-중재(RTI)
벤다이어그램
보편적 설계
완전통합
유아기
유치원
아동기
인지처리과정 학습
일반교육과정
의무교육
사회적 환경
숙달학습
순회상담
생물학적 스트레스
심리적 스트레스
정신치료학적 교수
장애인교육법(IDEA)
장애인 등에 대한 특수교육법
재활법 504조
적성 처리 상호작용
정신적 환경
중재 방법
중학교
지속적인 대안적 배치
직접교수
증거-기반 중재
통급지도교실

특별지원교육	초·중등교육법(ESEA)
특별지원교실	최소 제한된 환경
특별지원교육계획	학교 기반 중재
특별지원연합위원회	학습단계
특별지원코디네이터	학습도움실
특수교육	학습원리
특수교육지원센터	학업 성취
특수교육진흥법	행정적 지원
포트폴리오	협동학습
체계적 학습	협력교수
청소년기	환경의 재구조화
초등학교	호혜적 교수

심화질문

1. ADHD 아동의 교육을 지원하기 위한 법적 제도에 관하여 미국, 일본, 한국 세 나라를 비교하여 설명해 봅시다.
2 한국이 ADHD 아동의 교육을 지원하기 위하여 법적 제도를 만든다면 어떤 사항에 주의를 기울여 만들지 생각해 봅시다.
3. ADHD 아동을 위한 학교는 어떤 운영 방법을 채택해야 하는지 생각해 봅시다.
4. ADHD 아동을 위한 개별화 교육 계획은 어떻게 작성할지 설명해 봅시다.
5. ADHD 아동을 위한 학급 운영을 위해 물리적 환경, 사회적 환경, 정서적 환경을 위해 어떤 노력을 기울여야 하는지 생각해 봅시다.
7. ADHD 아동을 담당하는 교사의 역할에 대하여 설명해 봅시다.

J. F. 케네디(1917~1963)와 ADHD

J. F. 케네디는 미국 35대 대통령이었다. 그는 메사추세츠 주 브루클라인에서 태어났다.

그의 집안은 아일랜드인의 후손으로 19세기 후반, 아일랜드에서 미국으로 이주해 왔다. 그의 아버지는 상하원의원을 지낸 아일랜드계 이민자인 조지프 패트릭 케네디(J. P 케네디)이고, J. F. 케네디는 그의 9남매 자녀 중 둘째로 태어났다.

J. F. 케네디가 과연 ADHD였을까라는 의문을 가지게 한다. J. F. 케네디는 어릴 적 ADHD 증상 때문에 말썽도 많이 부렸고 공부에 집중을 하지 못하던 소년이었다는 기록에 의하면 부주의와 충동적 행동을 많이 나타내지 않았나라는 추측을 하게 된다.

J. F. 케네디는 운동, 공부 모든 것에 만능이던 장남에 비해 좀 왜소하고 성적은 그리 좋은 편이 아니었다고 한다. 또한 유년기에 반항적이었던 탓에 늘 형과 비교되었고, 이로 인해 매우 괴로웠던 청년기를 보냈다고 한다. 그러나 그는 하버드 출신인 아버지와 친척들의 신원보증을 얻어 하버드에 입학했고, 졸업 학위 논문으로 〈영국은 왜 잠자고 있었나(Why England Slept)〉(1940)을 썼는데, 이는 출간 후 베스트셀러가 되었다. 그리고 제2차 세계대전 중에는 해군에 복무하면서 그가 승선한 어뢰정이 일본 구축함의 공격을 받아 격침되었으나 부하를 구출하여 전쟁의 영웅이 되기도 하였다.

그 후, J. F. 케네디는 1946년 메사추세츠 주 제11구에서 하원의원으로 당선되어 정치적 인생이 시작되었고, 1952년 같은 구에서 상원의원으로, 1958년 상원의원으로 재선되었으며, 1960년 대통령 선거에서 민주당 후보로 출마하여 공화당 후보 리처드 닉슨을 누르고 당선되었다. 그는 미국 역대 대통령 가운데 선거를 통하여 당선된 최연소 대통령이자 최초의 가톨릭 신자 대통령이기도 하다. 그는 역대 어느 대통령보다 웅변과 재기가 좋아 국민들에게 호소하는 연설을 매우 잘하였다. 안타깝게도 그는 1963년 11월 22일 유세지인 텍사스 주 댈러스 시에서 자동차 퍼레이드 중 암살자에게 총상에 의한 치명상을 입고 사망하였다.

참고문헌

강경숙, 박혜성, 김남희 역(2013). ADHD 진단 및 중재. 서울: 학지사.

강승아(1999). 미술치료의 이론과 실제. 서울 강동초등 특수교육 연구회.

강혜경, 박은혜(2002). 장애아동을 위한 특수교육공학의 활용 및 지원방안. 국립 특수교육연구. 제9권, 제2호. 3-25.

국립특수교육원(2009). 특수교육학 용어사전. 국립특수교육원.

곽호완, 김영진, 박창호, 남종호, 이재식 역(2003). 공학심리학(제3판). 서울: 시그마프레스.

곽호완, 박창호, 이태연, 김문수, 진영선(2008). 실험심리학용어사전. 서울: 시그마프레스.

김광웅, 유미숙, 유재령(2004). 놀이치료학. 서울: 학지사.

김군자(1998). 음악치료의 이론과 실제. 경기: 양서원.

김금숙(1998). 그림을 통한 심리이해와 미술치료. 도서출판 템.

김동일 역(2006). ADHD 가족치료. 서울: 학지사.

김명선 역(2007). 임상 및 실험 신경심리학. 서울: 시그마프레스.

김미숙(2003). "새로운 관점에서 점진적 변화를 시도하는 일본의 특수교육," 특수교육연구(국립특수교육연구), 10(2), 84-98.

김미숙(2005). 정신지체 특수학교(급) 교육에서 교수와 다매체순환 지원의 적용 방안. 한국정신시체아교육학회, 2005년 학술발표대회 논문집.

김미숙(2005). 학습장애를 위한 일본의 교육적 지원 체제, 진리논단(백석대학교), 12. 477-489.

김미숙 역(2010). 전문적인 실천을 강화하는 교사 리더십. 서울: 박학사.

김미숙 역(2010). 마음으로 학급 관리하기: 청소년 교육을 위한 안내. 서울: 박학사.

김미숙 역(2012). 가장 좋은 학교. 서울: 창지사.

김미숙 역(2014). 학습장애와 관련 경도장애-특징, 교수전략, 그리고 새로운 방향. 서울: 박학사.

김미숙, 김향지(2014). 교사를 위한 특수아동의 이해와 교육. 서울: 창지사.

김미숙, 오종숙(2006). 근접발달지역과 다매체순환표현을 통한 발달장애아의 그림표현 발달 지원에 관한 연구. 정신지체연구. 제8집 1호, 187-202.

김붕년, 정동선, 황준원, 김재원, 조수철(2006). 서울시 소아청소년 정신건강문제 역학조사 보고서. 서울시소아청소년정신건강센터.

김수지, 고일주, 권혜경(2002). 음악치료의 이론과 실제. 권혜경 음악치료센터.

김용한, 大杉 成善(2002). 한·일 특수교육에 있어서 정보화의 현황과 방향성. 특수교육연구, 제9권, 제2호. 105-128.

김원경 외(2008). 최신특수교육학. 서울: 학지사.

김은정 역(2006). 놀이치료의 기초. 서울: 시그마프레스.

김정권(1996). 21세기의 장애인의 사회 통합 방안. 대구대학교 장애인 종합연구소.

김정은 역(2006). 놀이치료의 기초. 서울: 시그마프레스.

김청송(2002). 정신 장애 사례연구. 서울: 학지사.

나일주, 정인성(1996). 교육공학의 이해. 서울: 학지사.

박경 외(2014). 심리학. 정민사.

박소현, 김문수 역(2004). 학습과 행동. 서울: 시그마프레스.

박유미(2004). 음악심리학의 이해, 서울: 음악춘추사.

박은혜, 황복선(2000). 보조공학의 교육과정 내 통합을 위한 방법론적 모색. 한국언어청각임상학회. 5(2). 227-251.

박찬석(1999). 심리학-재미있는 여행. 교육과학사.

변영계(2006). 교수학습의 이론. 서울: 학지사.

보건복지부(2013). 보건복지부 고시 제2013-56호. 장애등급 판정 기준.

보건복지부(2013). 장애인차별금지 및 권리구제 등에 관한 법률. 법률 제12035호. 대한민국 국회.

보건복지부, 국립보건연구원, 대한의학회(2012). 뚜렛증후군(Tourette syndrome), 희귀난치성질환센터, 희귀난치성질환 정보, http://helpline.nih.go.kr/

보건복지부, 국립보건연구원, 대한 의학회(2014). 정신/심리-정동장애/우울장애-조울증. 국민건강정보 포털, 의학정보.

서석진, 서우정, 최종근, 김유리 역(2011). ADHD 아동의 이해와 교육. 서울: 교육과학사.

서울대학교 교육연구소(1995). 교육학용어사전. 서울: 하우동설.

서울대학교병원(2015). 음악 치료. 서울대학병원 의학정보.

소유경, 노주선, 김영신, 고윤주(2002). The Reliability and validity of Korean parent and teacher ADHD Rating scale. 대한신경정신의학지, 41, 283-289.

손찬원(2010). ADHD의 실행기능에 관한 고찰-이론적 연구 및 국내 연구의 최근 동향, 학습장애연구, 제7권 제1호 The Korea Journal of Learning Disabilities 2010, Vol. 7, No. 1, 177-196.

송성수(2009). 과학기술의 개척자들(갈릴레오에서 아인슈타인까지). 서울: 살림출판사.

송현종, 양승갑 역(2014). ADHD 학생의 이해와 지도. 서울: 학지사.

신민섭 외(2002). 그림을 통한 아동의 진단과 이해. 서울: 학지사.

신소정, 이재모(2011). ADHD 성향을 가진 유아를 위한 음악치료가 행동에 미치는 영향 연구, 교정복지연구 제21호, 177-205.

신혜용 역(2003). 하룻밤에 읽는 심리학. 서울: 중앙 M&B.

안동현, 김세실, 한은선(2004). 주의력결핍과잉행동장애의 사회기술훈련. 서울: 학지사.

안동현, 김봉석, 두정일, 박태원, 반건호, 신민섭, 신윤미, 양수진, 이성직 , 이소영, 이재욱, 임명호, 유정숙, 천근아, 홍현주(2015). ADHD의 통합적 이해. 서울: 학지사.

안진희 역(2015). 몸놀이가 아이 두뇌를 바꾼다. 서울: 길벗.

양돈규(2013). 심리학사전. 서울: 박학사.

양명희, 황명숙 역(2007). 얘들아! 천천히 행동하고 주의집중하는 것을 배워 보자. 서울: 학지사.

염숙경(2009). 아동의 증상과 특성별 놀이치료. 서울: 학지사.

오경자, 이혜련, 홍강의, 하은혜(1997). K-CBCL 아동·청소년 행동평가척도 매뉴얼. 서울: 중앙문화사.

유미숙 역(2009). 놀이치료-치료 관계의 기술. 서울: 학지사.

이부영, 우종인, 이철(1994). ICD-10 정신 및 행태장애 -임상기술과 진단 지침. 서울: 일조각.

이세나(2010). ADHD 아동-부모 상호작용 개선을 위한 미술치료 프로그램. 서울대학교 석사학위논문.

이승호, 이영나 역(2010). ADHD와 나. 서울: 시그마프레스.

이영나, 우주영 역(2010). ADHD의 재능찾기. 서울: 시그마프레스

이영호 외(2008). 현대심리학 입문. 서울: 학지사.

이정림, 강경숙(2012). Review on the characteristics, Changed Definition of ADHD and the impact of ADHD on students' life. 한국아동심리치료학회지. 7권 1호. 115-137.

이정숙, 홍승연 역(2006). 놀이치료와 아동의 심리세계. 서울: 시그마프레스.

이철수(2013). 사회복지학사전. 경기: 혜민북스.

임은희(1999). 음악치료학 입문. 아시아미디어리서치.

정여주(2014). 미술치료의 이해. 서울: 학지사.

정현주(2012). 음악치료학의 이해와 적용. 서울: 이화여대출판부.

정활란(2003). 리코더 연주 프로그램이 ADHD 아동의 문제행동 변화에 미치는 효과. 대구교육대학교 석사학위논문.

조수철(2001). 주의력결핍 과잉운동장애. 서울: 서울대학교 출판부.

진혜경(2004). 청소년기와 성인기의 ADHD. 국립서울병원 홈페이지: "자료실"→"소아청소년 정신의학 자료실"

최문선(2007). 하인리히 호프만의『더벅머리 페터』연구. 한국헤세학회. 헤세연구 제17집, 179-198.

최병철(2003). 음악치료학. 서울: 학지사.

최외선, 정현희, 최은영, 윤대영 역(2007). 미술치료와 AD/HD. 서울: 박학사.

최현석(2009). 인간의 모든 감각. 경기: 서해문집.

한국교육심리학회(2000). 교육심리학용어사전. 서울: 학지사.

한국심리학회(2014). 심리학용어사전. 한국심리학회.

홍강의, 송정은 외 34명(2012). 소아정신의학. (송정은-2부, 23장, 신체질환에 대한 심리적 반응과 적응). 서울: 중앙문화사.

荒川 智(2003). 特殊教育教員免許証の総合化をめぐる諸問題.日本特殊教育学会,第41回大会発表論文集. 117.
石塚 謙二(2003). 教育行政と実践研究.日本特殊教育学会.第41回大会発表論文.110.
上野 一彦 外(2002). LD&AD/HD-学習障害と注意缺陥/多動性障害.安田生命社会事業団.
上野 一彦, 山崎 晃資 外(2002). LD&AD/HD学習障害と住意欠陥.安全生明社会事業団.
上野 一彦, 緒方 明子, 柘植 雅義, 松村 茂治(2005). 『特別支援教育基本用語100一解説とここが知りたい·聞きたいQ&A一』.明治図書.
上野 一彦(2005). 『特別支援教育スタートマニュアル』.第一法規.
上野 一彦,化熊 膮(2006). 軽度発達障害の教育-LD·ADHD·高機能PDDへの特別支援.日本文化科学社.
緒方 明子(2003). 特別支援教育ユーディネーターの役割と位置つげ.日本特殊教育学会,第41回大会発表論文集.117
太田 昌孝(2000). 多動症の子どもたち.大月書店.
落合 俊郎(2003). インクルージョンの実現へ総力をあげる向かう勇気を.日本特殊教育学会,第41回大会発表論文集.110
古賀 義 外(1996).『発達心理学』. 建博士.
小林 芳文(2001). LD児·ADHD児が蘇る身体運動.大修館書店.
態井 正之(2003). インターネットを活用した字育で支援.日本特殊教育学会,第41回大会発表論文集.112
厚生省社会.援護局(2000). 「社会的な援護を要する人に対する社会福祉のあり方に関する検討会」の最終報告. 厚生省.
國立特殊教育總合研究所(1999). (特別研究報告書)学習困難兒の指導方法に關する實證的硏究. 20-30.
宮本 信也(2003). LD&ADHD.明治圖書出版.
齊藤 久子(2000). 学習障害の發達的·精神醫学的·教育的アプローチ.ブレーン出版.15-60.
下司 昌一, 砥柄 敬三(編)(2005). 『特別支援教育をどう准め、どう取り組むか』. ぎょせい.
高橋 たまき, 中沢 和子, 森上 史朗(1996). 遊びの発達学. 培風館.
高橋 惠子, 無 藤隆, 田島 信元(1990). 発達心理学入門. 東京大学出版会.
中邑 賢竜(2003). AACの活用実践.日本特殊教育学会, 第41回大会発表論文集.112.
中野 栄二(2003). 介護ロボット.日本特殊教育学会, 第41回大会発表論文集.113.
藤掛 永良(1996). 発達心理学.建帛社.
文部科学省(1995). 学習障害及びこれに類似する学習上の困難を有する兒童生徒の指導方法に關する調査研究協力者會議.学習障害兒に對する指導のついて(中間報告). 3-25.
文部科学省(1999). 学習障害及びこれに類似する学習上の困難を有する兒童生徒の指導方法に關する調査研究協力者會議.学習障害兒に對する指導のついて(最終報告).11-23.
文部科学省(2001). 21世紀の特殊教育の在り方に關する調査研究協力者會議關.21世紀の特殊教育の在り方について(最終報告).2-15.
文部科学省(2002). 21世紀の特殊教育の在り方について(最終報告)-一人一人のニーズに応じた特別な支援の在り方について-
文部科学省(2002). 学習障害(LD)への教育的支援.ぎょうせい.15-35.
文部科学省(2003).「これからの特別支援教育の在り方について」の最終報告.

文部科学省(2003). **学習障害(LD)への教育的支援ー統・全国モデル事業の実際ー**.ぎょうい.p.2-15.

文部科学省(2004). **『小·中学教におけるLD, ADHD, 高機能自閉症の児童生徒への教育支援体制の整備のためのガイドライン(試案)』.**

文部科学省(2004). **小・中学校におけるLD(学習障害),ADHD(注意欠陥 / 多動性障害),高機能自閉症の児童生徒への教育支援体制の整備のためのガイドライン(試案)**.2-44.

松山 依子(2000). **発達心理学**.日本文化科学社.

森 孝一(2003). **LD·ADHD·高機能自閉症就学&学習支援**.明治図書.

湯濺 恭正(1993). 交流.統合教育実践の分析方法試論-生活指導の教育実践を中心に.**特殊教育研究 第20巻(4).75-84.**

Accardo, P., Blondis, T., Whitman, B., & Stein, M. (2000). *Attention deficits and hyperactivity in children and adults*(2nd ed.). New York: Marcel Dekker.

American Psychiatric Association (1968). *Diagnostic and statistical manual of mental disorders*, 2nd edition (DSM-II). Washington DC: APA press.

American Psychiatric Association (1994). D*iagnostic and statistical of mental disorders*, 4th edition. Washington, DC: Author: APA press.

American Psychiatric Association (1980). *Diagnostic and statistical manual of mental disorders*, 3rd edition (DSM-III). Washington DC: APA press.

American Psychiatric Association (2000). *Diagnostic and statistical manual of mental disorders*, 4th edition text revision (DSM-IV-TR). Washington DC: APA press.

American Academy of Pediatrics. (2009). Policy statement-guidance for the administration of medication in school. *Pediatrics, 124*, 1244-1251.

American Psychiatric Association (2013). *Diagnostic and statistical manual of mental disorders*, 5th edition. Washington DC: APA press.

Ariel, S.(1992). "Semiotic Analysis of Children's Play: A Method for Investigating Social Development", *Merrill-Palmer Quarterly, 38*, 119-138.

Baddelley, A. D.(2000). The episodic buffer: A new component of working memory? *Trends in Cognitive Science, 4*, 417-423.

Banaschewski, T., Roessner, V., Dittmann, R. W., Santosh, P. J., & Rothenbeger, A. (2004). Non-stimulant medications in the treatment of ADHD. *European Child and Adolescent Psychiatry, 13*(Supp l.1), 102-116.

Bandura, A. (1986). *Social foundations of thought and action*. Englewood Cliffs, NJ: Prentice-Hall.

Barkley, R. DuPaul, G. J., & McMurray, M. B. (1990). A comprehensive evaluation of attention defict disorder with and without hyperactivity. *Journal of Consulting and Clinical Psychology, 58*, 775-789.

Barkley, R. A. (1990). *Attention-deficit hyperactivity disorder: A handbook for diagnosis and treatment*. New York : Guilford press.

Barkley, R. A., Grodzinsky, G., & DuPaul, G. (1992). Frontal lobe functions in attention deficit disorder with and without hyperactivity: A review and research report. *Journal of Abnormal Child Psychology, 20*, 163-188.

Barkley, R. A. (1998). *Attention-deficit hyperactivity disorder: A handbook for diagnosis and treatment*(2nd ed.). New York: Guilford.

Barkley, R. A. (2005). *Attention-deficit hyperactivity disorder: A handbook for diagnosis and treatment.* New York: Guilford Press.

Barkley, R. A., & Edwards, G. (2006). In R. A. Barkley (ed), *Attention deficit hyperactivity disorder: A handbook for diagnosis and treatment* (3rd ed.). New York: Guilford Press.

Biederman, J. A., Munir, K., Knee, D., & Habelow, W. (1986). A family study of patients with attention deficit disorder and normal controls. *Journal of Psychiatric Research, 20*, 263-274.

Bos, C., Nahmias, M., & Urban M. (1999). Targeting home-school collaboration for students with ADHD. *Teaching Exceptional Children, 31*, 4-11.

Buck, J., Palloway, E., Kirkpatrick, M., Patton J., & McConnell, K. (2000). Developing behavioral intervention plans: A sequential approach. *Intervention in school and clinic, 36*(1), 3-9.

Breslua, N., Brown, G. G., DelDotto, J. E., Kumar, S., Ezhuthachan, S., Andreski, P., Hufinagle, K. G. (1996). Psychiatric sequelae of low birth weight at 6 years of age. *Journal of Abnormal Child Psychology, 24*, 385-400.

Cadoret, R. J., Stewart, M. A. (1991). An adoption study of attention deficit/hyperactivity/aggression and their relationship to adult antisocial personality. *Comprehensive Psychiatry, 32*, 73-82.

Cantwell, D. (1985). Psychiatric illness in families of hyperactive children. *Archives of General Psychiatric, 27*, 414-417.

Cantwell, D. (1996). Attention deficit disorder: A review of the past 10 years. *Journal of the American Academy of Child and Adolescent Psychiatric, 35*, 978-987.

Castellanos, F., Giedd, J., Marsh, W., Hamburger, S., Baituzis, A., Dickstein, D., Sarfatti, S., Vauss, Y., Snell, J., Lange, N., Kaysen, D., Drain, A., Ritchie, G., Rajapakse, J., & Rapoport, J. (1996). Quantitative brain magnetic resonance imaging in attention-deficit hyperactivity disorder. *Archives of General Psychiatry, 53*, 607-616.

Carey, W. (2002). Is ADHD a valid disorder? In P. S. Jensen & J. R. Cooper (Eds.), *Attention deficit hyperactivity disorder-state of the science-best practices*(3-13-3-19). Kingston, NJ: Civic Research Institute.

Comings, E., Comings, B., & Muhleman, M. (1991). The dopamine D-2 receptor locus as a modifying gene in neuro-psychiatric disorders. *Journal of the American Medical Association, 266*,

1793-1800.

Conners, C. K. (1969). A teacher rating scale for use in drug studies with children. *American Journal of Psychiatry, 126*, 884-888.

Conners, C. K. (1989). *Conners Parent and Teacher Questionnaires.* North Tonawanda, NY: Multi-Health Systems.

Conners, C. K. (1990). *Manual for conner's rating scales.* New York: Multi-Health Systems.

Conners, C. K. (1995). *Conners Adult ADHD History form. North Tonawanda*, New York: Multi-Health Systems.

Conners, C. K. (1997). *Teacher information form for conners's rating scales.* New York: Multi-Health Systems.

Conners, C. K. (1997). *Parent and teacher rating scales revised Version: long From DSM IV scale.* New York: Multi-Health Systems.

Conners, C. K. (2002). Forty tears of methylphenbidate treatment in attention-deficit/hyperactivity disorder. *Journal of Attention Disorders, 6*, 17-30.

Conners, C. K. & Wells, K. (1986). Hyperactivity Children-A Neuropsychological approach. Beverly Hill, Sage.

Council for Exceptional Children. (2009). Best pracitices for adminstering medication in school. Retrieved from www.ces.sped.org/AM/Template.cfm?section=Home&CONTENTID=11752&TEMPLATE=/CM/HIMLDisplay.cfm.

Counts, C., Nigg, G., Stawicki, J., Rappley, M., & von Eye, A. (2005). Family adversity in DSM-IV ADHD combined and inattentive subtypes and associated disruptive behavior problems. *Journal of the American Academy of Child Adolescent Psychiatry, 44*, 690-698.

Craig A. E. & Sandra V. E.(1999). Family Therapy for ADHD: *Treating Children, Adolescents, and Adults.* New York: The Guilford press.

Cunningham, C. E., & Cunningham, L. J. (2006). student-mediated conflict resolution programs. In R. A. Barkley (Ed.), *Attention-deficit hyperactivity disorder: A handbook for diagnosis and treatment* (3rd ed., p.590-607). New York: Guilford Press.

Czamara, D., Tiesler, C. M., Kohlbook, G., Berdel, D., Hoffmann, B., Bauer, C. P., et al. (2013). Children with ADHD symptoms have a higner risk for reading, spelling and math difficulties in the GINIplus and LISAplus cohort studies. *PloS ONE, 8*(5), e63859.

Danforth, J. S., & DuPaul, G. J. (1996). Interrater reliability of teacher rating scales for children with attention deficit hyperactivity disorder. *Journal of Psychopathology and Behavioral Assessment, 18*, 227-237.

Diane S. S.(2002). *Art Therapy and AD/HD: Diagnostic and Therapeutic Approaches.* Philadelphia: Jessica Kingsley.

Division for Learning Disabilities (2007). *Thinking about response to intervention and learning disabilities: A Teacher's guide.* Arlington, VA: Author.

Dumas, M. C. (1998). The risk of social interaction problems among adolescents with ADHD. *Education and Treatment of Children, 21*, 447-460.

Duncan, A. (2009). Reauthorization of ESEA: Why we can't wait. Secretary Arne Duncan's remarks at the monthly stake holders meeting, Retrieved 5-19-2010. http://www.ed.gov/news/speeches/2009/09/09242009.html.

Dunlap, G., Kern, L, dePerczel, M., Clarke, S., Wilson, D., Childs, K., et al. (1993). Functional analysis of classroom variables for students with emotional and behavioral disorders, Behavioral Disorders, 18, 275-291.

Dunlap, G., Kern-Dunlap, L., Clarke, S., & Robbins, F. R. (1991). Functional assessment, curricular revision, and severe behavior problems, *Journal of Applied Behavior Analysis, 24*, 387-397.

DuPaul, G. J., & Eckert, T. L. (1997). The effects of school-based interventions for attention deficit hyperactivity disorder: A meta-analysis. *School Psychology Review, 26*, 5-27.

Egger, H. L., Kondo, D., & Angold, A. (2006). The epidemiology and diagnostic issues in preschool attention-deficit/hyperactivity disorder. *Infants and Young Children, 19*, 109-122.

Elkonin, D. (1977). Toward the problem of stages in the mental development of the child. In M. Cole(Ed). Soviet developmental psychology. White Plains, NY: M. E. Sharpe. (Original Work published in 1971).

Elison, P. (2006). Positive psychology: Hope, strength, and optimism. Attention 1, 13(3), 19-20.

Fabiano, G. A., Pelham, W. E. Jr., Gnagy, E., Burrows-Maclean, L., Coles, E., Chacko, A., et al. (2007). The single and combined effects of multiple intensities of behavior modification and methylphenidate for children with attention with attention deficit hyperactivity disorder in a classroom setting. *School Psychology Review, 36*, 195-216.

Fabialno, G. A., Pelham, W. E., Jr., Coles, E. K., Gnagy, E. M., Chronis-Tuscano, A ., & O' Connor, B. C. (2009). A meta-analysis of behavioral treatments for attention-deficit/hyperactivity disorder. *Clinical Mental Health, 1*, 78-88.

Flannagan, D., Ortiz, S., Alfonso, V., & Mascolo, J. (2006). *The achievement test desk reference: A guide to learning disability identification.* New York: John Wiley & Sons.

Frick, P. J., Lahey, B., Christ, M., & Loeber, R. (1991). History of childhood behavior problems in biological relatives of boys with attention-deficit hyperactivity disorder and conduct disorder. *Journal of Clinical child Psychology, 20*, 445-451.

Friend, M. & Cool, L. (2010). *Interactions: Collaboration skills for school professionals.* Columbus, OH: Merrill.

Fuchs, D., & Deshler, D. (2007). What we need to know about responsiveness to intervention (and shouldn't be afraid to ask). *Learning Disabilities Research and Practice, 22*(2), 129-136.

Garvey, C. (1977). Play. In J. S. Bruner, M. Cole & B. Loyd(Eds.), *The developing child series.* Harvard University Press.

Gathercole, S. E., Lamont, E., & Alloway, T. P. (2006). *Working memory in the classroom. In S. Pickering*(Ed), Working memory and education(219-240). Oxford, UK: Elsevier Press.

Gersten, R. (1998). Recent advances in instructional research for students with learning disabilities: An overview. *Learning Disabilities Research & Practice, 13*(3), 162-170.

Gjevik, E., Eldevik, S., Fjæran-Granum, T., & Spoheim, E. (2011). Kiddie-SADS reveals high rates of DSM-Ⅳ disorders in children and adolescents with autism spectrum disorders. *Journal of Autism and Developmental Disorders, 41*(6), 761-769.

Gilles, J., Gilger, J., Pennington, B., & DeFries, J. (1992). Attention deficit disorder in reading disabled twins : Evidence for a genetic etiology. *Journal of Abnormal Child Psychology, 20*, 303-315.

Ginsberg, Y., Quintero, J., Anand, E., Casillas, M., Upadhyaya, H. P. (2014). "Underdiagnosis of attention-deficit/hyperactivity disorder in adult patients: a review of the literature". *Prim Care Companion CNS Disord 16*(3).

Global Burden of Disease Study 2013, Collaborators (2015). "Global, regional, and national incidence, prevalence, and years lived with disability for 301 acute and chronic diseases and injuries in 188 countries, 1990–2013: a systematic analysis for the Global Burden of Disease Study 2013.". Lancet (London, England).

Goodman, R. & Stevenson, J. (1989). A twin study of hyperactivity-Ⅱ. The aetiological role of genes, family relationship and perinatal adversity. *Journal of Child Psychlogy and Psychiatry, 30*, 691-709.

Greenhill, L. L., Halperin, J. M., & Abikoff, H. B. (1999). Stimulant medication. *Journal of the American Academy of Adolescent Psychiatry, 38*, 503-512.

Greenhill, L., Kollins, S., Abikoff, H., McCracken, J., Riddle, M., Swanson, J. , et al. (2006). Efficacy and safety of immediate-release methylphenidate treatment for preschoolers with ADHD. *Journal of the American Academy of Child Adolescent Psychiatry, 45*, 1284-1293.

Hallowell, E. M. & Ratey, J. J. (1994). Driven to distraction. New York : Panhteon Books.

Hartsough, C. S., Lambert, N. M. (1985). Medical factors in hyperactive and normal children: Prenatal, developmental, and health history finding. *American Journal of Orthopsychiatry, 55*. 190-201.

Hauser, P., Zametkin, A. J., Martinez, P., Vitiello, B., Matochik, J. A., Mixson, A. J., et al. (1993). Attention-deficit hyperactivity disorder in people with generalized resistance to thyroid hormone. *New England Journal of Medicine, 328*, 992-1001.

Healey, J. M., Newcorn, J. H., Halpenin, J. M., Wolf, L. E., Pascualvaca, D. M., Schmeidler, J., & O'Brien, J. D. (1993). The factor structure of ADHD items in DSM-Ⅲ-R: Internal consistency and external validation. *Journal of Abnormal Child Psychology, 21*, 441-453.

Henley, D. (1998). Art therapy in an socialization program for children with attention deficit hyperactivity disorder. Art Therapy: *Journal of the American Art Therapy Association 37*, 2-12.

Hendricks, S. (1971). A descriptive analysis of the process of client-centered play therapy. *Dissertation Abstracts International, 32*, 3689A.

Hervey, A., Epstein, J., Curry, J., Tonev., S., Arnold, E., Conners, K. Hinshaw, S., Swanson, J., & Hechtman, L. (2006). Reaction time distribution analysis of neuropsychological performance in an ADHD sample. *Child Neuropsychology, 12*, 125-140.

Hollenbeck, A. (2007). From IDEA to implementation: A discussion of foundational and future response-to-intervention research. *Learning Disabilities Research & Practice, 22*(2), 137-146.

Huizink, A. C., & Mulder, E. J. (2006). Maternal smoking, drinking or cannabis use during pregnancy and neurobehavioral and cognitive functioning in human offspring. *Neuroscience and Behavioral Reviews, 30*, 24-41.

Jensen, P. S., Hinshaw, S. P., Kraemer, H. C., Lenora, N., Newcorn, J. H., Abikoff, H. B., et al.(2001). ADHD comorbidity findings from the MTA study: comparing comorbid subgroups. *Journal of the American Academy of child and Adolescent Psychiatry, 40*, 147-158.

Jacobson, L., & Reid, R. (2010). Improving the persuasive essay writing of high school students with ADHD. *Exceptional Children, 76*, 157-174.

Johns, B. (2003). NCLB and IDEA: Never the twain should meet. Learning Disabilities: A Multidisciplinary. *Journal, 23*, 4, 90-92.

Johns, B. (2004) practical behavioral strategies for students with autism. *The Journal of safe management of Disruptive and Assaultive Behavior, 12*(2), 6-11.

Johns, B., & Carr, V. (2009). *Techniques for managing verbally and physically aggressive students*(3rd edition). Denver: Love Publishing.

Jones, E., & Southern, W. (2003). Balancing perspectives on mathematics instruction. *Focus on Exceptional Children, 35*(9), 1-16.

Kathleen, G. N. & Ellen, B. D. (2005). *Learning to slow down and pay attention A Bool for Kids About ADHD*(3rd Edition). The American Psychological Association.

Kavale, K. (1982). The efficacy of stimulant drug treatment for hyperactivity: A meta-analysis. Journal of Learning Disabilities, 15, 280-289.

Keller, J. M. (2009). *Motivation Design for Learning and Performance: The ARCS Model Approach*(Hardcover). Springer.

Kelly, A., Margulies, D. S., & Castellanos, F. X. (2007). Recent advances in structural and functional brain imaging studies of attention-deficit/hyperactivity disorder. *Current Psychiatry*

Reports, 9, 401-407.

Knopf, H., & Swick, K. (2008). Using our understanding of families to strengthen family involvement. *Early Childhood Education, 35*, 419-427.

Kooij, SJ; Bejerot, S; Blackwell, A; Caci, H; et al. (2010). "European consensus statement on diagnosis and treatment of adult ADHD: The European Network Adult ADHD". BMC Psychiatry 10: 67.

Kofman, O., Larson, J. F., & Mostofsky, S. H. (2008). A novel task for examining strategic planning: Evidence for impairment in children with ADHD. *Journal of Clinical and Experimental Neuropsychology, 30*, 261-271.

Lahey, B. B., Applegate, B., Barkley, R. A., Garfinkel, B., McBurnett, K., Kerdyk, L., et al. (1994). DSM-IV field trials for oppositional defiant disorder and conduct disorder in children and adolescents. *American journal of psychiatry, 151*, 1165-1171.

Leiter, R. G. (1979). I*nstruction mannual for the Leiter International Performance Scale.* Wood Dale, IL: Stoelting. Co.

Leont'ev, A. (1994). The development of voluntary attention in the child. In R. Vander Veer & J. Valsiner(eds.), *The Vygotsky Reader*(289-312). Oxford: Blackwell.(Original work published in 1932).

Lerner, J. W. & Johns, B. (2012). *Learning Disabilities and Related Miid Disabilities. Characteristics, Teaching Strategies, and New Directions*(12th edition). Wadsworth Cengage Learning.

Lewis, R..B. (1993). *Special education technology; classroom application.* Pacific Grove, CA: Brooks/Cole Publishing.

Little, M.(2000). Reframing challenging behaviors by meeting basic needs. *Reaching Today's Youth: The Community Circle of Caring Journal, 4*(2). 21-26.

Lock, M. (1984). *East asian medicine in urban Japan: Varieties of medical experience.* Los Angeles, CA: University of California Press.

Lombardi, T. P., Nuzzo, D. L., Kennedy, K. D., & Foshay, J. (1994). Perceptions of parents, teacher and students regarding an integrated education inclusion program. *The High school Journal.* April/May. 315-321.

Long, N., & Long, J. (2002). *Managing passive-aggressive behavior of children and youth at school and home.* Austin, TX: Pro-Ed.

Martin, G., & Pear, J. (2003). *Behavior modification: What it is and how to do it. Upper Saddle River*, NJ: Prentice Hall.

Martin, A., & Volkmar, F. R. (2007). *Lewis's child and adolescent psychiatry: a comprehensive textbook*(4th edition). Philadelphia: Lippincott Williams & Wilkins.

Mastropieri, M., & Scruggs, T. (2010). *Inclusive Classroom: The Strategies of Effective Instruction.* Columbus, OH: Merrill.

McBrunett, K. (1995). The new subtype of ADHD : Predominantly hyperactivity-impulsive. Attention, 1, 10-15.

McBurnett, K., Lahey, B. B., & Pfiffiner, L. J. (1993). Diagnosis of attention deficit disorders in DSM-Ⅳ: Scientific basis and implications for education. *Exceptional Children, 60*, 108-117.

McGough, J., Smalley, S. L., McCracken, J. T., Yang, M,. Del' Homme, M., Lynn, D. E., et al. (2005). psychiatric comorbidity in adult attention deficit hyperactivity disorder: findings from multiplex families. *American Journal of psychiatry, 162*, 1621-1627.

Milich, R., & Landau, S. (1982). Socilization and peer relations in hyperative children. In K. D. Gadow & I. Bialer(Eds.), Advances in learning and behavioral diabilities(283-339).

Mooney, K. (2000). Focusing on solutions through art: a case study. Australian and New Zealand *Journal of Family Therap, 21*, 1, 34-41.

Needleman, H., Gunnoe, C., Levition, A., Reed, R., Peresie, H., Mather, C., et al. (1979). Deficits in psychological and classroom performance in children with elevated dentine lead levels. *New England Journal of Medicine, 300*, 689-695.

Needleman, H. L., Schell, Bellinger, D., Leviton, A. & Allred, E. N.(1990). The long-term effects of exposure to low doses of lead in childhood. An 11-year follow-up report. *New England journal of medicine, 322*, 83-88.

Needleman, H. L. (1982). Lead and impaired abilities. *Developing Medicine and Child Neurology, 24*, 196-198.

O'Conner, R. (2007). *Division for Learning Disabilities. Thinking about response to intervention and learning disabilities: A Teachers guide.* Arlington, VA: Author.

Orton, S. (1937). *Reading, writing and speech problems in children.* New York: Norton.

Paine, S. C., Radicchi, J., Rosellini, L. C., Deutchman, L., & Darch, C. B. (1983). *Structuring your classroom for academic success.* Champaign, IL: Research press.

Paul, C. (2007). Learning and Behavior(4th Edition/ Hardcover). Ohio: Wadsworth.

Pfiffener, L. J., Barkley, R. A., & Dupaul, G. J. (2006). Treatment of ADHD in school settings. in R. A. Barkley(Ed.), *Attention deficit hyperactivity disorder: A handbook for diagnosis and treatment*(3rd ed., 547-589). New York: Guilford Press.

Power, M. D. (2000). What is Autism? In M. D. Powers(Eds.), *Chileren with Autism: A Parents' Guide*(2nd ed). Rockville, MD: Woodbine House.

Quinn, P. (1997). Attention deficit disorder: *Diagnosis and treatment from infancy and to adulthood.* New York: Brunner/Mazel.

Rappley, M. (2004). Attention deficit-hyperactivity disorder. *The New England Jouranal of Medicine, 352*, 165-173.

Raskin, L. A., Shaywitz, S. E., Shaywitz, B. A. et al. (1984). Neurochemical correlates of attention deficit disorder. *Pediatr Clin North Am, 31*, 387-396.

Robin, A. L., Bedway, M., Tzelepis, A., & Gilroy, M. (1995). Impact of multiple ADHD on the family : A descriptive study. Poster Presente at the seventh annual meeting of CHADD, Washington, DC.

Reid, R., Maag, J. W., Vasa, S. F., & Wtight, G. (1994). Who are the children with ADHD: A school-based survey. *Journal of Special Education, 28*, 117-137.

Reid, R. & Johnson, J. (2012). *Teacher's Guide to ADHD*. The Guilford Press.

Roid, G. H., & Miller, L. J. (1997). *Leiter international performance scale-revised: Examiners manual.* Wood Dale, IL: Stoelting.

Rosenthal, D. (2003). Atomoxetine(Strattera) in the treatment of ADHD. The ADHD Challenge, 18(2), 1-3.

Rubin, K. H., Fein, G. G., & Vandenberg, B. (1983). Play. In P. H. Mussen & E. M. Hetherington (Eds.), *Handbook of child psychology*(4th ed.), vol. 4. Wiley.

Scheffler, R., Brown, T., Fulton, B., Hinshaw, S., Levine, P., & Stone, S. (2009). Positive association between attention-deficit/hyperactivity disorder medication use and academic achievement during elementary school. *Pediatrics, 123*(5), 1273-1279.

Schmeidler, J., & O'Brien, J. D. (1993). The factor structure of ADHD items in DSM-Ⅲ-R: Internal consistency and external validation. *Journal of Abnormal Child Psychology, 21*, 441-453.

Schnoes, C., Reid, R., Wagner, M., & Marder, C. (2006). ADHD among students receiving special education services: A national survey. *Exceptional Children, 72*(4), 483-496.

Schlachter, S. (2008). Diagnosis, treatment, and educational implications for students with attention-deficit/hyperactivity disorder in the United States Australia and the United Kingdom. *Peabody Journal of Education, 83*, 154-169.

Schultz, E. (2009). SLD Evaluation: Linking cognitive assessment data to leatning disabilities. LDA Newsbriefs, 33(3). 1, 8-9.

Shaywitz, B. A., Fletcher, J. M., Pugh, K. R., Klorman, R., & Shaywitz, S. E.(1999). progress in imaging attention deficit hyperactivity disorder. *Mental Retardation and Developmental Disabilities Research Reviews, 5*, 185-190.

Silver, L. (2006). *The misunderstood child.* New York: Three Rivers Press.

Singh, M. K., Chang, K. D., Mazaika, P., Garrett, A., Adleman, N., Kelley, R., et al (2010). Neural correlates of response inhibition in pediatric bipolar disorder. *Journal of Child and Adolescent psychopharmacology, 20*(1), 15-24.

Smith, T., Polloway, E., Patton, R., & Dowdy, C. (2002). *Teaching children with special needs in inclusive setting*. Boston: Allyn & Bacon.

Smith, P. K., & Vollstadt, R. (1985). On defining play: An empirical study of the relationship between play and various play criteria. *Child Development, 56*, 1042-1050.

Stainback, S., Stainback, W., East, K., & Sapon-shevid. (1994). A commentary on inclusion and develpoment of positive self-identity by people with disabilities. *Exception children, 60*(6), 486-490.

Stromont, M. (2001). Social outcomes of Children with ADHD: Contributing factors and implications for practice. *Psychology in the schools, 16*(3), 299-315.

Szatmari, P. (1992). The epidemiology of attention-deficit hyperactive disorders. *Child and Adolescent Psychiatric Clinics od North America, 1*(2), 361-372.

Tamura, M. (1989). Japan: stimulant epidemics past and present. *Bulletin on Narcotics, 41*(1-2), 83-93.

Tannock, R. (2000). *Attention-deficit/hyperactivity disorders with anxiety disorders.* In T. E. Brown (Ed.), *Attention-deficit disorders and comorbidities in children, adolescents, and adults*(125-170). Washington, DC: American psychiatric.

Thapar, A., O'Donovan, M., & Owen, M. J. (2005). The genetics of attention deficit hyperactivity disorder, Human Molecular Genetics, 14, 275-R282. *Dissertation Abstracts International, 32*, 3689A.

Trout, A., Lienemann, T., Reid, R., & Epstein, M. (2007). A review of non-medication interventions to improve academic performance of children and youth with ADHD. *Remedial and Special Education, 28*, 207-226.

U.S. Department of Education. (1999). *To assure the free appropriate public education of all children with disabilities*(Twenty-second annual report to Congress on the implementation of the Individuals with Disabilities Education Act). Washington, DC: U.S. Government Printing Office.

U.S. Department of Education(2008). *To Assure the free Appropriate Public Educatin of all Children with Disabilities*(Twenty-eight Annual Report to Congress on the Implementation of the Individuals with Disabilities Education Act). Washington. DC.

Van der Oord, S., Prins, P. J. M., Oosterlaan, J., & Emmelkamp, P. M. G. (2008). Efficacy of methylphenidate, psychosocial tratments and their combination in school-aged children with ADHD: A meta-analysis. *Clinical Psychology Review, 28*, 783-800.

Venger, L. A. (1977). *The emergence of perceptual action. In M. cole(Ed). Soviet developmental psychology: An anthology.* White Plains, NY: Sharpe. Original work published in 1969).

Venger, L. A. (1986). *Razvitije poznavatel' nych sposobnostey v protsesse doshkol'nogo vospitanija* (Development of cognitive abilities through preschool education). Moscow: Pedagogika.

Vile Junod , R. E., DuPaul, G. J., Jitendra, A. K., Volpe, R. J., & Cleary, K. S. (2006). Classroom observation of students with and without ADHD: Differences across types of engagement. *Journal of school psychology, 44*, 87-104.

Vygotsky, L. S. (1978). *Mind and society: The development of higher mental processes.* Cambridge. MA; Harvard University Press.(Original work published in 1930, 1933, 1935)

Vygotsky, L. S. (1983). Sobranie sochinenii: Tom tretij Problemy razvitiya psikhiki(Collected works: Vol. 3. Problems of mental development). Moscow: Izdatel'stvo Pedagogika.

Warneke, L. (1990). Psychostimulants in psychiatry. *Canadian journal of psychiatry, 35*, 3-10.

Waserman, R. C., Kelleher, K. J., Bocian, A., Baker, A., Child, G. E., Indacochea, F., et al. (1999). Identification of attentional and hyperactivity problems in primary care: A report from pediatric research in office setting and Ambulatory Sentinel Practice Network. Pediatrics, 103, E38.

Wender, E. (1985). The Utah criteria in diagnosing attention deficit disorder. *Psychopharmacology Bulletin, 21*, 222-231.

Wender, E. (1995). Attention-deficit hyperactivity disorders in adolescence. Journal of *Developmental and Behavioral Pediatrics, 16*, 192-195.

Wilens, T. E., & Biederman, J. (1992). The stimulants. in D. shafer (Ed), *The psychiatric clinics of North America*(191-222). Philadelphia: Saunders.

Willcutt, E. G., Pennington, B., F. Duncan, L., Smith, S. D., Keenan, J. M., Wadworth, S., et al. (2010). Understanding the complex etiologies of developmental disorders: Behavioral and molecular genetic approaches. *Journal Developmental Behavior Pediatrics, 31*(7), 533-544.

Withee, K. (1975). A descriptive analysis of the process of play therapy. Dissertation Abstracts International, 36, 6406B.

Wolraich, M. L. & DuPaul, G. J. (2010). *ADHD Diagnosis and Management: A Practical Guide for the Clinic and the Classroom.* Paul H, Publing co., Inc.

Wolraich, M., Hannah, J., Pinnock, T., Baumgartel, A., & Brown, J. (1996). Comparision of diagnostic criteria for attention-deficit/hyperactivity disorder in a country-wide sample. *Journal of the American Academy of Child and Adolescent Psychiatry, 35*, 319-324.

Wright P., & Wright P. (2009). Supreme Court issues pro-child decision in Forest Grove School Dist v. T. A. http://www.wrightslaw.com.

Yell, M., Shriner, J., & Katsiyannis, A. (2006). Individuals With Disabilities Education Improvement Act of 2004 and IDEA Regulations of 2006: Implications for educators, adminstrators, and teacher trainers. *Focus on Exceptional Children, 39*(1), 1-24.

Zaporozhets, A. V.(1977). Some of the psychological problems of sensory training in early chilhood and the preschool period. In M. Cole & I. Maltzman(Eds.), *A handbook of contemporary Soviet psychology*. New York: Basic Books. (Original published in 1959).

Zigmond, N. (2003). Where should students with disabilities receive special education service? Is on place better than another? *Journal of Special Education, 37*(3), 193-199.

Zigmond, N. (2007). The special education teaching in the twenty-first century: A call for unconventional thinking. Presentation at the Learning Disabilities Association Conference, Pittsburgh, PA. February, 14, 2007.

저 자 소 개

김 미 숙

저자는 대구대학교 특수교육과를 졸업하고 일본 토호쿠(東北) 대학교대학원 교육부 심신장애학 전공에서 교육학석사 학위와 대구대학교대학원 특수교육전공에서 문학박사 학위를 취득했다. 일본에서 공부하기 전에 제주영송학교 특수교사로 근무했었고, 현재는 백석대학교 사범학부 특수교육과 교수로 재직하고 있다.

『교사를 위한 특수아동의 이해와 교육』, 『최신 특수교육학』, 『놀이의 이해와 실제』, 『학습장애 이론 진단』 그리고 『교수전략, 마음으로 학급 관리하기』, 『교사 리더십』, 『가장 좋은 학교 등』 다수의 저서와 번역서는 물론 완전통합교육과 학습장애 등 특수교육과 관련된 다수의 논문도 있다.

ADHD의 이해와 치료 · 교육

초판 1쇄 인쇄 2016년 2월 22일
초판 1쇄 발행 2016년 2월 27일

지 은 이 | 김미숙
펴 낸 이 | 김기섭
책임편집 | 이윤미
펴 낸 곳 | 창지사 www.changjisa.com
08589 서울시 금천구 가산디지털 1로 83 파트너스타워 1차 9층
전화(02) 719-2211~3
팩스(02) 701-9386
등 록 | 1977년 4월 28일 · 제1-421호

ISBN 978-89-426-0867-6 (93370)

값 17,000원

「이 도서의 국립중앙도서관 출판예정도서목록(CIP)은 서지정보유통지원시스템 홈페이지(http://seoji.nl.go.kr)와 국가자료공동목록시스템(http://www.nl.go.kr/kolisnet)에서 이용하실 수 있습니다.(CIP제어번호: CIP2016006239)」